中国城市行政管理体制改革研究

王 垚 ◎ 著

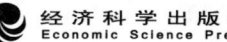

中国财经出版传媒集团
经济科学出版社
Economic Science Press

·北京·

图书在版编目（CIP）数据

中国城市行政管理体制改革研究/王垚著. ——北京：经济科学出版社，2024.1

ISBN 978-7-5218-5291-2

Ⅰ.①中… Ⅱ.①王… Ⅲ.①城市管理-行政管理-体制改革-研究-中国 Ⅳ.①F299.23

中国国家版本馆 CIP 数据核字（2023）第 201242 号

责任编辑：崔新艳
责任校对：隗立娜
责任印制：范　艳

中国城市行政管理体制改革研究
ZHONGGUO CHENGSHI XINGZHENG GUANLI TIZHI GAIGE YANJIU
王　垚　著
经济科学出版社出版、发行　新华书店经销
社址：北京市海淀区阜成路甲 28 号　邮编：100142
经管中心电话：010-88191335　发行部电话：010-88191522
网址：www.esp.com.cn
电子邮箱：espcxy@126.com
天猫网店：经济科学出版社旗舰店
网址：http://jjkxcbs.tmall.com
北京季蜂印刷有限公司印装
710×1000　16 开　13.5 印张　220000 字
2024 年 1 月第 1 版　2024 年 1 月第 1 次印刷
ISBN 978-7-5218-5291-2　定价：60.00 元
(图书出现印装问题，本社负责调换。电话：010-88191545)
(版权所有　侵权必究　打击盗版　举报热线：010-88191661
QQ：2242791300　营销中心电话：010-88191537
电子邮箱：dbts@esp.com.cn)

本书为国家社会科学基金青年项目"中国城市行政管理体制改革研究"(项目编号：16CJY019)研究成果。

前　言

　　城市发展和经济增长往往形影不离，特别是工业革命以来，城市发展与经济发展和科技进步等方面的关系更为紧密。因此，如何推动城市快速健康发展、破解城市发展进程中的困局、探究阻碍城市发展的因素，不仅是学术界广泛关注的问题，也是政府部门重点关注的领域。

　　城市不仅是经济中心，同时也是政治和思想文化中心（Mark，1939）。政府在城市发展中扮演着重要的角色，如推动城镇化进程、促进经济活动聚集以及应对市场失灵等。出于治理的需要，大多数国家都有行政等级制度，将统治区域划分为等级不同的单元，通过这些单元的行政中心与中央政府联系起来。城市作为行政中心，被赋予不同的等级。行政等级内部的政治权力分配对城市自身乃至所在区域的发展都至关重要。

　　伴随着改革开放以来经济增长的奇迹，中国的城市也在飞速发展，大城市、特大城市不断涌现，1978~2020年，城市化率从17.92%跃升至63.89%，上升了45.97个百分点。① 处于转型时期中国城市的形成与发展，既不同于发达国家成熟的市场经济模式，也不同于传统的计划经济模式，形成了"政府主导"+"市场推动"的城市发展模式。中国城市发展受到政府与市场两方面因素的影响，城市行政等级与城市规模存在一定程度的联系。高行政等级城市更容易获取各方面的政策信息，在资源分配时享有优先权。因此，这类城市往往比其他城市的平均规模要更大。等级化的城市行政管理体制是国家城市治理的重要抓手，对于经济发展起到了促进作用。但是，过度行政等级化的城市层级可能会影响城市之间公平的竞争关系。因此，合理进行行政等级制度安排，构建公平合理的城市发展格局成为城市行政管理体制改革的重要任务。

本书从中国行政管理体制的层级入手，分析中国城市的形成与发展过程中出现的问题，并在此基础上提出中国城市行政管理体制改革的方向和目标。全书共分为七章，每章具体内容安排如下。

第一章是政府与城市。城市治理中，政治因素在推动城市化、促进经济活动聚集以及修复"城市失灵"等方面发挥重要作用。行政等级是政府治理城市的重要制度安排。为了保障治理的可持续和社会稳定，区域行政中心所在地的城市优先发展，因此行政等级越高，城市规模越大。虽然将高行政等级城市作为增长极优先培育的发展模式，在经济发展初期能够促进资本积累，进而促进经济增长，但是长期向高行政等级城市进行资源倾斜，不仅可能导致要素报酬递减，而且可能会破坏城市间公平竞争环境，阻碍城市一体化进程，影响城市规模合理分布，抑制总产出增加。

第二章是中国城市发展的特征。自商周以来，中国城市形成

---

① 根据《中国统计年鉴》相关年份计算得出。

与发展的主要力量就来自政府的推动。城市政治地位的变迁影响了该城市的兴衰,当一个地级市失去都城或治所地位时,其经济优势不会长时间持续。在宋代以前,行政功能是城市的首要功能,城市居民以官僚权贵为主。宋代以后,在政治与经济的双重作用下,城市规模不断扩大,城市作为一个区域政治中心的同时,经济中心的功能也不断凸显。

第三章是现代城市行政管理体制沿革。新中国成立之初,为了实现快速工业化,需要农业部门稳定提供大量的原材料。因此,在这一时期主要采取了抑制城市规模的思路。农村与城市之间相互分割,城市作为区域性农业中心,地位与县平等。在城市行政管理体制上,实行的是省领导县的体制。改革开放以来,市场经济的发展需要统筹城乡发展,市县分治的模式无法满足现实需要,市领导县体制开始兴起。随着经济发展进入新常态,城市之间的分工与合作成为新的发展趋势。因此,通过合理的行政层级安排为城市营造公平的竞争环境成为城市行政管理体制改革的方向。

第四章是城市的形成。影响城市形成的因素主要包括政治因素和非政治因素(包括自然因素和历史积淀等)。政治力量在中国城市形成过程中有着重要的作用。随着生产力水平的不断提升,经济中心和文化中心等功能不断在城市叠加,逐渐形成了行政中心与经济中心重叠的城市发展模式。本章将政治因素与非政治因素同时纳入分析框架,采用有序响应模型,阐释中国城市形成主要源于政治因素,政治因素比自然条件、历史积累在城市的形成过程中更为重要这一现象。定量分析的结果表明,城市的行政等级越高,集中人口的能力越强;规模经济的存在增强了行政中心聚集人口的能力。

第五章是城市规模与城市治理之困。中国城市人口规模与行政等级密切相关:一个城市行政等级越高,城市规模越大。虽然以高行政等级城市优先的发展模式有助于区域在改革开放之初起到积极作用,带动整个区域的经济发展,但是,随着市场经济的逐渐成熟，营造城市公平竞争环境、促进中小城市发展成为迫切需要解决的问题。然而，在层级分明的城市行政管理体制下，高行政等级的城市聚集了大量的资源和政策，不断吸引人口流入，城市人口规模不断扩大。为了缓解大规模人口流入对高行政等级城市带来的冲击，高行政等级城市采取严格的落户政策，将各种权益限制在户籍人口上，以此来控制城市之间的人口迁移。然而，高行政等级城市的高要素回报率、更多的就业机会吸引了大批劳动力迁入，低行政等级城市则人口不断流失，大、中、小城市难以实现协调发展，给城市治理带来挑战。

第六章是城市行政等级体系下的城市最优规模问题。聚集经济正外部性与负外部性共同决定了城市的最优规模。本章在新经济地理理论框架下，构建城市最优规模模型，并依据此模型估算中国城市的最优规模水平。结论表明：高行政等级城市人口规模普遍高于最优规模水平，而低行政等级城市人口规模普遍低于最优规模。偏离最优城市规模会导致效率损失，城市人口数量低于最优规模的效率损失要大于该城市高于最优规模的效率损失。从城市治理角度而言，城市行政管理体制改革的重点应放在提高城市治理能效，为城市创造公平的竞争环境方面。

第七章是中国城市行政管理体制改革的方向与路径。城市行政等级体系不合理将影响城市的运行效率，不利于生产要素在各等级城市之间的有效配置，由此可能加剧城市规模体系的不合理程度，固化"核心—边缘"城市空间结构，造成城市财权事权错配等。综合考虑新中国成立以来各类发展实践带来的经验与教训，尤其是改革开放时期的成功经验，赋予各类城市平等发展权、构建公平合理的城市发展格局是破解当前中小城市发展困局的关键。城市行政管理体制改革应以兼顾公平与效率、实施渐进式改革、坚持差异化分类为基本原则，以建立扁平化城市行政管理体制、平衡政府与市场之间的关系、走高质量的新型城镇化道路为主要路径。

目 录
CONTENTS

第一章 政府与城市 / 1
　　第一节　影响城市的因素 / 1
　　第二节　政治因素在城市发展中的角色 / 6
　　第三节　城市行政等级与城市发展 / 12

第二章 中国城市发展的特征 / 17
　　第一节　古代城市的发展特征 / 18
　　第二节　近代城市的发展特征 / 34
　　第三节　现代城市的发展特征 / 38

第三章 现代城市行政管理体制沿革 / 47
　　第一节　城市发展脉络 / 48
　　第二节　城市行政管理体制改革 / 55
　　第三节　城市行政区划调整 / 58

第四章 城市的形成 / 69
　　第一节　城市形成的理论模型 / 70
　　第二节　城市行政等级体系与中国城市的形成 / 76
　　第三节　结论 / 88

第五章 城市规模与城市治理之困 / 90
　　第一节　城市行政等级与城市规模 / 90
　　第二节　城市治理之困：冲破户籍限制的人口增长 / 104
　　第三节　结论 / 114

第六章 城市行政等级体系下的城市最优规模问题 / 115
　　第一节　城市最优规模的界定 / 115
　　第二节　城市最优规模的理论模型 / 117
　　第三节　城市最优规模的理论应用 / 131
　　第四节　城市行政等级与中国城市最优规模 / 139
　　第五节　结论 / 157

第七章 中国城市行政管理体制改革的方向与路径 / 159
　　第一节　城市管理体制行政等级化产生的主要问题 / 159
　　第二节　中国城市行政管理体制改革的思路与方向 / 171
　　第三节　中国城市行政管理体制改革的路径探讨 / 175

附录 / 179
　　1. 宋代城市人口 / 179
　　2. 行政区划 / 180
　　3. 行政等级与经济发展 / 183
　　4. 历史城市 / 185
　　5. 城市净人口 / 188

参考文献 / 189

第一章　政府与城市

虽然自然条件、历史因素等影响城市发展进程，但是政治力量往往比其他因素更能促进要素的聚集，并对城市的形成与发展产生深远影响。出于国家治理的需要，政府对城市设置行政层级。为了保障治理的可持续和社会稳定，区域行政中心所在地的城市优先发展，因此行政等级越高，城市规模越大。高行政等级的城市拥有对资源的优先配置权，往往比其他城市的平均规模要更大。尽管城市行政等级制度促进了区域经济中心的形成，但是随着城市规模的扩大，其负面影响也会逐渐显现，主要表现在影响城市规模合理分布、抑制总产出增加、破坏城市之间的公平竞争、阻碍市场一体化进程等方面。

第一节　影响城市的因素

影响城市发展的因素包括政治因素、自然条件、历史因素等，规模经济将这些因素对城市的影响放大，促进了城市规模的扩大。

一、政治因素

与其他因素相比，政治力量往往更能够聚集大量人口（Ades and Glaeser，1995）。政治力量推动城市发展的主要方式在于政府将各类资源集中于某城市，从而促进该城市的发展（Davis and Henderson，2003）。

在城市发展萌芽时期，城市规模小，规模经济程度较低，地方政府以未来的财政收入作为抵押贷款向社会筹集资金，这些筹集到的资金用来吸引厂商和移民,从而扩大城市规模,促进规模经济的形成。在城市达到一定规模后,受到聚集经济的影响,城市将具备自我增强能力,城市规模会不断扩大。随着经济的发展,一个国家或地区范围内城市之间的差距将会不断扩大,需要中央政府来协调城市之间的发展,通过转移支付和分区域施政的方式来协调不同类型城市之间的流动(Henderson and Venables, 2009)。

出于治理的需要,几乎所有的国家都对城市设置了行政级别。高行政等级城市在基础设施、公共服务、外商投资准入和国际贸易进出口配额等方面都享有优惠政策。高行政等级城市依靠政治因素获得了更佳的发展机会,吸引了大量的厂商和移民,聚集程度远远高于其他城市,亨德森等(Henderson et al., 2009)将这类城市称为"受欢迎城市(Favor City)"。例如,一个国家的首都或区域的首府,不仅是该国家或区域的政治中心,同时也是经济实力最强、人口规模最大的城市。

虽然等级化的城市行政管理体制有助于中央政府管理城市,但是在某种程度上却破坏了城市之间的公平竞争环境。一是造成了高行政等级城市的膨胀以及低行政等级城市的萧条和落后;二是影响城市之间的公平竞争环境,城市之间难以形成合理的分工与合作,影响城市之间协调发展。因此,对城市行政管理体制的良好设计是各国政府关注的重要领域。蒂布特(Tiebout, 1956)认为权力的下放能够减少经济活动分布的空间不平等程度。亨德森和王亨昆(Henderson and Wang, 2007)的研究表明,限制资源向统治阶级和精英阶层居住的城市倾斜,使各类城市公平获得国家资源,有助于小城市在产业和移民竞争方面取胜。在其他条件不变的情况下,随着城市规模的扩大,要素投入的边际产出效率降低。与大城市相比,小城市的产出效率更高。

二、自然条件

地理因素决定了人类居住、生产和运输的状况。良好的自然条件使得一些地方比另一些地方更适合人类居住和生产,世界上大部分人口居住在粮食生产相对容易的地方,山区、沙漠、苔原等地区人口密度低。自然条件影响经济发展被广泛证实。诺德豪斯和陈熹(Nordhaus and Chen, 2009)

发现，地球物理变量和纬度解释了撒哈拉以南非洲地区和其他低纬度地区之间90%的经济表现差异，其中大约一半的差异可以由纯地球物理变量解释；剩下的纬度效应则反映了经济、制度和其他非地球物理变量。马斯特兹和麦克米伦（Masters and McMillan，2001）发现气候条件影响了经济增长，自1960年以来，温带国家向高收入水平趋同，而热带国家的收入则根据经济规模和市场化程度呈现出不同状态。其背后的原因在于温带地区的增长得益于气候，各国从传统农业部门转向生产率趋同的现代化部门，而热带国家的经济增长更加依赖于专业化和贸易收益。拉帕波特和萨克斯（Rappaport and Sachs，2003）的研究发现，美国绝大多数的经济活动都聚集五大湖沿岸和沿海地带。经济与人口在沿海地区集中主要是受到生产力的影响，但提升生活质量的需求也成为越来越重要的原因。纳恩和普加（Nunn and Puga，2012）以非洲为例研究了地形起伏度与非洲奴隶贸易之间的历史相互作用对经济发展的影响。他们的研究表明，地理通过其对历史的影响，可以对当今的经济发展产生重要影响。虽然非洲地形起伏阻碍了贸易和大多数生产活动，对收入产生负面影响，但是非洲境内起伏的地形为那些在奴隶贸易期间遭到袭击的人提供了保护。奴隶贸易阻碍了随后的经济发展，非洲起伏的地形对这些地区收入产生了间接的积极影响。

作为经济活动的载体，城市的发展也深受自然条件的影响。自然条件是影响城市形成、经济活动聚集的主要原因，地理区位条件便利以及自然资源丰沛的地区通常会成为经济活动集聚的中心地区（Kim，1995；Krugman and Venables，1996；Gabaix，1999）。例如，19世纪中叶，德国的鲁尔工业区依托煤炭资源优势逐步建立起来，形成了埃森、多特蒙德和杜伊斯堡等城市；19世纪初，美国五大湖工业区因自然资源丰富、航运便利，形成了芝加哥、多伦多和底特律等城市。美国城市约20%经济活动的空间集聚来源于自然条件优势（Ellison and Glaeser，1999）。中国城市的形成与发展也深受自然因素的影响（范剑勇，2006；路江涌和陶志刚，2006；金煜、陈钊和陆铭，2006）。

俄林（Ohlin，1935）从比较优势的角度解释自然条件推动城市发展的原因。他认为聚集的产生主要源于不同区域之间自然要素禀赋的差异。比较优势理论认为：在生产要素无法自由流动的情形下，物质资源、自然条件、劳动数量、知识技术水平等要素禀赋方面的差异促进了地区间贸易的形成，每一个地区都将会选择某一种或多种自身具有比较优势的产品或服务，进行专业化生产。克鲁格曼（Krugman，1979）也强调了要素禀赋对于经济活动在空间聚集的重要性，并认为知识技术水平和资源禀赋是形成专业化生产的主要决定因素。金（Kim，1999）认为，虽然外部性促进了经济活动的聚集，但是在长时期中决定聚集的因素主要是自然禀赋而非外部性。

近年来，更多的学者开始将规模经济效应与自然条件因素相结合进行分析，认为优越的自然条件有利于初始规模经济的形成，从而促进城市的形成和发展（Davis and Weinstein，2002；Wang and Wu，2011）。例如，与自然条件较差的地区相比，自然条件优越的地区在吸引人才、资金等生产要素方面更具优势，从而促进了本地市场规模扩大，推动了规模经济的形成与发展，提高了生产效率和要素报酬，进而吸引人力资本流入，聚集程度提升。在这样的良性循环下，城市规模不断扩张（Cullen and Levitt，1999；Kahn，2000；Deller Tsai and Marcouiller，2001；Rappaport and Sachs，2003；Florida Charlotta and Stolarick，2008）。藤田昌久和森智哉（Fujita and Mori，1996）利用空间经济发展演化模型，以港口城市为例进行分析，研究结果表明，区位优势和聚集经济两者之间相互作用，促进了大城市的形成和发展，即使港口城市最初的水路优势随着其他交通方式出现而消失，港口的持续繁荣仍然会存在。王春华和吴俊杰（Wang and Wu，2011）构建关于自然条件与规模经济数理经济模型，对美国城市的研究发现：在经济发展早期，受到知识存量水平较低的限制，自然条件优越成为城市形成和发展的初始条件。具体而言，城市最先形成于沿海（或河流）的港口或气候宜人、适合生产和生活的地区。随着知识存量的增加以及人力资本的积累，城市发展对自然条件的依赖性逐渐减弱，规模经济对城市的影响占据主导地位。

三、历史因素

根据新经济地理学的观点，历史的偶然性及其形成的循环累积优势也是推动城市形成和发展的主要原因之一（Krugman，1979）。与新兴城市相比，历史城市不仅具有物质积累，而且具有人文优势，两者分别从硬环境与软环境方面影响城市的发展。具体而言，物质基础包括道路、市政建筑等基础设施方面累积；人文优势包括知识的积累、文化的传承与传统的积淀（Black and Henderson，2003）。这两者能够解释：如果一个城市在历史上出现过某行业的聚集，那么这个城市与其他城市相比，在继续从事该行业时仍然存在着竞争优势（Henderson and Kuncoro，1996）。

城市一旦建立起来，就具有很强的自我增强倾向，城市原先形成的原因变得不再重要（Cronon，2009）。具体而言，尽管产业发展存在周期性，厂商选址会因要素价格与市场需求波动而发生变化，劳动力随着交通方式变化而呈现出更大的流动性，但是这些因素并没有改变城市发展的持久性（Dunne，Roberts and Samuelson，1989；Davis and Haltiwanger，1992）。对美国城市的研究表明：具有特定地理初始优势的城市，并不会因为地理特征的价值消失而衰落（Bleakley and Lin，2012）。对肯尼亚和加纳等国家进行的研究表明：殖民铁路和欧洲定居者的存在促进了这些国家的城市形成与发展，但是这些最初导致城市建立的因素消失后，人口聚集地点仍然存在（Jedwab，Kerby and Moradi，2017）。对日本的研究表明：虽然日本在二战中经历了来自美国的轰炸，城市遭到严重破坏，但是经历若干年后，日本城市的相对规模和区域密度仍然延续了二战前的状况（Davis and Weinstein，2002）。

四、规模经济

由于外部性的存在，自然条件、历史因素与政治因素作为初始优势，对城市的影响会被放大。马歇尔（Marshall，1920）认为规模经济主要来自共享劳动力市场、中间产品投入和知识溢出三个方面。

第一，劳动力市场共享是指厂商聚集能够促进劳动力与厂商之间的匹配。一些学者对劳动力市场共享进行研究发现，聚集能够帮助劳动力降低风险，实现劳动力供需平衡。随着分工的细化，专业化程度不断提高。在专业化程度较高的情况下，工人更容易受到劳动力市场的冲击，在失业之后找到新就业岗位的难度较大，根据补偿工资理论，需要对专业化程度高的工人提供更高的工资。相同产业厂商的聚集，不仅可以降低厂商寻找劳动力的搜寻成本，也可以有效降低劳动者失业后再就业的不确定性，（Diamond and Simon，1990；Krugman，1992；Rosenthal and Strange，2001）。还有一些学者认为，产业聚集能够促进劳动力供需之间的匹配，降低工人与厂商之间的搜寻成本（Helsley and Strange，1990）。

第二，中间产品投入是指厂商通过生产要素投入共享，可以节约生产成本，提高生产效率。相同产业的厂商在生产过程中使用的生产要素具有相似性。中间产品厂商大规模集中供货能够有效降低这些生产材料的价格。实证研究的结果表明，中间投入品需求比重较高的产业的厂商，更倾向于聚集在一起，降低生产成本（Holmes，1999；Rosenthal and Strange，2001）。

第三，知识溢出是指厂商之间通过创新刺激彼此改进技术的情形使厂商之间形成了积极的反馈循环，有效地促进新技术和新概念出现爆炸式的增长。知识溢出分为两类：一是内部溢出，是指其对行业内部产生积极影响；二是外部溢出，是指其对行业外产生积极影响。不同学者对知识溢出的机制进行了研究，一些学者认为同一行业内厂商的邻近性是影响创新和增长的关键因素。因为行业内不同企业工人之间的交流是创新产品和改进生产方法的关键，企业之间的距离越近，越有利于工人之间的交流，溢出效应越大，这种溢出效应又被称为 Marshall-Arrow-Romer（MAR）溢出（Glaeser，1992）。另一些学者从市场竞争的角度出发，认为专业化、地理集中促进了地方竞争，地方竞争促进了对创新的追求和快速采用，从而促进了增长，这种溢出效应又被称为 Porter 溢出（Gerald，2001）。最后，还有一些学者认为不同行业之间的厂商聚集，能够促进多样性的观点和想法汇集，多元化的环境是促进创新和人力资本提升的原因，因此不同行业的公司之间的距离会影响知识溢出，从而进一步影响增长的程度，这种溢出效应又被称为 Jacobs 溢出（Audretsch and Feldman，2004；Jacobs，2016）。

第二节　政治因素在城市发展中的角色

一、促进城市形成与发展

从城市发展历程来看，有两个关键过程影响城市发展：一是城市化

(Urbanization)，即人口由农村向城市转移的过程；二是城市聚集（Agglomeration），即人口、资本等各种生产要素在城市的集中程度。政治因素通过影响资源重新配置来影响城市化与城市集中的进程。

（一）城市形成：推动城市化

城市化也称城镇化，一般是指一个国家或地区人口由农村向城市迁移的过程。由于城市化与工业化往往互相伴随，因此城市化也被视为劳动力由农业部门向工业部门转移的过程。当一个国家或地区城市化达到一定水平后，城市化进程随之结束。根据发达国家的经验，当城市化率超过80%以后，人口从农村向城市流动速度趋缓并达到一个相对均衡的状态。

农业生产技术的进步，以及现代化技术在农业生产中的普及，显著提高了农业生产效率，在农业用地规模不变的情况下，单位土地面积所需要的劳动力显著减少，从而释放出大量的农业剩余劳动力，为城市工业部门提供了大量潜在的劳动力。在城市化进程中，农业部门在国民或地区经济中的地位不断下降，非农的现代部门（通常是指制造业和服务业）总产出占该国家或地区经济总产出的比重会不断上升，劳动生产率也会不断提高。

为了推动城市化，政府将农业部门带来的收益积累到非农业部门。主要方式有四个：一是压低农产品价格，补贴工业部门发展，使工业部门从低原材料价格和廉价劳动力方面获益（Renaud，1981；Oi，1993）；二是对农业征收高额的直接税和间接税，并将这部分财政收入用于推进工业化（Davis and Henderson，2003）；三是通过扭曲农产品价格获取农业剩余，补贴工业发展（Oi，1993）；四是优先满足城市的基础设施和公共服务需要，减少对农村的相关投入（Bezemer and Headey，2008）。①

各国政府促进城市化的动因不同，主要包括两个方面。一是获得政治支持。政府通过压低农业部门的收入，为工业化发展提供资金，以获得城市群体的支持（Bates，1981）。二是摆脱对国外工业品的依赖，实施民族主义工业化政策。在拉丁美洲和撒哈拉以南非洲的大部分地区（如肯尼亚、乌干达、津巴布韦和南非），殖民政权留下了严重的土地不平等问题，

---

① 贝泽默和海迪（Bezemer and Headey，2008）对非洲的研究发现，政府给农村居民在农业生产上的投资不到人均10美元。

对生产力、人力资本积累、公共支出的分配和效率产生了不利影响。这些国家为了摆脱从自然资源和经济作物中榨取利润的殖民政权，实施民族主义工业化政策，从而推进城市化进程（Bezemer and Headey, 2008）。

以牺牲农村发展为代价推进城市化进程，在一定程度上加剧了城乡发展权的不平等，破坏了公平的竞争环境，从长期来看，不利于经济体的健康发展。由农村向城市低效率和不公平的资源转移，是世界最贫穷国家增长和减贫的最大制度障碍（Lipton, 1977; Bezemer and Headey, 2008; Pierskalla, 2011）。

（二）城市发展：促进聚集经济

各类生产要素在空间上的集中会降低生产成本和提高产出，带来规模经济。为了获取规模经济，企业在空间上不断集中，产生聚集经济。聚集经济是城市存在和发展的重要原因和动力。当农业劳动力向城市转移达到均衡时，城市化过程结束。然而，即使一个国家或地区的城市化进程结束或达到完全城市化的状态，但城市聚集过程仍旧可能会持续。与城市化相比，聚集对城市发展的影响更大更深远。威廉姆斯（Williamson, 1965）认为城市的聚集经济代表了该国家或地区的经济发展水平、基础设施完善状况以及知识累积程度。

正因为如此，政府倾向于运用政府手段（政治力量）来提高城市聚集程度。政府利用征税和借贷的权利，为城市基础设施和公共部门建设筹集资金，吸引人口迁入。在城市形成初期，城市聚集程度较低，不利于知识积累和规模经济的形成，造成效率损失（Au and Henderson, 2006a）。政府以未来的收入为抵押贷款向社会筹集资金，城市积累的债务将用未来的税收收入来支付。这些筹集的资金用以提供补贴来吸引新的公司和移民，促进要素聚集，形成规模经济。在一个国家经济发展的早期阶段，集中全国有限资源来优先扶持某些城市发展是有必要且合理的（Schumpeter and Perroux, 1935; 罗斯托, 1962; Williamson, 1965; Hansen, 1965; Hansen, 1990），尤其是对于发展中国家，在人才、技术、资本都稀缺的情况下，只能选择一些城市优先发展。当城市达到一定规模后，聚集经济不仅成为城市自身持续扩大的内生动力，还对周边地区产生"溢出效应"，即城市内的技术创新和人力资本积累还会带动周边地区的发展。

二、修复"城市失灵"

(一) 解决城市发展中的问题

城市发展过程中面临着各种问题，可以将其归结为三类：膨胀问题、萧条问题和落后问题。为了确保经济增长引擎的高效运转，各国政府都在积极应对城市问题，制定相应的政策和投入资金。

第一，城市膨胀问题。随着人口规模的扩大和聚集程度的提高，城市开始出现规模不经济问题。出现膨胀问题的城市竞争力逐渐减弱，经济增长速度明显趋缓。如果膨胀问题无法及时解决，城市可能会转入萧条。膨胀问题一般发生于经济繁荣的城市，主要发生在行政等级较高的城市，如一国的首都，主要有三个方面的表现。一是资源配置效率低下。在要素投入边际递减规律作用下，大城市单位生产要素的产出水平低于小城市（Tolley et al., 1979）。二是生产成本上升。随着生产规模的扩大，会出现环境污染（Fujita, 1989）、交通拥堵（Henderson and Becker, 2000）和房租上升（Au and Henderson, 2006b）等问题，推高单位产品成本，影响城市的效率和产出（Renaud, 1981；Henderson, 1991；Ades and Glaeser, 1995；Moomaw and Shatter, 1996；Henderson and Becker, 2000）。三是非生产性支出比重上升。为了保障大城市正常运营，需要在基础设施投资、公共服务、环境治理、住宅改善和交通整治等方面加大支出。与此相比，用于生产投资、科研创新和技术改善方面的开支相对减少，由此造成资源主要浪费在非生产性活动中，生产效率降低（Richardson, 1987；Lucas, 1988；Black and Henderson, 1999；Duranton and Puga, 2001）。

城市膨胀治理采取的措施主要包括三个方面：一是控制膨胀城市规模，控制人口流入；二是改善基础设施和公共服务，扩大城市容量；三是疏解城市功能，将不具备竞争优势的产业向周边腹地城市转移，带动周边城市发展，促进城市群的形成，提升整个区域的竞争力。

第二，城市萧条问题。一些城市曾有过一段辉煌的历史，但是由于某种方面的原因，城市由盛转衰，其原因主要包括四种。一是城市产业单一，在技术革命冲击下，传统的生产和组织形式不能适应时代发展的要求,主导产业衰退,导致整个城市陷入萧条。二是城市产业所依赖的矿产资源开发进入后期、晚期或末期阶段,城市因资源枯竭陷入发展困境。例如,德国鲁尔矿区和法国洛林矿区曾是煤铁之乡,后因资源枯竭城市陷入萧条。在国家政策引导下,这些地区进行了产业升级经济转型,逐步摆脱了对资源的依赖,使传统矿业城市再度复兴起来。三是国际贸易的兴起和交通运输技术的发展,使城市传统的优势逐渐消失。随着现代航海技术的发展,国际贸易的兴起,一些沿江沿湖城市的经济中心地位被沿海城市取代。四是城市膨胀问题未能及时解决,人口规模超过城市承载能力,导致城市基本公共服务提供不足,住房成本上升,犯罪率增高。城市生活质量下降使高技能劳动力流出,城市逐渐陷入萧条。

治理城市萧条问题的主要措施有两个。一是改善投资环境,包括:加强基础设施投资,改善投资硬环境;提升地方政府治理能力,改善投资软环境。二是升级换代产业,积极承接产业转移,对现有工人进行转岗再培训。城市萧条问题治理的国际经验丰富。例如,1993年,美国联邦政府开始设置授权区计划(Empowerment Zone Program)和企业社区计划(Enterprise Community Program),通过发展企业区(Enterprise Zones),激励企业在特定地区选址以解决城市存在的失业问题(Mulock, 2002)。1997年,法国政府开始针对面临严重失业和萧条的城市执行企业区计划(Zones Franches Urbaines, ZFUs)。20世纪80年代初至90年代中期,英国在衰退地区采取了企业园区计划,为企业提供商业投资的激励措施,包括资本税收优惠、免收营业税以及放宽规划规则,旨在创造新业务、吸引投资和增加就业机会(Papke, 1993)。

第三,城市落后问题。这类城市从未有过辉煌的历史,尚未进入经济起飞阶段。落后城市主要分为两种类型:一是农业区域的中心城市,由于整个区域以传统农业为主,城市化进程缓慢;二是自然条件极端区域的中心城市,这类城市位于偏远地区、自然灾害频繁的地区和高海拔山区。从世界范围来看,几乎所有的不发达区域都位于国家的边缘区位(张可云,2005:334)。

治理城市落后问题需要先实现区域农业现代化,为推进城市化创造条件;然后,政府通过加大基础设施建设投资、颁布贷款与税收优惠政策、奖励制造业企业等方式吸引厂商选址;最后是通过制度环境建设、企业家精神的培育等，促进经济实现内生增长。

（二）促进城市规模合理分布

城市发展趋异会引发一系列的经济与社会问题。劳动力从落后地区的城市向发达地区的城市迁移，不仅导致落后地区的发展条件恶化，而且导致区域之间的差距扩大。落后地区的人才和年轻劳动力持续流失，造成了落后地区严重的社会匮乏和经济衰退，威胁政治稳定。空间经济学和城市经济学的观点认为，大城市的扩散效应能够带动小城市的发展，人口的自由流动能够缩小区域之间的收入差距。在这些理论指导下，政府施策的重点是确保城市充分发挥聚集经济效应。然而，现实中，即使聚集经济能够正常发挥效用，也不能确保城市之间的协调发展，城市两极分化现象日趋严重。

第一，大城市的扩散效应难以辐射到偏远欠发达地区。聚集经济理论认为：聚集经济提升带来正外部性，促进生产率的提高；随着聚集中心规模的扩大，会逐渐产生协调问题，导致聚集成本上升；当聚集成本大于聚集收益时，经济活动会从中心向外围扩展。然而，在市场经济条件下，即使扩散效应产生，经济活动也不会转移到偏远的欠发达地区。聚集经济理论只能够解释拥挤城市的经济活动下放到二级城市或者卫星城市。欠发达地区聚集经济的形成和建立新经济活动中心较为困难（Duranton and Venables，2018）。

第二，人口有限流动。虽然人口流动能够促进生产率的整体提升。但是，现实中人口流动性受到多种因素的制约，导致劳动力无法在最佳地点就业。一是受到劳动者技能约束。城市规模越大，选择和分类效应越强①，劳动力迁移门槛越高，大城市对劳动力有特定职业和技能的要求，阻碍了低技能人口的迁移（Johnson and Kleiner，2020），阻碍了欠发达地区低技能人口的迁移。二是现代化福利制度影响了人口流动的积极性。低技能人口严重依赖公共资源来维持现有生活状态，如住房、补贴以及子女教育等，跨地区迁移将影响这些利益的获得（Schleicher，2017）。三是发达地

---

① 分类（sorting）表示影响差异化的工人、厂商和行业做出差异化区位选择的机制，如城市规模越大，大学及以上学历工人的占比越高。选择（selection）表示影响代理人职业选择以及公司和企业家选择的机制，如自营职业者的比例与城市密度呈负相关（Neumark and Simpson，2015）。

区住房供应的弹性小，住房成本急剧上升，迁移成本增加幅度远高于收入提高幅度（Glaeser and Saiz，2004）。四是地域歧视影响了劳动力的自由流动（Hellerstein，McInerney and Neumark，2011）。

第三，发达地区存在无效边际和空间效率低下问题。工人在不同城市就业的生产效率存在差异，当每个城市的工人产生的收益与成本相等时，空间分配达到最优（Dixit，1985；Hsieh and Klenow，2009）。然而，工人依据个人利益最大化做出迁移决策，并不考虑其迁移决策对城市基础设施、公共服务等方面的影响；厂商依据利润最大化做出生产决策，并未将雇用劳动力对城市生产率的影响纳入企业决策中，造成大城市劳动力数量过多（Behrens and Robert-Nicoud，2015）。劳动力数量过多会造成人力资本外溢效应的损失，已有研究表明，虽然大城市高技能工人之间的积极溢出能够强有力地促进了生产力提高，但是该积极溢出小于欠发达地区的高技能工人对低技能工人的积极溢出，抵消了高技能工人之间产生的积极溢出（Fajgelbaum and Gaubert，2020）。

因此，城市发展需要政府制定行之有效的政策，改善萧条城市与落后城市的条件，调节城市间的要素分配，促进聚集经济的形成，为问题城市带来长期收益，从而消除"城市失灵"问题。一是培育增长极，制定产业政策，促进专业化，增加人力资本投资，促进技术外溢的形成（Moretti，2004；Duranton and Puga，2004）。二是加强基础设施建设，降低运输成本，改善问题城市与发达城市之间的经济联系（Duranton and Turner，2007；Rosenbloom，2008；Kline and Moretti，2014）。三是对问题城市的企业进行补贴，有效弥补生产率差异（Kline and Moretti，2013）。四是合理分配资源。法杰格尔鲍姆和戈贝尔（Fajgelbaum and Gaubert，2020）认为，大城市应当对劳动力征收就业税，从而促进劳动力向中小城市合理流动。亨德森和维纳布尔斯（Henderson and Venables，2009）认为政府应当通过补贴和分区的方式，促进人口在不同类型城市之间的流动。

第三节　城市行政等级与城市发展

出于国家治理的需要，大多数国家都有行政等级制度，将统治区域划分为等级不同的单元,如省(provinces)、州(states)、地区(regions),通过这些单元的行政中心与中央政府联系起来。行政等级内部的政治权力分配对治理和区域经济发展至关重要(Bardhan, 2016)。在许多国家,不同行政等级的城市被赋予不同的政治地位。

经典的分权定理认为,地方政府掌握着更完备的当地信息,更能够根据当地情况制定行之有效的政策。因此,赋予地方政府权力有助于提高当地的社会福利(Tiebout, 1956)。为地方政府提供基础设施和公共服务方面的资金,赋予地方政府城市建设的权利,有助于城市的发展(Henderson and Becker, 2000)。

在现实中,城市拥有着不同的行政等级。城市行政等级越高,地方政府官员政治地位越高,自主决策权越大,对城市发展越有利。国家的首都或区域的行政中心,不仅是政治中心,也是经济实力最强、人口规模最大的城市。实证研究表明,行政中心城市比其他城市的平均规模要更大(DeLong and Shleifer, 1993;Ades and Glaeser, 1995;Davis and Henderson, 2003)。根据联合国发布的世界城市化展望(World Urbanization Prospects, 2011)报告可知,全球首都城市大约聚集了全世界人口的6.94%,其中首都人口规模占该国总人口规模50%以上的国家有26个。

一、行政中心优先发展的原因

第一,国家治理需要。行政中心在国家治理中的地位很重要(Campante and Do, 2014)。为了保障社会经济正常运行,政府往往重视行政中心的硬环境与软环境建设。一方面,服务于当地居民,为他们提供优质的生活环境、高水平的公共服务和便捷的交通设施;另一方面,辐射周边低行政等级的城市。在社会不稳定且政治权力高度集中的国家,政府更倾向于对其行政中心所在的城市实施高福利、低税收的政策,而对周边地区或城市实施低福利、高税收的政策,这种差异化政策导致各类生产要素向行政中心所在地聚集,从而提高了该类城市集中的程度(Ades and Glaeser, 1995)。

第二,资源优化配置需要。由于资源相对稀缺,需要优先发展一些城市,从而形成增长极,带动周边城市发展。一些比较极端的欠发达国家,为了防止资源的"外溢",相关部门还会制定配套政策,将潜在的外来人口阻挡在这些城市以外(Davis and Henderson, 2003)。

二、城市行政等级对城市发展的影响

(一) 正面效应

第一,高行政等级城市治理效率更高。由于地方政府掌握当地更完备的信息,更能够根据当地情况制定行之有效的政策,因此,分权理论认为,赋予地方政府官员权力可以提高社会福利(Tiebout, 1956)。高行政等级城市在行政、经济、财政和事权等方面有更大的自主决策权,促进了该类城市政府公共服务水平和效率的提升。例如,高行政等级城市在发展过程中能够获取充足的财政资金,地方政府能够利用掌握的信息,优化资源配置,高效提供基础设施和公共服务(Henderson and Becker, 2000)。

第二,高行政等级城市就业创造能力更强。各级行政中心都设置公务机关,存在大量的公职就业人员,以及官僚阶层的家属和相关服务人员。对商品和服务的需求会带动相关行业的发展,促进私人部门就业的增加聚集,从而使城市规模不断扩大。

第三,高行政等级城市对周边地区的带动作用强。高行政等级城市积极兴建的交通基础设施,确保了行政中心之间能够维持信息、人员和商品的充足流动。中国历史上,由中央政府设计的交通网络,如大运河(连接着各种水路)、驿站(维持着国家信息的传递),都促进了沿线的经济繁荣。到了近现代,公路和铁路网络取代运河成为主要的基础设施。高行政等级城市完备的交通还会使周边城市受益,促进城市之间的分工合作,从而带动城市群发展。

(二) 负面效应

虽然层级分明的城市行政管理体制有利于国家城市治理,尤其对于发展中国家而言,能够在短时间内实现资本和知识积累、科技进步和经济增长,但是,过度的行政等级化可能会对城市发展产生不利影响。

第一,破坏城市间公平竞争的环境。一方面,高行政等级城市在获取中央政府的资金和政策方面有着优势。在资源一定的条件下,增加高行政等级城市的资源,势必会影响其他城市的资源分配。另一方面,城市行政等级与资源配置能力密切相关,高行政等级城市掌握财权和事权,通过行政权力抑制低行政等级城市发展。魏后凯(2015)认为,中国城市规模的大小及增长速度与其行政等级的高低密切相关,随着行政等级的提高,城市增长呈现加速趋势。行政地位的差异使城市之间难以形成合理的分工与合作。

第二,阻碍市场一体化进程。高行政等级城市为了防止优惠政策和资金的"外溢",设置了各种门槛以阻碍生产要素在城市间自由流动,造成了市场分割,阻碍资源配置达到最优,阻碍区域市场一体化进程(Mutlu,1989;Henderson,1991;Henderson,Quigley and Lim,2009;陆铭、向宽虎和陈钊,2011;黄新飞、舒元和郑华懋,2013)。戴维斯和亨德森(Davis and Henderson,2003)对全球主要城市进行研究后发现,首尔、雅加达、曼谷和墨西哥城等既未显著带动周边地区的发展,也未对整体国民经济的增长做出显著贡献。除此之外,城市行政层级不合理还可能制造寻租空间,进而产生腐败行为(Henderson,2003)。

第三,影响城市规模合理分布。高行政等级城市聚集了大量的资源,可能导致城市首位度过高。在边际生产率递减规律的影响下,要素投入的产出效率低。人口、资本等各类生产要素的集中会促进规模经济的形成,从而促进城市快速发展,但经济活动过度集中也会带来通勤成本上升、生态环境污染、居住成本升高、交通拥挤等负外部性(Renaud,1981;Moomaw and Shatter,1996;Henderson,1991;Henderson and Becker,2000;Au and Henderson,2006a)。城市集中程度过度或不足都会对城市经济增长产生负面影响,只有当城市规模扩大所带来的边际收益与边际成本相等,城市集中程度才能达到最优水平(Henderson,2003)。在层级分明的城市行政管理体制下,高行政等级城市聚集过多的资金、人才和政策,城市规模过大,边际成本大于边际收益;而其他城市缺乏相关生产要素,规模无法达到最优水平,边际收益大于边际成本。亨德森(Henderson,2005)对中国城市的研究发现,尽管县级市的全要素生产率(TFP)的平均水平高于地级及以上的城市,但人均收入水平却低于地级及以上的城市,造成这一结果的原因主要是生产要素投入不足,最终导致"大城市太大,中小城市规模不足,无法达到有效运行"的城市发展空间格局。

第四,抑制总产出增加。行政等级越高,城市规模越大,获取资源的能力越强。依据要素边际收益递减规律,随着要素投入的增加,其边际收益率会呈递减趋势。边际要素递减规律在城市发展过程中的表现是,随着要素在城市中的不断聚集,集中程度对城市经济发展的贡献呈现先上升后下降的倒"U"型趋势(El-Shakhs,1972;Alonso,1980,Wheaton and Shishido,1981;Junius,1999)。通过对全球城市的研究发现,城市集中程度越高,经济增速越缓;城市集中程度越低,经济增速越快。因此,与大城市相比,中小城市集中程度的提升更有利于经济增长(Gaviria and Stein,2000)。在权利层级分明的城市行政管理体系之下,大城市和小城市都难以实现有效运行,进而可能会抑制总产出增加。

第五,影响城市治理能效。垂直化的城市行政管理层级越多,上下级之间信息流通时间就会越长、信息损失就会越多,导致无效工作增多和效率损失,甚至造成制度官僚化、僵化。一些学者通过对中国城市行政管理体制的研究发现,减少城市行政层级的改革短期内可能会损害高行政等级城市的某些利益,但从长期来看,减少城市行政层级对各级城市的经济增长都有积极的意义(才国伟和黄雄亮,2010;才国伟、张学志和邓卫广,2011)。

合理化的城市行政层级制度安排能够促进城市的发展。然而,城市行政管理体制改革阻力较大,减少资源投入可能导致"受欢迎城市"的经济陷入衰退,在短时期内对整体国民经济产生负面影响。出于维持政治、经济与社会稳定的需要,城市行政管理体制改革往往难以推进,只能维持现有状况(Henderson,Quigley and Lim,2009)。

第二章 中国城市发展的特征

早在公元前2世纪，中国就开始了其独特的、内生的城市发展进程。儒家经典《周礼》开篇有云"惟王建国，辨方正位，体国经野，设官分职，以为民极"。在周天子封邦建国时，先确定地理位置，再划定朝与野的区域，最后分设官职落实管理百姓的制度，体现出古代政治权力的空间等级化（杨小彦，2007）。周王朝及后来的封建朝代逐步建立、发展和完善了中央集权统治模式，形成了垂直化、等级化的官僚制度。中国封建社会的城市都是封建统治的大小中心，政治、军事意义大于经济意义（何一民，2012：375）。城市以各级地方行政中心的角色彰显其重要性（Schinz，1989；Chandler，1974）。在这种制度安排下，城市的发展呈现行政等级化特征，各级行政治所，如都城、省会、府治和县（州）治，既是当地的政治中心，也是当地的经济中心，城市规模与行政等级密切相关。这种特征一直影响着中国现代城市的形成与发展。

中国城市具有政治中心城市优先发展的规律（何一民，2012：252）。中国古代史上最大的城市无一例外的都是全国政治中心城市——都城（陪都），如秦咸阳、汉长安、南朝建康、隋唐长安、隋唐洛阳、北宋汴京、南宋临安、元明清北京等（Ma，1971），而它们一旦失去全国政治中心地位，城市就出现衰落。白颖和贾瑞雪（Bai and Jia，2021）研究了中国980~2000年朝代的更迭与历代城市变化，发现：城市政治地位的变迁影响了该城市的兴衰，当一个地级市失去都城或治所地位时，其经济优势不会长时间持续。中国的城市发展模式还影响了亚洲邻国。例如，日本早期的城市平安（京都）就是借鉴长安建成的，这个城市以皇室为中心，公元794年到1868年，一直都是日本的首都（Fiévé and Waley，2013：4-7）。

中国早期形成的城市规模普遍较小，围绕着统治者驻地的一些手工业者成为城市主要居民（科特金，2010）。在宋代以前，政治功能是城市的首要功能，城市居民以官僚权贵及其家眷为主，《北史》中记载北魏都城洛阳："京邑诸坊，大者或千户、五百户，其中皆王公卿尹，贵势姻戚，豪猾仆隶，廕养奸徒，高门邃宇，不可干问。"[①] 工商业者及其他城市劳动者大部分居住在城外。唐末宋初，坊市制逐渐被打破，商品经济在城市中有了空前的发展。明清时期，城市发展更加迅速，城市人口结构发生变化，工商业者、城市劳动者以及无业游民增加，城市规模不断扩张。新中国成立以来，中国工业化和城市化进程加快，城市的战略地位提升，逐渐成为提升国家竞争力的重要引擎，并在国民经济发展中占据绝对主导地位。

中国城市发展模式与西方发达国家显著不同：西方发达国家的城市发展多以市场力量为主导，中国城市发展多以政府力量为主导。本章通过回顾主要历史时期中国城市的发展进程，提炼中国城市发展的特征。

第一节 古代城市的发展特征

一、先秦至南北朝时期

周王朝建立后，大型城镇开始逐渐发展起来，城墙成为城市的重要象征（Wheatley，1971）。在城市设置方面，周王朝实行"封邦建国"，每个诸侯国只能设置一座都城，都城的大小由诸侯爵位的高低决定，逐步形成了与公、侯、伯、子、男五等爵位相对应的城邑等级体制。《礼记·王制篇》记载"天子之田方千里，公侯之田方百里，伯七十里，子男五十里"。建筑物和道路要根据城邑的等级而定。西周以镐京为中心，提高了中心城市的地位，推动了多级城镇的发展。在城市功能方面，以政治和军事功能为主，城市的经济功能并不突出。在城建规划和城市功能方面都体现出鲜明的等级特征，这种特征影响了中国封建时期城市的形成与发展。春秋战国时期，奴隶制向封建制过渡，经济社会的巨大变

---

① 《北史》卷四十列传第二十八。

革带来了城市的深刻变化，城市不仅是一个地区的行政中心，而且逐渐成为经济与文化中心。

秦代建立了中国历史上第一个中央集权的封建国家，推行郡县制，为城市的行政等级化确立了法律体制。秦统一全国后，在全国设置 36 个郡，[1] 约 900 个县。郡县治所设有官吏，驻扎守兵，设立司法机构，成为当地的政治中心，为城市的发展提供了行政基础。然而，秦代仅仅持续了 15 年，人力、物力和财力集中用于都城咸阳的建设，郡城和县城仅仅是确立了其行政地位，并未开始真正意义上的城市建设。

西汉时期，统治者不仅重视都城的建设，而且加大力度建设郡县治所。在都城修建方面，公元前 194 年（汉惠帝元年），汉惠帝下令在秦都城废墟南侧建长安城，前后共征用 29 万余人，于公元前 190 年基本建成。为了促进长安城的繁荣，统治者将全国各地的富豪安置在长安城附近。随着长安城人口规模的扩大，消费需求不断增加，带动了手工业和服务业的发展，商业活动开始兴盛起来。汉武帝在长安城设立最高学府太学，教育与文化也逐渐发展起来，长安城成为经济与文化中心。

在郡县治所修建方面，西汉延续并完善了秦代的郡县制，公元前 201 年（汉高帝六年），汉高帝下令所有的县邑都要修筑城池。[2] 在这一时期，各郡县治所开始兴建公共设施，包括防御设施（如衙门和城墙）、道路设施、引水设施、教育设施（如学校）。郡县治所逐步成为区域性的政治、经济、社会和文化中心。

东汉时期，生产力有所提高，城市的商业和文化活动也更加繁荣，大城市开始逐渐出现。全国形成了六大商业城市，分别是长安、洛阳、邯郸、临淄、宛县、成都，[3] 这些城市均是郡县治所。这些城市依靠水路或商路的便利，相互沟通和互市，形成一个覆盖全国的商业网雏形。东汉末年，逐步形成了州—郡—县三级地方行政制度。

三国两晋南北朝是中国封建社会的大分裂时期。战乱与政权割据导致了农田荒芜、商路不畅，农业、手工业和商业的发展受到严重影

---

[1] 后增至 48 个。
[2] 《汉书·高帝纪下》："六年冬十月，令天下县邑城。"
[3] 长安（京兆尹治所）、洛阳（河南尹治所）、邯郸（赵国治所）、临淄（齐国治所）、宛县（南阳郡治所）、成都（蜀郡治所）。

响。黄河流域的大城市，如长安、洛阳、宛县等，均遭到毁灭性的破坏。虽然政权更迭后，出于统治需要，也有一些城市得到重建和发展（例如，三国时期，曹魏、蜀汉、孙吴的统治者为了巩固政权，对邺城、许都、洛阳、成都、建业等进行大规模建设。[①] 西晋建立后，对都城洛阳进行了大规模修建），但是总体来说，城市的发展陷于停滞和倒退。

316年，西晋灭亡后，中国分裂成南北两大部分。其中，北部陷入长期混战中，先后建立了十六个割据小王朝，虽然社会经济遭到重创，但是统治者仍然通过政治权力聚集人力、物力与财力建设都城，因而都城得到不同程度的发展。十六国后期，鲜卑拓跋氏崛起，于439年统一了北方，建立了北魏。北魏后期，北方出现战乱，先后出现了东魏、西魏、北齐、北周等北方王朝。北朝时期，社会趋于稳定，经济也有所好转，北方的城市也出现转机，都城得到了较大的发展（见表2-1）。与北方的战乱相比，南方则基本上保持了政治上的统一。317年，东晋建立。其后经历了宋、齐、梁、陈四朝更替，都城均为建康。[②] 朝代的更替并未对都城建康造成破坏，经历了多个朝代统治者的建设，建康的商业和财富不断聚集，人口数量逾百万。南方稳定的社会环境吸引了大规模北方人口的向南迁移，北方移民为南方带来了生产技术、物质财富和文化，大大促进了南方城市的发展。

表2-1　　　　　　　　　　　　　北方都城

时期	政权	时间	都城	备注
十六国	前赵	304~329年	左国城 平阳 长安	今山西省吕梁市离石区 今山西省临汾市 今陕西省西安市
	成汉	304~347年	成都	
	前凉	317~376年	姑臧	今甘肃省武威市

---

① 196年，曹操强行挟持汉献帝离开洛阳到许，许遂成为后汉的国都。204年，曹操为巩固在北方的统治，遂营造邺城，作为王都。220年，曹丕废献帝，自立为帝，国号魏，将都城迁至洛阳。许都改称许昌，作为陪都。221年，刘备在成都建立汉朝称帝，并对成都城市加以改建。229年，孙权称帝，国号吴，以建业为都。

② 今江苏省南京市。

续表

时期	政权	时间	都城	备注
十六国	后赵	319~351年	襄国 邺城	今河北省邢台市 今河北省邯郸市临漳县
	前燕	337~370年	大棘城 龙城 蓟城 邺城	今辽宁省北票市 今辽宁省朝阳市 今北京市西城区 今河北省邯郸市临漳县
	前秦	351~394年	长安	今陕西省西安市
	后燕	384~409年	中山 龙城	今河北省定州市 今辽宁省朝阳市
	西秦	384~431年	枹罕 夏川	今甘肃省临夏回族自治州临夏县 今甘肃省兰州市榆中县
	后凉	386~403年	姑臧	今甘肃省武威市
	后秦	394~417年	长安	今陕西省西安市
	南凉	397~414年	廉川	今青海省海东市民和回族土族自治县
	南燕	398~410年	滑台 广固	今河南省安阳市滑县 今山东省青州市
	西凉	400~421年	敦煌 酒泉	
	北凉	407~439年	姑臧	今甘肃省武威市
	夏	407~431年	统万城 上邦 平凉	今陕西省榆林市靖边县 今甘肃省天水市
	北燕	409~436年	龙城 昌黎	今辽宁省朝阳市
北朝	北魏	386~534年	盛乐（386~398年） 平城（398~493年） 洛阳（493~534年）	今内蒙古自治区呼和浩特市和林格尔县 今山西省大同市
	东魏	534~550年	邺城	今河北省邯郸临漳西南
	西魏	535~556年	长安	今陕西省西安市
	北齐	550~577年	邺城	今河北省邯郸临漳西南
	北周	557~581年	长安	今陕西省西安市

资料来源：根据傅崇兰、黄志宏（2009）、何一民（2012）的研究整理而成。

二、隋唐五代时期

隋唐时期结束了长达270年的割据状态,封建社会专制主义中央集权制度进一步强化。政治稳定为经济发展创造了条件,也为城市兴盛打下了基础。在这样的背景下,城市首先仍然作为政治中心而存在(何一民,2012:222)。607年(大业三年),隋炀帝将东汉末年确立的"州—郡—县"三级制行政区划改为"州—县"二级制行政区划,全国设置郡185个,县1249个(施和金,2017:101)。[①] 隋代的城市等级与行政区划等级相对应,城市划分为"都城—郡治—县治"三级。

隋代京城大兴(长安)和东都洛阳既是全国性的政治中心,又是全国性的经济中心,郡治所在的县城成为该郡的政治与经济中心。在政治力量的推动下,自然条件优越、交通条件便利的郡治得到了长足发展,聚集了大量人口。这些城市不仅自身经济繁荣,汇集了更为多样化的商品,而且辐射到其他周边城市,逐渐成为更大区域范围内的经济中心。例如,江都郡郡治江都县[②]是大运河南北转运的交通枢纽,也是对外贸易的港口;蜀郡郡治成都县[③]"水陆所凑,货殖所萃,盖一都之会也"(司马光,1956),所产绫绵海内有名;南海郡郡治南海县[④]贸易往来繁盛,手工业发达,特别是海船造船业规模较大。

由于城市规模大,为了适应这一变化,隋代改变了秦汉时期延续下来的城市布局。秦汉时期,宫殿、官署占据城市一半以上空间,手工业者、商人和一般市民只能占据城市外围空间;而在隋代,郡治和县治都设有"市",城市中手工业、商业和市民占据的空间不断上升,这成为隋代城市的显著特征之一。

唐代是中国封建社会的鼎盛时期,人口达到了空前规模,城市发展也随之提升到了更高的水平。虽然政治因素仍然是影响城市发展的主导因

[①] 609年(大业五年),增加鄯善、且末、西海、河源四郡,故郡的总数增至190个,县则增至1255个。
[②] 今江苏省扬州市。
[③] 今四川省成都市。
[④] 今广东省广州市。

素，但是经济因素对城市的影响开始增强。唐代农业、手工业和工商业的发展大大促进了城市人口规模的扩张。在这样的背景下，唐代城市发展的行政等级化特征更加显著。

第一，都城是全国规模最大的城市。虽然隋末时期大兴和洛阳遭到不同程度的破坏，但是由于唐代延续了隋代的都城选择，将大兴改称长安，作为都城，将洛阳改称东京，作为陪都，举全国之力对这两个城市进行了修建，使这两个城市得到了发展，位居当时的世界大都市行列。

唐代都城人口有两大特征。一是人口规模大。742年（天宝元年），全国共计1570个县，有897.36万户，约5097.55万人。京畿道范围共有51个县，有54.74万户，约315.13万人。其中京兆府共辖20个县，有36.29万户，约196.02万人。都畿道范围共有27个县，有26.41万户，约145.68万人。其中河南府共辖20个县，有19.47万户，约118.31万人。全国每县平均32468.50人，平均5715.69户，京兆府每县平均98009.4人，平均18146.05户，分别是全国平均水平的3.17倍和3.02倍；河南府每县平均59154.6人，平均9782.22户，分别是全国平均水平的1.70倍和1.82倍（梁方仲，2008）。二是对周边地区带动作用强。唐代的都城不仅自身发展迅速，也带动了周边城市的发展。639年，京畿道非京兆府所辖县有119855户，约515039人；742年，京畿道非京兆府所辖县有184504户，约1191111人，较639年分别上涨了53.94%和131.27%。都畿道非河南府所辖县的县均9910.57户，县均人口达到59154.60人，高于全国县均人口32468.50人（梁方仲，2008）。具体如表2-2所示。

表2-2 唐代贞观十三年（639年）与天宝元年（742年）都城人口

时间	地区	县数（个）	户数（户）	口数（人）	每县平均户数（户/县）	每县平均人数（人/县）
	全国总计	1408	3041871	12351681	2201.09	8772.50
639年	京畿道*	46	327505	1438359	7119.67	31268.67
	京兆府	18	207650	923320	11536.11	51295.56
	其他	28	119855	515039	4280.54	18394.25
	凤翔府	8	27282	108324	3410.25	13540.50

续表

时间	地区	县数（个）	户数（户）	口数（人）	每县平均户数（户/县）	每县平均人数（人/县）
639 年	华州	2	18823	88830	9411.50	44415.00
	同州	9	53315	232016	5923.89	25779.56
	邠州	4	15534	64819	3883.50	16204.75
	商州	5	4901	21050	980.20	4210.00
742 年	全国总计	1570	8973643	50975543	5715.69	32468.50
	京畿道	51	547425	3151299	10733.82	61790.18
	京兆府	20	362921	1960188	18146.05	98009.40
	其他	31	184504	1191111	5951.74	38422.94
	都畿道	27	264120	1456848	9782.22	53957.33
	河南府	20	194746	1183092	9737.30	59154.60
	其他	7	69374	273756	9910.57	39108.00

注：唐开元前为关内道京畿地区，唐玄宗时始置，是由原先的关内道划分出来的。京畿道下辖京兆府、凤翔府、华州、同州、商州、邠州，共6个府州。

资料来源：根据梁方仲《中国历代户口、田地、田赋统计》第111~130页甲表24和甲表26整理而成。

第二，高行政等级城市规模扩张快于一般城市。754年[1]，全国共有327个府郡，下辖1614个县。重要政治城市包括十府、二十四都督府（郭声波，2017：8-9）。十府包括京兆府、河南府、太原府、凤翔府、成都府、河中府、江陵府、兴元府、兴德府、兴唐府；二十四都督府包括汴州、齐州、兖州、魏州、冀州、并州、[2] 蒲州、鄌州、泾州、秦州、益州、[3] 绵州、遂州、荆州、夔州、通州、梁州、襄州、扬州、安州、润州、越州、洪州、潭州。[4] 贞观年间（627~649年），5万户以上的州府有5个，其中4个为重要政治城市，超过5万户的重要政治城市占超过5万户城市总量的80%。此时，重要政治城市有11.76%超过5万户，其他城市仅有0.34%超过5万户。天宝年间（742~756年），超过5万户的州府有

---

[1] 唐天宝十三年。
[2] 今山西省太原市。
[3] 今四川省成都市。
[4] 扬州、益州、并州、荆州为大都督府。

61个,其中18个为重要政治城市,超过5万户的重要政治城市占超过5万户城市总量的29.51%。此时,重要政治城市有52.94%超过5万户,其他城市仅有14.67%超过5万户,较贞观年间的比重分别上升了41.18%和14.33%。表2-3记录了唐代贞观与天宝年间超过5万户州府的情况(冻国栋,2000)。

表2-3　　　　唐代贞观与天宝年间超过5万户的州府

道别	时期	超过5万户的州府 >10万户	超过5万户的州府 5万~10万户	各等级城市 府	各等级城市 都督府	各等级城市 其他	合计
关内	贞观	京兆府	同州	1	0	1	2
关内	天宝	京兆府	同州、凤翔府	1	1	1	3
河南	贞观		汴州	0	1	0	1
河南	天宝	河南府、宋州、曹州、汴州	郑州、许州、蔡州、滑州、亳州、兖州、青州、汝州、陈州、濮州、徐州、齐州	1	4	11	16
河东	贞观		并州	0	1	0	1
河东	天宝	太原府	河中府、绛州、晋州、汾州、潞州	2	0	4	6
河北	贞观			0	0	0	0
河北	天宝	魏州、相州、冀州、沧州、贝州	洺州、邢州、德州、定州、瀛州、怀州、博州、赵州、镇州、莫州、幽州	0	2	14	16
陇右	贞观			0	0	0	0
陇右	天宝			0	0	0	0
山南	贞观			0	0	0	0
山南	天宝		合州	0	0	1	1
淮南	贞观			0	0	0	0
淮南	天宝		扬州	0	1	0	1
江南	贞观			0	0	0	0
江南	天宝	婺州、宜州、润州、常州	越州、杭州、台州、苏州、湖州、衢州、睦州、洪州	0	4	8	12
剑南	贞观	益州		0	1	0	1
剑南	天宝	成都府	汉州、彭州、蜀州、绵州、梓州	1	1	4	6

续表

道别	时期	超过 5 万户的州府		各等级城市			
		>10 万户	5 万~10 万户	城市类型			合计
				府	都督府	其他	
岭南	贞观			0	0	0	0
	天宝			0	0	0	0
合计	贞观	2	3	1	3	1	5
	天宝	16	45	5	13	43	61

注：(1) 加波浪线的代表治所；(2) 郭声波（2017：6-9）认为唐代初年、盛唐时期和唐代后期行政层级存在一定程度的变化。本书并非研究行政区划史，不做细致探讨。

资料来源：根据冻国栋《中国人口史·第二卷　隋唐五代时期》第 213~275 页内容整理而成。

第三，县治所得到发展。在过去的朝代，县治所作为行政等级较低的城市，行政职能是其唯一职能。唐代生产力进步，县域经济获得了一定程度的发展，县治所在地的市场开始逐渐繁荣起来，出现了商品市场。特别是进入唐后期，县城集市普遍发展。例如，630 年，唐太宗置盐官县市；695 年，武周建浙江富阳县市。此外临济县、禹县也出现了县市。

五代十国时期，战乱与政权割据阻碍了城市发展。中原战乱尤为严重，唐代的都城长安和陪都洛阳在战乱中损毁严重，从世界大都市跌落为中等规模城市。在中原地区，后梁王朝将汴州改为东京开封府，此后的后唐、后晋、后汉和后周都建都于此。开封府行政等级的提升促进了城市的发展。开封府由区域性中心逐步转变为全国性的政治中心，在政治力量的推动下，开封府经济中心地位也在不断加强，逐步取代长安、洛阳的地位。与中原地区的战乱相比，南方割据政权注重保境安民，社会相对稳定，城市获得了较快的发展，都城规模不断扩大，如表 2-4 所示。

表 2-4　　　　　　　　　十国都城

政权	时间范围	都城	备注
前蜀	907~925 年	成都府	
后蜀	936~966 年	成都府	
南吴（杨吴）	902~937 年	东都江都府 西都金陵府	今扬州市 今南京市

续表

政权	时间范围	都城	备注
南唐	937~975 年	江宁府 南昌府	今南京市 今南昌市
吴越	907~978 年	西府	今杭州市
闽国	909~945 年	长乐府 建州府	今福州市 今建瓯市
南楚（马楚）	907~951 年	长沙府	
南汉	917~971 年	兴王府	今广州市
南平（荆南）	924~963 年	江陵府	今荆州市
北汉	951~979 年	太原府	

资料来源：根据冻国栋（2000）、傅崇兰和黄志宏（2009）、何一民（2012）的研究整理而成。

宋代结束了五代十国的政权割据局面，实现了局部性统一。在行政体制方面，宋代实行"路—州（府）—县"三级行政区划制度。[①] 路级行政区设置转运司、提点刑狱司、提举常平司与安抚司四大机构，其中转运司是最重要的机构，其治所成为路级行政区等级最高的城市（李昌宪，2017：13）。

这一时期，科技进步，生产力提升。新农具的发明、肥料的使用、水利工程的兴建，不仅促进了耕地面积的增加，而且提高了农业生产率，农业产出水平随之提高；印刷、造纸、纺织、制瓷、漆器等生产技术的进步，丰富了手工产品种类与数量；采矿与冶炼技术的进步促进了制造业的发展。

商品经济的繁荣[②]使商品无论在数量上还是在种类上都有了很大提升。北宋时期商业税已经超过农业税，到南宋时期，商业税成为政府主要的财政收入来源。商品经济的繁荣带动了贸易的发展，打破了坊区（居住生活区域）和市区（商品交换区域）之间的界限，不再规定商品交换的地点和

[①] 唐代设府，一为京、都所在地称府，二在重要地区设置都督府，三在边疆民族边区设立都护府。府的行政地位高于一般的州，北宋建立后也沿用其制，相继将一些重要的城市提升为府建制。

[②] 由于商品经济极大丰富，政府和商人都面临长距离运送大批钱币的问题，纸币开始出现。

时间，市场活跃的局面开始出现。此外，宋代对外贸易也非常发达，国外商品需求量大。贸易催生了交通运输业的发展。在国内运输方面，兴修了全国各地通往京城的官道、驿道和水路航运。以开封府为中心，东西南北四个方向都有驿路，每三十里一驿；内河航运发达，汴河、蔡河、惠民河、广济河、五丈河汇集于此。造船技术和航海技术的进步促进了大规模海上贸易的兴起。

社会稳定与经济繁荣促进了宋代人口的增长和大城市的出现。在政治、经济、历史等因素的相互作用下，宋代城市获得了空前的发展，传统的坊市制已经无法适应城市发展的需要。为了便于城市管理，宋代进行了城市管理体制改革，新设立厢一级管理机构，① 取消小区式封闭型强制管理，以街道地段为管理单元，开封府成为最先实行厢制的城市。

这一时期城市行政等级化发展呈现出三个特征。

第一，都城仍然是全国最大的城市。宋代先后出现两个特大城市，分别是北宋都城东京汴梁②和南宋都城临安③。北宋时期，976 年（太平兴国元年）汴梁府主客户④数约 178631 户，1708 年（元丰元年）约 235599 户，1102 年（崇宁元年）户数约 261117 户（吴松弟，2000：122），976~1102 年汴梁府年均人口增长率为 3.0176‰。南宋时期，1102 年（崇宁元年）临安府主客户数约 203574 户，1169 年（乾道五年）约 261692 户，1252 年（嘉定十六年）约 381335 户，1268 年（咸淳四年）约 391259 户（吴松弟，2000：148）。1102~1268 年汴梁府年均人口增长率为 5.199‰。

宋代的户籍制度导致都城存在大量并未列入民籍的人口，这部分人口估计可达 10 万户，约 50 万人。北宋时期，980~1102 年开封府的人口密度从 10.3 户/平方公里提升到 15.1 户/平方公里，增长 46.61%。南宋迁都杭州后，"大驾初跸临安，故都及四方士民商贾辐辏"（陆游，1979）。南迁人口激增，使杭州成为新的特大城市。南宋道乾年间（1165~1173 年），杭州有 261692 户，约 552607 人；咸淳年间（1265~1274 年）有

---

① 厢原为唐以来划分驻军防地的军制，此时作为城市行政机构。
② 今河南省开封市。
③ 今浙江省杭州市。
④ 宋代实行主客户制的户籍制度，将户籍分为主户和客户。主户，指拥有土地和资产，承担租税服役的人户，也称税户。客户，指无土地和资产的人户。

591253户，约1240760人。1102年（崇宁元年），北宋都城开封府人口密度15.1户/平方公里，1223年（淳祐十二年），临安府人口密度52户/平方公里，如表2-5所示。

表2-5　　　　　　　　　河南与江南人口密度　　　　　　单位：户/平方公里

政区	北宋			南宋	
	太平兴国五年 980年	元丰元年 1078年	崇宁元年 1102年	淳祐十二年 1223年	嘉定十六年 1252年
河南	4.4	7.7	8.7	—	
开封府	10.3	13.6	15.1	—	
江南	4.6	15.4	16.5	—	23.5
杭州（临安府）	9.6	27.7	27.8	52.0	

资料来源：根据吴松弟《中国人口史·第三卷　辽宋金元时期》第398、475页内容整理而成。

第二，虽然相较于之前的朝代，经济因素对宋代城市的影响大幅度增强，但是城市的行政等级化特征依然显著。具体而言，一是南方经济更为发达，县的规模普遍大于北方。1102年（崇宁元年），全国共有1165个县级单位，县均14880.19户，其中北方有508个县，县均12469.60户；南方有657个县，县均16744.09户。二是含有州（府）治所的县的规模显著大于不含州（府）治所的县。含有州（府）治所的县有202个，县均16810.43户；不含州（府）治所的县有963个，县均14475.30户。三是南方含有州（府）治所的县规模大于北方。北方含有州（府）治所的县有98个，县均14847.23户；南方含有州（府）治所的县有104个，县均18660.37户（吴松弟，2000）。具体情况见表2-6。

表2-6　　　　　　　崇宁元年（1102年）宋代人口

类型	县数（个）	户数（户）	人口数*（人）	每县平均户数（户/县）	每县平均人数（人/县）
高行政等级	202	3395707	7553786	16810.43	37394.98
北方	98	1455029	3845515	14847.23	39239.95

续表

类型	县数（个）	户数（户）	人口数*（人）	每县平均户数（户/县）	每县平均人数（人/县）
开封府	16	261117	442940	16319.81	27683.75
南方	104	1940678	3708271	18660.37	35656.45
临安府	9	203574	296615	22619.33	32957.22
其他	**963**	**13939715**	**27842647**	**14475.30**	**28912.41**
北方	410	4879527	9807536	11901.29	23920.82
南方	553	9060188	18035111	16383.70	32613.22
全国	**1165**	**17335422**	**35396433**	**14880.19**	**30383.20**
北方	508	6334556	13653051	12469.60	26876.08
南方	657	11000866	21743382	16744.09	33094.95

注：(1) 由于县城人口无法获取，这里采用全县的人口数据作为代理变量。(2) 诸路人口详细数据见附录表1。(3) *表示部分地区人口数据的缺失，这里进行了分类汇总。(4) 南宋时期，数据主要集中在两浙、福建、江东、江西四路，其他路极为少见，因此无法据此进行全面研究。为了能够更好地研究区域人口的变化，使用北宋后期崇宁元年的数据来分析（吴松弟，2000：148）。

资料来源：根据吴松弟《中国人口史·第三卷 辽宋金元时期》第122~137页内容计算整理而成。

第三，县治所进一步发展，镇治所开始兴起。宋代不仅大城市繁荣，小城市也获得了巨大发展，一些从未有过商业活动的乡村也开始出现了夜市、晓市、鱼市等，交易活动频繁。早在北魏时期，统治者出于统治需要设置了一些军镇。唐和五代十国时期，军队驻地也称镇。随着商品的繁荣和交通运输业的发展，一些镇开始作为商品交换的地点不断发展起来，这种现象从唐代开始出现，在宋代时达到了高潮。大多数新兴市镇处于交通要道沿线和大城市周围，如汴京、临安附近都出现了若干个市镇。

北方游牧民族建立的辽、金、西夏王朝与宋朝相对峙。虽然反映辽、金、西夏王朝人口的相关资料较少，但是从现存资料来看，都城仍然是政治与经济中心。辽王朝定都上京临潢府，① 在草原上平地起城，人口迅速增长，达到36599户（吴松弟，2000：216-219）。西夏王朝都城兴庆

---

① 今内蒙古自治区赤峰市巴林左旗县。

府,① 为西夏最大的城市,虽然没有任何西夏户口的数字传世,但是依据有关兵力的资料,推测西夏人口在 300 万人以上(葛剑雄,1991:203)。金王朝②最初定都上京会宁府,③ 人口达到 31270 户;后迁都中都大兴府,④ 人口达到 225592 户(葛剑雄,1991:398);1127 年金灭北宋后,逐步把统治中心南移,迁都南京汴京,有 1746210 户(葛剑雄,1991:475)。

忽必烈建立元朝后,在原金王朝都城中都东北部新建都城,改称大都。虽然元大都的地理位置不及开封和杭州等城市,但是依靠政治优势,举全国之力开凿通惠河以弥补地理位置劣势,将南北大运河与元大都相连接,使南方的货物和粮食可以直达大都城内。1264~1349 年,元大都的人口从 4 万户迅速增加到 20.85 万户,增长了 4.21 倍,人口最多时达到 21.95 万户(见表 2-7)。在元大都的带动下,北方的城市群逐渐兴起。

表 2-7　　　　　　　　1264~1349 年元大都人口

项目	中统五年 1264 年	至元八年 1271 年	至元十八年 1281 年	泰定四年 1327 年	至正九年 1349 年
人口(万户)	4.00	11.95	21.95	21.20	20.85

资料来源:根据吴松弟《中国人口史·第三卷　辽宋金元时期》第 587~588 页内容整理而成。

三、明清中前时期

明清时期,传统农业、手工业和工商业的发展达到了封建社会的最高水平,资本主义萌芽开始产生,封建专制主义也达到了最高峰。明代实行三级与四级并存的复式政区层级(见图 2-1),明末有府 162 个,直隶州 34 个,属州 221 个,县 1173 个。

---

① 今宁夏回族自治区银川市。
② 1118~1153 年,金王朝都城为上京会宁府,1153 年,迁都至中都大兴府。
③ 今黑龙江省哈尔滨市阿城区。
④ 今北京市。

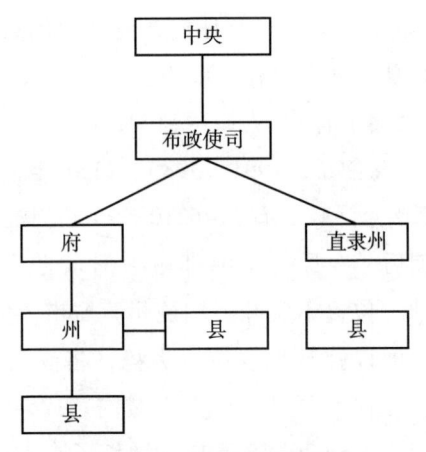

图 2-1　明代行政层级

资料来源：李昌宪. 中国行政区划通史·明代卷（第二版）[M]. 上海：复旦大学出版社，2017：10.

清代延续了明代等级化的行政官僚体系。中央政府创建了从省到州、县的行政制度，并依据此制度任命地方官员、划拨经费、监督指导地方政府活动。在京都之下共有四级：第一级为 8 个总督府和 18 个省，实际组成了 19 个行政区域，设置 19 个治所；第二级包括 77 个道，其中一些又设分守道和分巡道；第三级包括三类行政区划，分别为府、直隶州和直隶厅，其中府的数量最多，其次是直隶州，数量最少的是直隶厅；[①] 第四级为县、散州和散厅，其中县的数量最多。清代政府的行政层级如图 2-2 所示。

由于行政体系和城市体系紧密挂钩，明清城市在政府主导下，城市发展呈现出行政等级化特征。

第一，都城是全国性政治中心与经济中心。1368 年，朱元璋即位，定都应天府，[②] 年号洪武。南京成为全国人口规模最大的城市。1371 年（洪武四年），南京城中的民户和军户合计为 23463 户，大约有 10 万人。1391 年（洪武二十四年），城市在籍人口可能达到 70 万～80 万人，加上流动人

---

① 从清代的文献可以发现，直隶厅代表第一级的地方政府，更多出现在边疆地区，其通知区域广大，重要性高，虽然低于州和厅，但是又有特殊的地位。

② 今江苏省南京市南郊。

口，南京城中居民的总数可能达到 90 万~100 万人。① 1421 年（永乐十九年）都城迁至北京市，故城中至少有 60 万~70 万人口外迁。都城北迁以后，南京城中的在籍居民只有 20 万~30 万人（曹树基，2000：307-308）。都城北迁促进了北京市的发展。1369 年（洪武二年），北平府只有 14974 户，约 48973 人。② 1403 年（永乐元年），朱棣迁南方富户 3800 户入籍北平府，为营建新都城做准备。随后，统治者开始了营建北平的浩大工程，并不断迁入大量人口。1421 年（永乐十九年），北平正式成为首都。1404~1621 年（永乐二十二年至天启元年），北京城人口从 70 万人增加至 124 万人，人口年均增长率达到 2.638‰。清代仍然定都北京城，1776 年（乾隆四十一年），北京城约有 122 万人口，1820 年（嘉庆二十五年）约为 138 万人（曹树基，2005：331）。

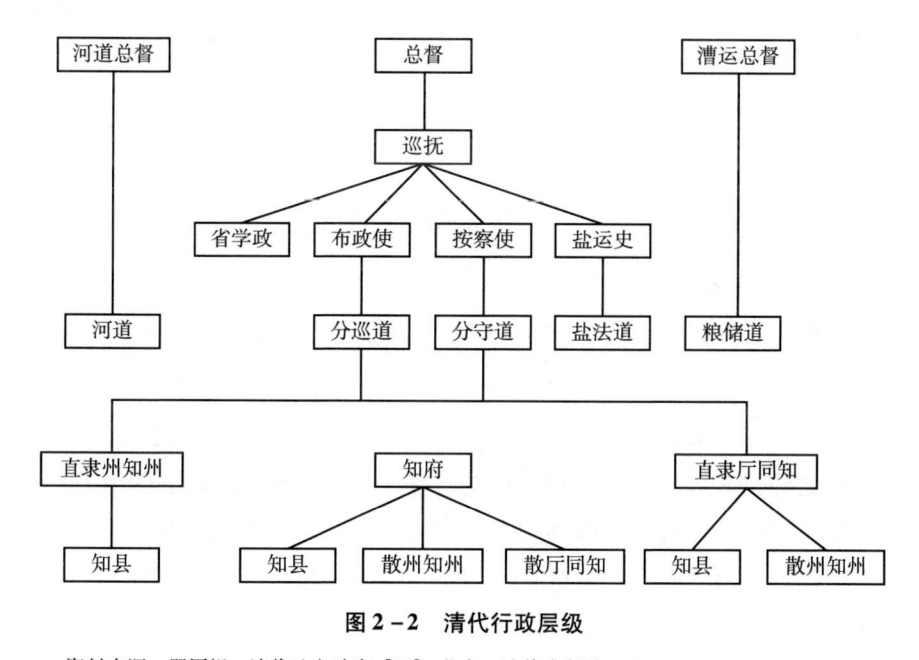

图 2-2 清代行政层级

资料来源：瞿同祖. 清代地方政府 [M]. 北京：法律出版社，2003：16.

第二，区域性经济中心与政治中心高度重合。晚明时期，经济作物普

---

① 流动人口有国子监学生、轮班的工匠和商人等。
② 永乐《顺天府志》卷 8《户口》。

及,特别是棉花,成为贸易和私营工商业发展的新动力。工商业规模不断扩大,1429年(宣德四年),开始创设钞关征收商货税款。[①] 国内逐渐形成了纺织、丝织、染布和纸质等专业化工业区,区域专业化促进了区际贸易的发展。国内形成了四大贸易中心:一是纺织贸易中心,包括南京府、杭州府、苏州府、潞安府、成都府等;二是粮食贸易中心,包括开封府、济南府、常州、芜湖、荆州、武昌府、南昌府等;三是物流商贸中心[②],包括扬州、淮安府、济宁府、临清府、德州、直沽卫;四是对外贸易中心,包括福州府、泉州、广州府、宁波等。这些贸易中心基本位于邻近商品产地和交通会合处的行政治所。工商业的发展还带动了新工商城镇的出现,这些新工商城镇多是府县或边镇治所(薛风旋,2010:215-217,226)。

直至19世纪初,中国的城市体系和行政体系混合为一个有机体,政治力量推动着城市的发展,城市行政等级化特征明显。城市是行政治所所在地,设置官署(衙门),城市以行政职能为主,城市等级越高,提供的行政功能越多,城市规模越大。

第二节 近代城市的发展特征

近代以来,现代化的城市行政制度开始逐步建立起来。1908年(光绪三十四年),清政府先后颁布了《城镇乡地方自治章程》[③]《府厅州县地方自治章程》[④]《京师地方自治章程》,规定府、厅、州、县治城厢为"城",而城厢之外,人口满五万人以上的为"镇",人口五万人以下的为"乡"(田穗生,1985)。这是中国第一次在制度上明确城市作为一种行政单位,具有现代意义的"城市"概念在中国也由此而产生(王萍,1978)。这是中国行政制度史上第一次以法律法规形式将城市与乡镇进行严格区分,"城"与"乡"由此成为两个不同的行政系统(何一民,2012:560)。在

---

① 据《明史》记载:"宣德四年,以钞法不通,由商居货不税。由是于京省商贾凑集地市镇店肆门摊税课……悉令纳钞。"
② 物流主要是漕粮转运。
③ 计9章112条。
④ 计6章81条。

封建制度晚期，虽然城市行政管理体制开始逐步建立，但是这些制度设计的初衷并不是为了完善社会制度和增加百姓福利，而是为了确保税收征收，巩固国家的统治（施坚雅，2010：363）。民国时期，法律开始承认单立城市行政制度。例如，1914年，北平成立京师市政公所。1918年，广州设立市政公所，1920年改为市政厅，1921年初制定《广州市暂行条例》，建立了近代较为完整的市政制度。1926年，湖北制定《汉口市暂行条例》《武昌市暂行条例》，分别在汉口和武昌建立市政委员会和市政厅。

现代化城市行政制度的建立促进了城市的发展，1919～1936年，人口规模在5万人以上的城市从140个增加到191个；人口规模在100万人以上的城市从2个上升到6个，具体如表2-8所示。

表2-8　　　　1919～1936年中国城市人口规模变化

人口规模（万人）	1919年	1936年
250～500	0	1
100～250	2	5
50～100	7	5
25～50	11	11
10～25	30	53
5～10	90	116
合计	140	191

资料来源：根据沈汝生《中国都市之分布》、中华续行委办会调查特委会编《中华归主：中国基督教事业统计（1901-1920）下册》第1186～1189页内容整理而成。

近代城市数据资料较为丰富，能够清晰地反映城市发展行政等级化特征。

第一，高行政等级城市人口规模大。施坚雅（2010）对晚清城镇人口资料进行整理，按照行政等级将城市划分为三级：第一级是高级治所，包括首都、省会、府和直隶的治所；第二级是低级治所，包括县城、散厅、厅、直隶厅的治所；第三级是非行政中心。1893年，[1] 中国有1576个县级区划，1549个行政治所，[2] 约390000个城镇。城镇人口大约有3531.4万人，

---

[1] 基于中国近代城市的发展历程以及数据资料的可得性，施坚雅（2010）将统计年份设定为1893年。

[2] 因为邻近的县级区划的衙门有时设在同一城市里。

其中34.70%居住在高级治所。89.96%的高级治所人口规模达到了4000人以上；98.11%的非行政中心的人口规模在2000人以下（见表2－9）。

表2－9　　　　　　　行政等级与人口规模（1893年）

行政地位	2000人以下		2000（含）~4000人		4000人以上（含）		总计	
	城镇数（个）	人口（万人）	城镇数（个）	人口（万人）	城镇数（个）	人口（万人）	城镇数（个）	人口（万人）
高级治所	4	0.7	21	6.3	224	1218.4	249	1225.4
低级治所	471	53.2	384	115.2	442	508.1	1297	748.5
非行政中心	36746	1126.2	497	149.1	211	282.2	37454	1557.5
合计	37221	1180.1	902	270.6	877	2080.7	39000	3531.4

资料来源：根据施坚雅（2010）第244页和第255页内容整理而成。施坚雅（2010）认为东北三省在20世纪后才开始迅速发展，并推行正规的民政系统。依照其他地区标准，对1893年的东北地区的城市进行分类是不合理的，因此在人口计算时，施坚雅删除了该部分地区的数据。

1948年4月，全国建制市共有67个，其中包括12个院辖市，[①] 55个省辖市，[②] 2023个县，35个设治局和21个旗。其中，行政等级最高的行政院直辖市的平均人口规模最大，达到了125.28万人，省直辖市平均人口规模为18.19万人，其他地区的平均规模仅为1.19万人，城市人口分布与行政等级密切相关。建制市基本上涵盖了近代新兴工商业城市、地区中心城市，成为一级行政区划和县以上一级地方政权的所在地。政治方面的优势推动了这些城市人口规模的扩张。表2－10描述了不同行政等级城镇的人口规模。

---

① 南京市、上海市、北平市、青岛市、天津市、重庆市、大连市、哈尔滨市、汉口市、广州市、西安市、沈阳市。
② 包括徐州市、连云市、杭州市、蚌埠市、南昌市、武昌市、长沙市、衡阳市、成都市、自贡市、福州市、厦门市、汕头市、湛江市、桂林市、昆明市、贵阳市、唐山市、石门市、济南市、烟台市、威海市、太原市、兰州市、银川市、西宁市、归绥市、包头市、陕坝市、张家口市、迪化市、锦州市、营口市、鞍山市、旅顺市、通化市、安东市、四平市、吉林市、长春市、牡丹江市、延吉市、佳木斯市、北安市、齐齐哈尔市、海拉尔市、台北市、基隆市、新竹市、台中市、彰化市、台南市、嘉义市、高雄市、屏东市。

表 2-10　　　　　　　　1947 年行政等级与人口规模

地区类型	城镇个数（个）	总人口数量（万人）	平均人口规模（万人）
行政院直辖城市	12	1503.3694	125.28
省辖城市	55	1000.5921	18.19
县、设治局和旗	2079	43596.667	1.12
乡镇	36746		
全国	38892	46100.6285	1.19

资料来源：根据徐堪（1948：46）、内政部方域司（1948：57-62）、傅林祥和郑宝恒（2020：65）的研究内容整理而成。

第二，政治与经济相互作用，影响城市的发展。南京市与重庆市最为典型。1864 年，太平天国运动失败，南京城被清军严重破坏。直到 1919 年，城内人口仅有约 30 万人（何一民，2012：639-644），经济也难以恢复到破坏前的水平。1927 年，国民政府定都南京市，南京市成为国民党统治的政治中心和金融中心。这里权力机关林立，聚集了大量政客和商人，商业和服务业得到了迅速发展。20 世纪 30 年代初，南京人口达 75 万人左右（何一民，2012：639-644），成为世界著名的大城市。

1937 年 12 月，国民政府迁往重庆市，政治中心的迁移推动了重庆的发展。1937 年，重庆市有 47.3904 万人，1943 年达到 89 万人，1945 年增至 104.947 万人，1946 年达 124.5645 万人，是国民政府迁移前的 2 倍，成为近代中国的特大城市之一（何一民，2012：639-644）。

纵观中国历史，城市发展一直受到政治力量的影响，政治体制和城市行政体系紧密挂钩。早在商、周、春秋和战国时期，城市（城邑）是统治者的驻所，同时成为人们社会生活和经济生活的中心。即使在郡县、郡国和州县这种官僚制度形成以后，城市仍然保持这一特性。从春秋战国到秦王朝建立，中国逐渐形成了从中央到地方的行政体系，城市体系也在此基础上逐渐形成。从先秦到清中叶，大多数城市都是各级政府的驻地与行政中心。即使最初依靠经济力量——工商业发展形成的城镇，也很快会被统治者纳入城市行政体系中。以政治力量为主导而形成的中国城市具有其鲜明的特点，政治功能是城市的主要功能。各级城市内部都设有相应级别的统治机构，这些统治机构的办公地点（衙门）在城市中占有重要的位置。

中国具有严格的城市行政等级体系。尽管中国政治制度体系在历史进程中始终都在发生变化，但对于城市行政管理体系来说，始终继承同一时期政治制度体系，城市之间行政等级分明，隶属关系明确。先秦时期，城市是中央、郡、县等各级政府机构的所在地，并逐步形成了"首都—郡治—县治"三级的城市行政管理体系，宋以后发展成为"首都—省会—府（州）—县"四级城市行政管理体系（何一民，2012：25）。[①]

正是因为如此，历史学家普遍认为直到清中叶，中国城市的形成与发展与政治因素密不可分。例如，张光直（1985）认为"中国初期的城市，不是经济起飞的产物，而是政治领域的工具"。韦伯（2008：20）认为"中国城市的兴盛主要依赖皇室管辖的作用，而不是依靠城市企业家或居民在经济上的冒险行为"。"中国的城市，就其形式上所显示的，主要是理性管辖的产物。""北京市虽然长期作为王朝的首都，但一直到近代，北京市的工商业活动、出口工业占比都很小。"城市的形成与维持与经济的关系较为薄弱，与行政因素的关系更为密切，施坚雅（2010：252）认为北宋初期，京城从长安迁至开封，加速了华北地区的发展，标志着西北权力中心衰落的开始。南宋统治者将杭州选作都城，促进了长江下游这个地区的发展。1757 年，清政府特许广州垄断对外贸易，加速了岭南地区的发展，却阻碍了东南沿海地区的经济发展长达一个世纪。

第三节　现代城市的发展特征

一、现代城市行政管理体制

新中国成立以来，中国逐步由传统的农业社会向现代化的工业社会转型，城市也发生着深刻的变化，城市行政管理体系也在不断调整。到 21 世

[①] 何一民认为，秦统一中国后，政治制度虽然发生了较大的变化，但城市仍继承了先秦城市的特性，成为中央、郡、县各级政权机构所在地，从而逐渐形成首都—郡治—县治的行政等级城市体系，宋以后该体系更趋完善，发展成为首都—省会—府（州）—县的行政等级城市体系，城市之间保持着密切的行政隶属关系。即使中国处于分裂状态时，这种城市体系也仍然存在，只是由大一统的城市体系分为若干小的城市体系。如魏晋南北朝和五代十国时期，中国处于分裂状态，虽然没有一个单独的首都作为全国政治中心，但是各国都有自己的都城，并以此为中心，形成独立的行政城市体系。

纪初期，中国城市行政等级包括直辖市、计划单列市和副省级市、地级市、县级市、建制镇五个级别。

在宪法上，中国是一个单一制国家，地方权力由中央政府授予。中央政府为了统治一个人口众多、面积广大的国家，采用嵌套的多级行政体制，上级政府管理和监督下级政府，从而将中央政府的管辖扩展到各级地区。在人事制度方面，下级领导由上级政府评估和任命，进一步加强了下级政府对上级政府的依赖。在财政体制方面，与行政体制类似，各级政府之间存在严格的纵向等级关系，上级政府有权分配其下一级的财政收入。具体而言，中央政府决定与省级政府的收入分享，而省级政府又为下辖的单位制定规则。因此，中国行政体制的一个显著特点是下级政府完全从属于上级政府，上级政府比下级政府拥有更大的权力。中国城市行政管理体制的总体架构具有行政等级化特征。城市管理者的决策权高度依赖于其就职城市的行政等级。省级直辖市在行政、人事、财政等方面的职权与省相当，地级市应服从省级政府的政策，具体如下。

（1）直辖市，行政级别与省、自治区以及特别行政区相同，都属于省级行政区，由中央政府直接管辖，目前中国有北京市、上海市、天津市和重庆市四个直辖市。（2）副省级城市，行政级别为省部级副职，前身为计划单列市，目前省部级副职级别的城市由10个副省级省会城市和5个计划单列市组成，副省级省会城市有哈尔滨市、长春市、沈阳市、西安市、成都市、武汉市、济南市、南京市、杭州市和广州市，计划单列市包括大连市、青岛市、宁波市、厦门市和深圳市。（3）地级市，行政级别属于地级行政区，与地区、自治州、盟的级别相同，由各省、自治区管辖。截至2020年，中国有293个地级市。（4）县级市，行政级别属于县级行政区，与市辖区、县、自治县、旗、自治旗、林区等行政地位相同，一般情况下由地级市、地区、自治州或盟来代管，也有一些实施了"省直管县"制度改革的省份，则由省或自治区直接管辖。截至2020年，中国县级市数量为387个。（5）建制镇，行政级别属于乡级，行政地位与乡、民族乡、街道相同，是经过省、自治区或直辖市人民政府批准、按行政建制设立的，也称为"设镇"。截至2020年，中国建制镇的数量为21157个。除上述五个行政等级的城市之外，省会城市作为全省的政治中心，尽管行政级别不高，但政治地位一般要高于普通地级市。

二、现代城市发展的特征

现代城市的发展受到政府与市场双重力量的影响。与市场力量相比,政府力量在中国城市发展过程中起主导作用,等级化的城市行政管理体系是政府推动城市发展的具体表现形式:一个城市拥有的资源、享受的优惠政策、未来的发展前景与该城市的行政等级有相关性。对中国城市的大量实证研究表明,高行政等级城市的发展明显优于其他城市的发展。例如,地级市的经济增长速度明显优于县级市(Henderson,Logan and Choi,2005);重庆从地级市升级为直辖市以后,行政、人事、财政等方面的决策权大幅增加,GDP 增长率提升了 1.8 个百分点(Jia,Liang and Ma,2021)。

高行政等级城市在竞争中处于优势地位。蔡昉和都阳(2003)结合城市行政等级、政府与市场三种因素,将中国地级以上城市发展特点总结为三类,其中第一类城市同时依靠政府力量与市场力量,这类城市行政等级高,拥有大量的优惠政策,在资源分配中占有优势地位,政治地位的优势转化为经济优势,城市发展依靠自我融资和再分配,具有代表性的城市是直辖市、副省级市和省会城市,人口规模大,以特大城市和大城市为主。第二类城市主要依靠市场力量和区位优势,自我融资能力强,具有代表性的是沿海城市,规模以大城市和中等城市为主。第三类,市场和政府力量皆弱,无区位优势,无政策扶持,财政拮据,自我融资能力差,城市发展动力不足,规模以小城市为主,如表 2-11 所示。然而,这种分类方法忽视了沿海城市也深受行政因素的影响,更多的高行政等级城市分布在沿海地区。

表 2-11　　　　　　　　行政等级与中国城市发展特点

城市		市场	政府	特点	规模
直辖市、副省级市、省会城市		强	强	行政级别高赋予更多的优越性,拥有大量优惠政策,城市发展依靠自我融资和再分配	特大城市、大城市
地级市	沿海城市	强	弱	依靠区位优势和优惠政策,自我融资能力较强,依靠自我发展	大城市、中等城市
	其他城市	弱	弱	无区位优势,无政策扶持,财政拮据,自我融资能力差,城市发展受阻	小城市

资料来源:根据蔡昉和都阳(2003)内容整理而成。

本书将地级及以上城市（不包括港澳台地区）分为四类进行说明。一是行政等级最高的直辖市，共 4 个；二是副省级市且省会城市，共 10 个；三是副省级市或省会城市，共 23 个；四是其他地级市，共 257 个。这里未将计划单列市列为一类的原因是 5 个计划单列市同时也是副省级市。中国城市发展情况与城市行政等级存在一定关系。

1. 城市人口规模

通过对《中国城市统计年鉴》的数据进行分析，发现行政等级较高的城市人口规模更大。1990~2019 年，直辖市平均人口规模从 1063.17 万人上升至 1324.67 万人，增加 261.49 万人；副省级且省会城市平均人口规模从 600.83 万人上升至 908.00 万人，增加 307.17 万人；副省级或省会城市平均人口规模从 340.87 万人上升至 634.00 万人，增加 293.13 万人；其他地级市平均人口规模从 228.28 万人上升至 400.54 万人，增加 172.26 万人（见图 2-3）。受到户籍制度限制的影响，直辖市平均人口规模增量较低。

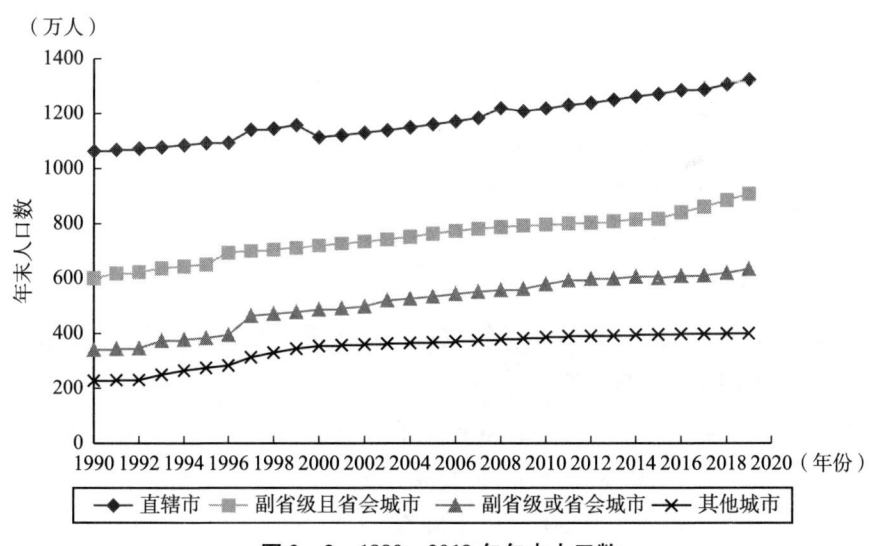

图 2-3 1990~2019 年年末人口数

资料来源：根据 1989~2020 年《中国城市统计年鉴》绘制。

2. 城市生产要素

通过对《中国城市统计年鉴》数据进行分析，发现行政等级较高的城市获得的要素投入更多。1990~2019 年，直辖市人均固定资产投资从

1246.30元上升至103169.25元,增长81.78倍;副省级且省会城市人均固定资产投资从512.01元上升至81444.39元,增长158.07倍;副省级或省会城市人均固定资产投资从496.62元上升至103101.18元,增长206.61倍;其他地级市人均固定资产投资从383.54元上升至60758.81元,增长157.42倍(见图2-4)。高行政等级城市获得的人均固定资产投资更多。

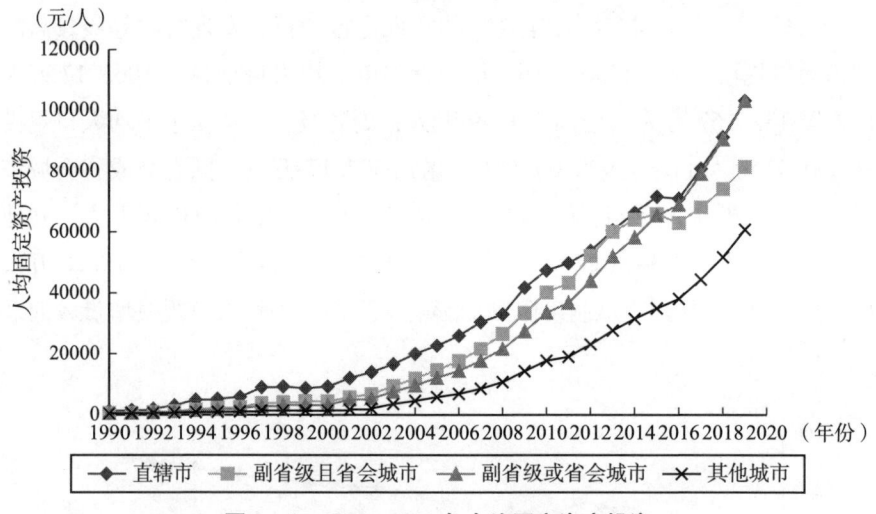

图2-4 1990~2019年人均固定资产投资

资料来源:根据1989~2020年《中国城市统计年鉴》绘制。

3. 产业结构

通过对《中国城市统计年鉴》数据进行分析,发现行政等级较高的城市产业基础高级化程度更高。

一是高行政等级城市第二产业比重下降更快。1990~2019年,直辖市第二产业比重从59.05%下降至26.13%,减少32.92个百分点;副省级且省会城市第二产业比重从50.44%下降至32.87%,减少17.58个百分点;副省级或省会城市第二产业比重从49.14%下降至35.95%,减少13.19个百分点;其他地级市第二产业比重从43.71%下降至40.12%,减少3.59个百分点(见图2-5)。

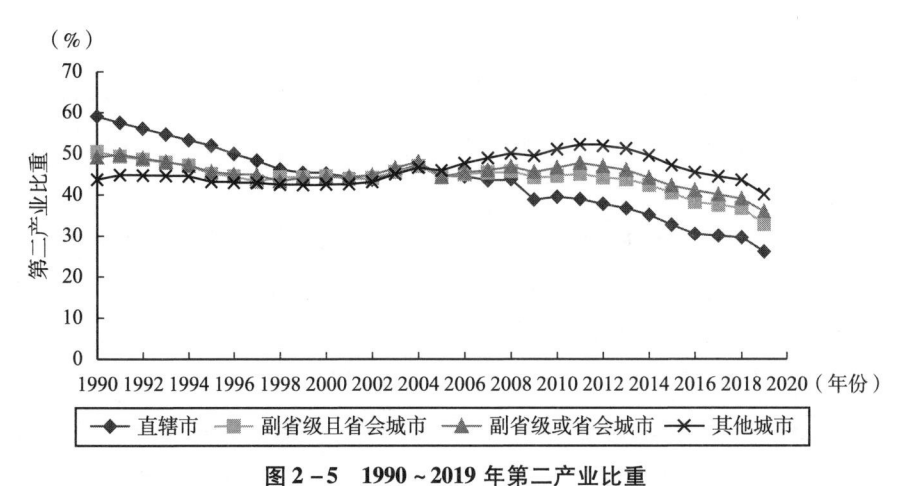

图 2-5　1990~2019 年第二产业比重

资料来源：根据 1989~2020 年《中国城市统计年鉴》绘制。

二是高行政等级城市第三产业比重上升更快。1990~2019 年，直辖市第三产业比重从 33.16% 上升至 73.24%，增长 40.08 个百分点；副省级且省会城市第三产业比重从 33.73% 上升至 63.24%，增长 29.51 个百分点；副省级或省会城市第三产业比重从 35.71% 上升至 60.30%，增长 24.59 个百分点；其他地级市第三产业比重从 27.40% 上升至 47.25%，增长 19.85 个百分点（见图 2-6）。

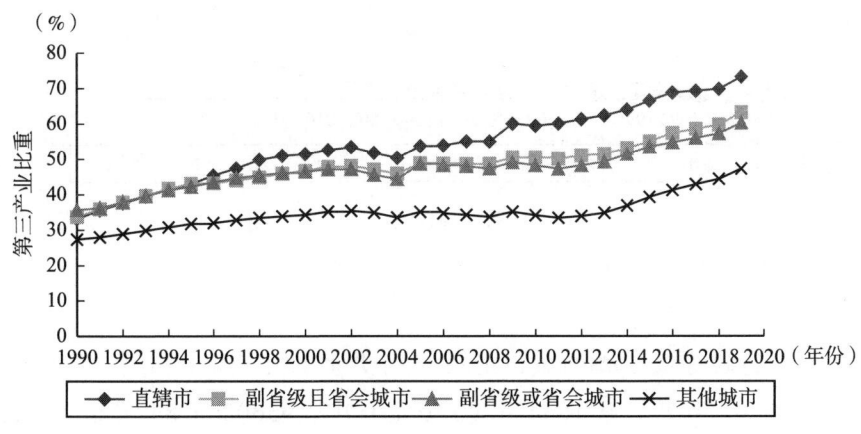

图 2-6　1990~2019 年第三产业比重

资料来源：根据 1989~2020 年《中国城市统计年鉴》绘制。

4. 政策资源

通过对《中国城市统计年鉴》数据进行分析，发现资金和优惠政策向行政等级较高的城市倾斜。这里以人均财政支出和外商直接投资①为例进行说明。

一是行政等级较高的城市获得的财政资金更多。1990~2019 年，直辖市人均财政支出从 561.03 元上升至 48052.95 元，增长 84.65 倍；副省级且省会城市人均财政支出从 226.44 元上升至 17851.81 元，增长 77.84 倍；副省级或省会城市人均财政支出从 304.87 元上升至 19001.64 元，增长 61.33 倍；其他地级市人均财政支出从 288.55 元上升至 9949.78 元，增长 33.48 倍（见图 2-7）。行政等级较高的城市获得的人均固定资产投资更多。

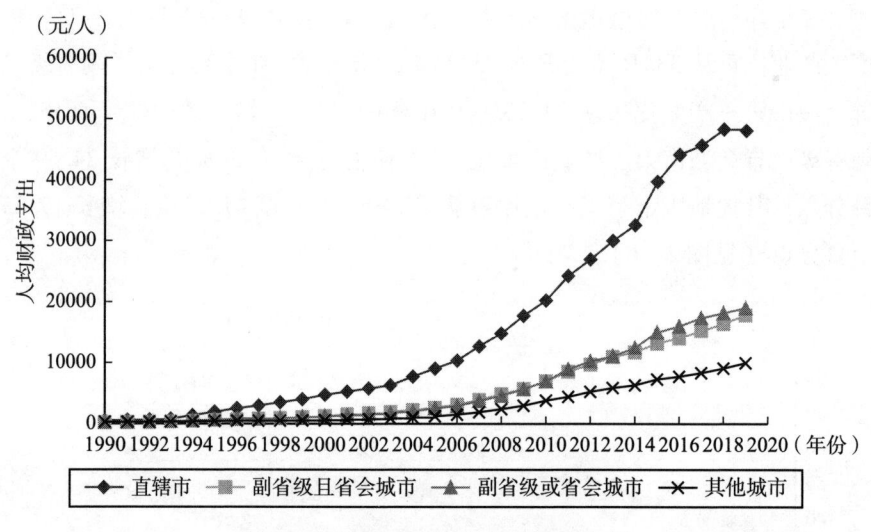

图 2-7 1990~2019 年人均财政支出

资料来源：根据 1989~2020 年《中国城市统计年鉴》绘制。

二是行政等级较高的城市能够吸引更多的外资。1990~2019 年，直辖市外商直接投资从 168454.90 美元上升至 9560266.84 美元，增长

---

① 选择外商直接投资是由于该指标能够间接反映当地的投资环境，外商更愿选择高行政等级城市，享受高水平的基础设施、公共服务和高效率的政府服务。

55.75 倍；副省级且省会城市外商直接投资从 51988.43 美元上升至 6376372.25 美元，增长 121.65 倍；副省级或省会城市外商直接投资从 120982.59 美元上升至 3694391.17 美元，增长 29.54 倍；其他地级市外商直接投资从 44382.88 美元上升至 1170148.61 美元，增长 25.36 倍（见图 2-8）。

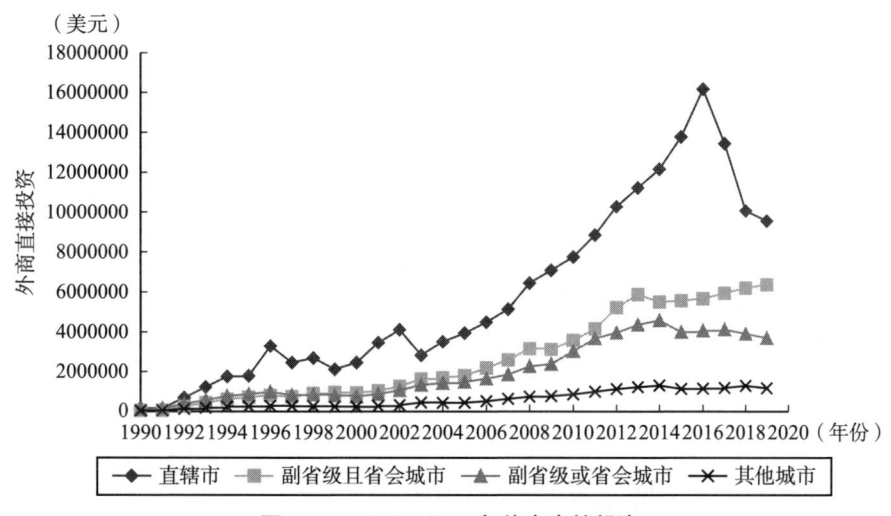

图 2-8 1990~2019 年外商直接投资

资料来源：根据 1989~2020 年《中国城市统计年鉴》绘制。

5. 产出水平

通过对《中国城市统计年鉴》数据进行分析，发现 1990~2019 年，直辖市人均地区生产总值从 4726 元上升至 137290 元，增长 28.05 倍；副省级且省会城市人均地区生产总值从 2827.2 元上升至 113358.4 元，增长 39.10 倍；副省级或省会城市人均地区生产总值从 3490.46 元上升至 100866 元，增长 27.90 倍；其他地级市人均地区生产总值从 1951.467 元上升至 56855.65 元，增长 28.13 倍（见图 2-9）。

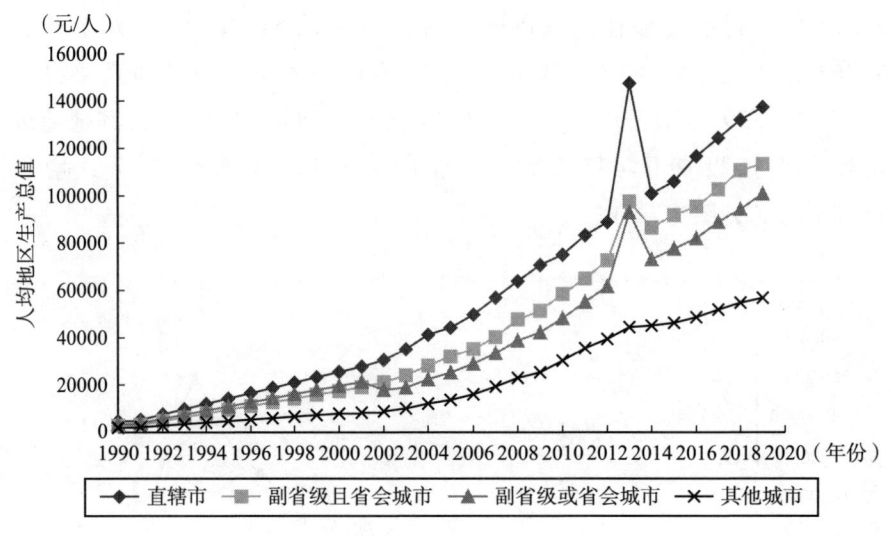

图 2-9　1990~2019 年人均地区生产总值

资料来源：根据 1989~2020 年《中国城市统计年鉴》绘制。

第三章　现代城市行政管理体制沿革

新中国成立之初，为了快速实现工业化，农业部门需要为工业部门稳定提供大量的原材料。因此，国家采取了抑制城市规模的思路，以保障工业部门的原材料供应。无论是1956年宪法还是1982年宪法，都是规定四级政府，即中央政府、省（自治区、直辖市）政府、县级政府、乡镇政府，实行的是省领导县的管理体制。为了解决县的数量过多难于管理的问题，省政府可以设立行政公署进行管理。在当时，城市充当着区域性农业中心的角色，地位与县平等。

改革开放以来，中国城镇化程度不断提升。1949~1979年，中国的城镇化率从10.643%上升到18.961%，30年增加了8.318个百分点。1979~2020年，中国城镇化率从18.961%上升到63.890%，41年增加了44.929个百分点。① 基于城乡统筹发展的考量，市县分治的模式无法满足现实需要，导致了地区行署体制的终结和市领导县体制的兴起。随着市场经济体制的确立与完善，城市发展进入加速阶段，城市群与都市圈成为新的发展方向，考验着城市对周边地区的带动能力。在这样的背景下，市领导县体制的一些问题也逐渐暴露出来：一是市与县之间争夺资源；二是市的经济实力弱，难以带动县的发展，出现"小马拉大车"的现象。一些地区开始重新审视城乡融合发展，探索省直管县（市）体制改革，把地级市的经济管理权限直接下放给一些重点县。

本章内容主要包括三个方面：一是梳理城市发展脉络；二是回顾城市行政管理体制改革的脉络；三是分析城市行政区划调整。

---

① 根据历年中国统计年鉴整理。

第一节 城市发展脉络

在经济全球化的背景下,城市在国家发展中的地位提升,成为经济增长的引擎。新中国成立以后,随着中国从传统农业社会向现代化社会转型,城市在国家发展中的重要性不断提升,中国城市发展也进入了全新的阶段。1949~2020年,中国的城镇化率从10.643%上升到63.890%。1949~1978年,城镇人口从5765万人上升到17245万人,年均增长速度为3.851%;1978~2020年,城镇人口上升到90199万人,年均增长速度为4.018%。[①] 随着城镇化水平的提升,中国经济增长速度也不断加快。1949~2020年,城镇化率上升1%,实际人均GDP增长6.76%,具体如图3-1、图3-2所示。

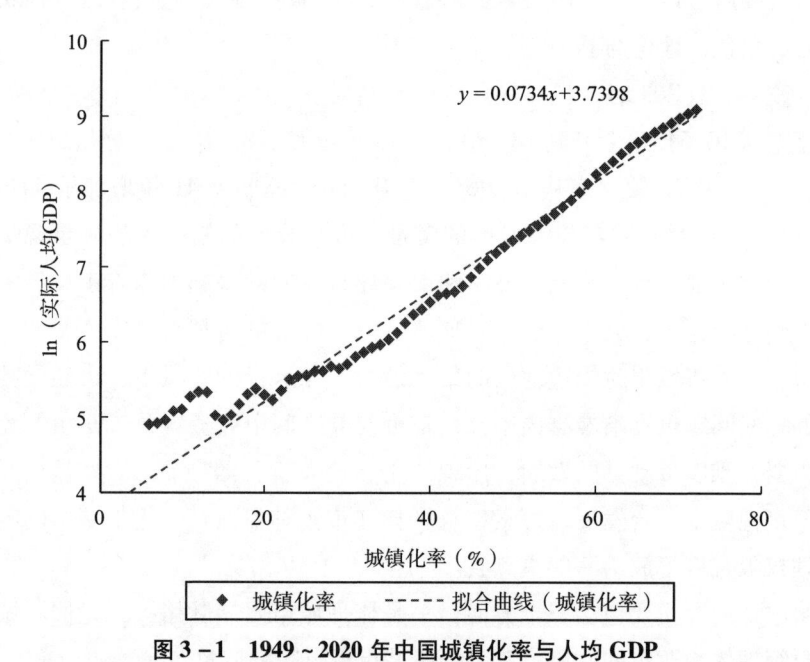

图3-1 1949~2020年中国城镇化率与人均GDP

资料来源:根据1989~2020年《中国城市统计年鉴》绘制。

---

① 城市化率数据来源于中国国家统计局官方公布的数据。

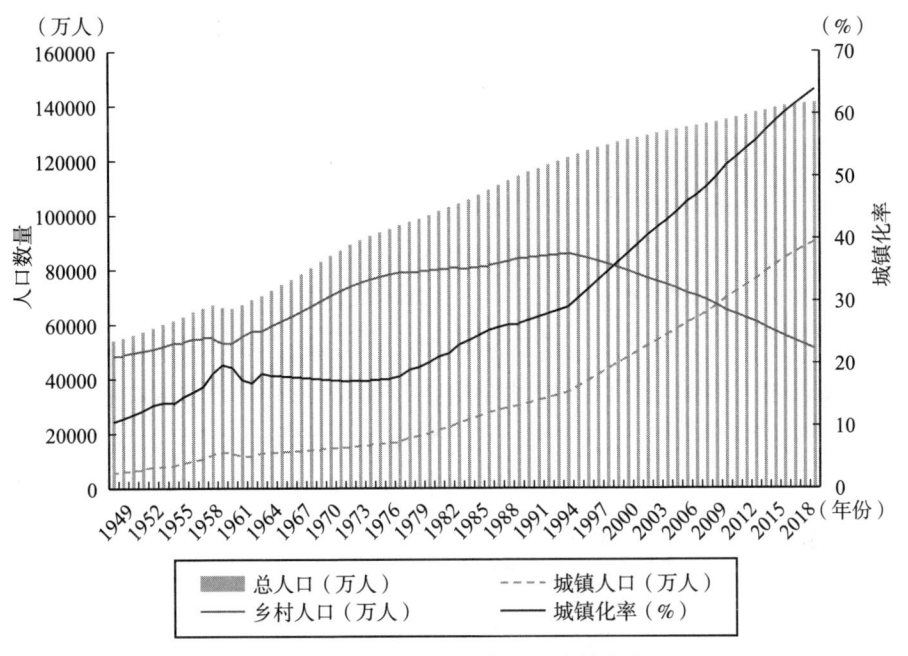

图 3-2　1949~2020 年中国城镇化率

资料来源：根据 1989~2020 年《中国城市统计年鉴》绘制。

新中国成立以来，城市发展主要经历了三个阶段：第一阶段（1949~1978年），中国从传统农业社会向现代化工业社会过渡，城市在曲折中发展；第二阶段（1979~2015年），农村劳动力向城市流动，城市进入加速发展阶段；第三阶段（2016年至今）城市发展出现了两极分化，一些城市规模不断扩大，而另一些城市则出现了收缩。

一、政策的探索：曲折的城市发展阶段（1949~1978年）

（一）工业化与城市化初始发展时期（1949~1957年）

新中国成立初期，传统农业占据主导地位，为了追赶英美等发达国家，中国加快了工业化进程。在全国进行生产力布局，建设了大量重工业型城市和资源型城市，1949~1957年，城市数量从120个上升至176个。[①]工业化的发展创造了大量的就业岗位，为了填补劳动力缺口，国家鼓励农

---

① 根据中国城市统计年鉴整理。

村劳动力向城市转移。

（二）"逆城市化"时期（1958～1963年）

随着劳动力从农村向城市流动的规模日益扩大，开始出现城市劳动力过剩、农村劳动力不足的局面。城市新增劳动力逐渐超过了城市可接纳的能力。当时，虽然在国家的大力支持下现代化的工业体系逐步建立和完善，但是由于国内经济发展落后、市场狭小，产品销售量有限，企业库存不断上升。供销矛盾严重阻碍了企业的扩大再生产，最终导致企业对劳动力的需求开始收缩。农村劳动力大量向城市转移，影响了正常的农业生产活动，导致农产品供应短缺，严重影响了城市基本生活。为了缓解城市就业、住房、物资供应等压力，保障农产品的稳定供给，维持城市的社会秩序，国家采取了三个方面的措施控制城市人口规模：一是实施严格的户籍管理制度，控制人口城乡流动和跨区域流动，于1958年1月9日起，实施《中华人民共和国户口登记条例》；二是基本公共服务与户口挂钩，居民依据户籍享有当地的教育、医疗、就业、养老等基本公共服务；三是收紧城市审批条件，1958～1963年，城市数量从183个[1]下降到175个，[2] 城市人口从13073万人下降至11646万人，约12.25%的城市人口被转为农业户口。

（三）建设新城市时期（1964～1978年）

随着国际形势日益严峻，[3] 出于国防安全的考虑，国家决定对生产布局进行战略性调整，将工业从容易受到战争威胁的沿海城市和沿边城市转移到"三线地区"。[4] 1964年，全国开始开展"三线建设"，共持续16

---

[1] 中华人民共和国内务部编. 中华人民共和国行政区划简册 [M]. 北京：中国地图出版社，1960.
[2] 民政部行政区划处编. 中华人民共和国行政区划手册 [M]. 北京：中国地图出版社，1986.
[3] 例如，中苏关系紧张，美国在中国东南沿海发起攻势。
[4] "三线"包括三类地区："一线地区"指位于沿边沿海的前线地区，包括北京市、天津市、内蒙古自治区、黑龙江省、吉林省、辽宁省、山东省、上海市、江苏省、浙江省、福建省、广东省、西藏自治区、新疆维吾尔自治区；"二线地区"指一线地区与京广铁路之间，包括安徽省、江西省，以及河北省、河南省、湖北省、湖南省四省的东半部；"三线地区"指甘肃省乌鞘岭以东，长城以南，京广铁路以西，广东省韶关市以北的地区，包括四川省（含重庆市）、贵州省、云南省、陕西省、甘肃省、宁夏回族自治区、青海省，以及山西省、河北省、河南省、湖北省、湖南省、广西壮族自治区等地的部分地区。其中"三线地区"又分为"大三线"和"小三线"，"大三线"包括西南的四川省、重庆市、贵州省和云南省，以及西北的陕西省、甘肃省、宁夏回族自治区和青海省；"小三线"包括山西省、河北省、河南省、湖南省、湖北省、广西壮族自治区、广东省的部分腹地。

年，主要涉及13个省和自治区，① 总投资达到2052.68亿元，约占同期全国基本建设投资的40%，400万劳动力参与了该项工程的建设。虽然"三线建设"的企业大部分在20世纪80年代由政府关闭或宣布破产，但是"三线建设"在协调区域发展、促进欠发达地区城市人口聚集等方面曾发挥了积极的作用。

二、控制城市规模：城市加速发展阶段（1979~2015年）

（一）促进沿海城市和小城镇发展时期（1979~1989年）

1978年底，党的十一届三中全会做出"把党和国家工作中心转移到经济建设上来，实行改革开放"的重大历史性决策，拉开了中国改革开放的大幕。然而，缺乏活力的企业与落后的城市建设严重制约了城市吸纳人口的水平。在计划经济体制下，企业更多的是政府的附属物，而非独立的市场主体，不仅缺少资金和人才，而且缺乏对国际市场的了解，生产与经营方式落后。在过去重视工业发展、轻视城市建设的思路下，城市建设投资严重不足，无论是城市硬件设施还是软环境都不能满足经济快速发展的需要，严重阻碍了聚集效应的发挥。

为了增强经济活力，促进城市发展。国家选择沿海城市作为改革开放试点，通过给予优惠政策、扩大外资使用的审批权限等方式，充分发挥这些地区劳动力和土地等生产要素成本优势，鼓励企业大力引进国外资金、技术和管理经验，发展"三来一补"② 贸易。1980年，国家在沿海地区设立了深圳市、珠海市、汕头市和厦门市4个经济特区。③ 1984年，国家又开放了大连市等14个沿海港口城市。④ 20世纪80年代末期，改革开放取得了初步成效，沿海开放城市发展迅速，城市规模也迅速膨胀。为了控制

---

① "三线"建设时期为1954~1980年，该时期重庆市属于四川省。
② "三来一补"是"来料加工""来件装配""来样加工"和"补偿贸易"的简称。
③ 1979年7月，中共中央、国务院同意在广东省的深圳、珠海、汕头三市和福建省的厦门市试办"出口特区"。1980年5月，将"出口特区"改称为"经济特区"。
④ 1984年5月4日，中共中央、国务院批转《沿海部分城市座谈会纪要》，同意开放沿海14个港口城市，分别是大连市、秦皇岛市、天津市、烟台市、青岛市、连云港市、南通市、上海市、宁波市、温州市、福州市、广州市、湛江市、北海市。

城市规模，促进小城镇发展，国家鼓励乡镇发展集体所有制企业，吸纳农村剩余劳动力，鼓励农民"离土不离乡，进厂不进城"。乡镇企业以国内市场为导向，有效缓解了当时国内物资短缺的问题。①

这一时期，国家开始重视城市建设，探索控制大城市发展和积极促进小城镇发展的路径。大规模的城市基础设施建设投资弥补了过去城市投资不足的历史欠账，促进了城市的快速发展。

（二）控制大城市发展时期（1990～2015 年）

20 世纪 90 年代以来，沿海地区吸引外资水平不断提升，劳动密集型产业迅速发展，创造了大量的就业机会，吸引了全国劳动力向沿海城市的大规模流动。一些沿海城市流动人口增加过快，超出了城市的承载能力，引发了环境污染、住房困难、交通拥堵和社会治安等问题。为了促进城市健康发展，1990 年起实施的《中华人民共和国城市规划法》提出"严格控制大城市规模、合理发展中等城市和小城市，促进生产力和人口的合理布局"。② 这一时期，国家控制大城市发展的主要方式包括两个：一是户籍制度改革，引导人口在中小城市和小城镇落户；二是加强城市群建设，鼓励城市之间的合作，加快大城市产业升级，中小城市和小城镇通过承接产业转移，扩大就业，优化城市人口布局。

在户籍制度改革方面，逐步放松对中小城市和小城镇的落户限制，鼓励农民就地就近城镇化，引导农村人口向中小城市和小城镇进行迁移。同时，为进城务工人员提供就业援助、技能培训、失业保险和最低生活保障，创造条件使之转为城市居民，分类引导人口的城镇化。"十二五"期间，国家加大户籍改革力度。《国民经济和社会发展第十二个五年规划纲要》明确提出"稳步推进农业转移人口转为城镇居民"。③ 2014 年 7 月，国务院印发《关于进一步推进户籍制度改革的意见》提出户口迁移政策改

---

① 随着外资企业的发展和出口市场的繁荣，乡镇企业走向衰落。
② 这里大城市的标准主要依据 1980 年开始实施的《城市规划定额指标暂行规定》，城市人口 100 万人以上为特大城市，50 万人以上到 100 万人为大城市，20 万人以上到 50 万人为中等城市，20 万人和 20 万人以下为小城市。
③ 中共中央、国务院. 国民经济和社会发展第十二个五年规划纲要 [R]. 中华人民共和国中央人民政府网站，2011 – 03 – 16.

革,提出"全面放开建制镇和小城市落户限制""有序放开中等城市落户限制""合理确定大城市落户条件""严格控制特大城市人口规模"等要求。①《国家新型城镇化规划(2014~2020年)》进一步明确了差别化落户政策,②并且要求在改革户籍制度的同时,逐步消除城乡区域间户籍壁垒。③

在中小城市和小城镇发展方面,"十五"时期,国家开始有重点地发展小城镇,以此来缓解大城市人口压力,优化城市人口空间布局。然而,由于城镇在城市行政等级中的地位较低,缺乏与事权相对应的财权,导致建设资金投入不足,因此城镇发展相对缓慢,难以起到疏解大城市人口的功能。"十一五"时期,国家开始从调整产业结构入手,鼓励特大城市和大城市部分产业向周边中小城市和小城镇转移,缓解大城市压力。《国家新型城镇化规划(2014~2020年)》提出:"强化城市间专业化分工协作,增强中小城市产业承接能力,构建大中小城市和小城镇特色鲜明、优势互补的产业发展格局。"

三、构建城市公平发展的空间格局:城市分工合作阶段(2016年)

"十三五"时期,城市间分工合作取代竞争成为新的发展方向,城市群和都市圈成为城市发展、新型城镇化建设的主要空间载体。《中华人民共和国国民经济和社会发展第十三个五年规划纲要》(以下简称"十三五"规划)提出"优化城镇化布局和形态",明确将"加快城市群建设发展""增强中心城市辐射带动功能""加快发展中小城市和特色镇"作为三大重要任务。2017年,习近平总书记在中国共产党第十九次全国代表大会上的

---

① 国务院. 国务院关于进一步推进户籍制度改革的意见[R]. 中华人民共和国中央人民政府网站, 2014-07-30.

② 具体为:"以合法稳定就业和合法稳定住所(含租赁)等为前置条件,全面放开建制镇和小城市落户限制,有序放开城区人口50万-100万的城市落户限制,合理放开城区人口100万-300万的大城市落户限制,合理确定城区人口300万-500万的大城市落户条件,严格控制城区人口500万以上的特大城市人口规模。大中城市可设置参加城镇社会保险年限的要求,但最高年限不得超过5年。特大城市可采取积分制等方式设置阶梯式落户通道调控落户规模和节奏。"

③ 中共中央、国务院. 国家新型城镇化规划(2014-2020年)[R]. 中华人民共和国中央人民政府网站, 2014-03-16.

报告明确提出,"以城市群为主体构建大中小城市和小城镇协调发展的城镇格局",并将其纳入区域协调发展战略。① 2019 年,国家发展和改革委员会发布《关于培育发展现代化都市圈的指导意见》,指出"城市群是新型城镇化主体形态,是支撑全国经济增长、促进区域协调发展、参与国际竞争合作的重要平台""都市圈是城市群内部以超大特大城市或辐射带动功能强的大城市为中心、以 1 小时通勤圈为基本范围的城镇化空间形态",明确提出要"快培育发展现代化都市圈"。② 2021 年,在十三届全国人大四次会议表决通过的国家《中华人民共和国国民经济和社会发展第十四个五年规划和 2035 年远景目标纲要》(以下简称"十四五"规划),进一步强调要"发展壮大城市群和都市圈,分类引导大中小城市发展方向和建设重点,形成疏密有致、分工协作、功能完善的城镇化空间格局"。这一时期,国家先后批准了 19 个城市群发展规划,基本形成了以城市群发展为主要抓手的"两横三纵"城镇化发展格局。

  总体来看,"十三五"时期中国在城市发展战略上进行了重大调整,主要表现在四个方面:第一,全面放宽特大城市和大城市的落户限制,改变了以往严控大城市人口的思路,同时针对超大城市人口规模的户籍制度采取渐进式、逐步适度放开的原则;第二,全面强调城市群和都市圈建设在新型城镇化发展进程中的作用,并采取分类施策的策略,促进中小城市、特色小镇健康发展,以实现大中小城市和小城镇协调发展;第三,首次提出全面提升城市品质建设,将风险防控纳入城市治理框架,明确将政府城市治理能力提升纳入城市管理体系,要求地方政府通过完善基本公共服务、创新管理举措让城市居民能够享有更高品质的城市生活;第四,全方位推进城市发展方式转变,顺应城市发展的新理念,建设智慧、创新、宜居、绿色的新型城市,实现城市高质量和可持续发展。

  在"十三五"规划基础上,"十四五"规划对城市群发展提出了新的要求:长三角、珠三角、京津冀、长江中游和成渝作为中国目前最大的五大城市群,要以"优化提升"为发展方向;关中平原、北部湾、中原、粤

---

  ① 决胜全面建成小康社会 夺取新时代中国特色社会主义伟大胜利——在中国共产党第十九次全国代表大会上的报告 [R]. 共产党员网,2017 – 10 – 18.
  ② 国家发展改革委. 国家发展改革委关于培育发展现代化都市圈的指导意见 [R]. 发展改革委网站,2019 – 02 – 21.

闽浙沿海和山东半岛等规模位于全国第二梯队的 5 个城市群,要进一步"发展壮大";天山北坡、呼包鄂榆、兰州—西宁、宁夏沿黄、辽中南、哈长、山西中部、滇中、黔中 9 个区域性城市群,需要进一步"培育发展"。而在现代化都市圈建设方面,"十四五"规划则明确提出要"依托辐射带动能力较强的中心城市",以同城化、协同发展为基本方向,"培育发展一批同城化程度高的现代化都市圈"。①

第二节 城市行政管理体制改革

一、区域性农业中心（1949～1981 年）：地区行署

新中国成立之初,农业在国民经济中占有主导地位。根据 1956 年宪法和 1982 年宪法,中国实行的是中央政府、省（自治区、直辖市）政府、县级政府、乡镇政府四级政府。城市是商业和工业活动集中的地点,扮演着区域性农业中心的角色,与县处于平等的地位。与当时发展状况相适应,中国实行了省领导县的城市行政管理体制。

虽然省领导县能够提高管理效率,但是县的数量过多造成了省级单位管理上的困难。为了便于省级单位对县级单位的管理,1982 年通过的《中华人民共和国地方各级人民代表大会和地方各级人民政府组织法》规定:"省、自治区人民政府在必要的时候,经国务院批准,可以设立若干行政公署,作为它的派出机关。"其主要目的是解决因县的数量太多而省（区）不便直接管理的问题（王乐夫,2002:200）。省政府设立的行政公署（简称"行署"）作为管理县的派出机构,属于县以上政府的机构②,被称为地区行署。尽管公署并非一级政府机构,但是其行使的权力已经构

---

① 中共中央、国务院. 中华人民共和国国民经济和社会发展第十四个五年规划和 2035 年远景目标纲要［R］. 中华人民共和国中央人民政府网站,2021-03-13.
② 《中华人民共和国地方各级人民代表大会和地方各级人民政府组织法》规定县以上政府的职能包括:执行上级国家行政机关的决议和命令,制定本级的行政措施和发布决议、命令;执行国民经济和社会发展计划、预算,管理本行政区域的经济、教育、科学、文化、体育、城乡建设事业和财政、民政、公安、民族事务以及司法行政、监察、计划生育等行政工作等。

成一级政府，表现在行署已经对本地区的社会发展规划和国民经济计划及各项工作负有了全面的责任。

随着经济社会的发展，省领导县体制的弊端逐渐显现。具体表现在两个方面：一是地区行署实际上的一级政府地位与法律上的非一级政府地位产生了直接的冲突；二是城市和农村分属市政府和行署领导，城乡经济的沟通完全建立在城乡政府间沟通的基础上，城乡经济纽带依托于城乡行政纽带，这种城乡分治模式不仅造成了农村与城市之间的行政隔绝，而且阻碍了要素流动和城乡融合。这些弊端对城市发展的约束不断加强，最终导致地区行署体制的终结和市领导县体制的兴起（朱光磊，2002：367 - 368）。

二、城乡融合（1982 年至今）：市管县

在农业社会向工业社会转型初期，农业在国民经济中地位仍然较高，商品经济发展尚不发达。为了发挥城市带动作用，解决农村发问题，以城带乡，以工促农，市领导县的行政体制逐渐兴起。一些地区率先开始试点市县合并。1982 年，《改革地区体制，实行市管县体制的通知》肯定了辽宁省等地方地市合并试点的经验。[①] 1983 年，中共中央、国务院发出《关于地市州党政机关机构改革若干问题的通知》，要求"积极试行地、市合并"，[②] 市领导县体制蔚然成风，地改市也开始盛行。当年，领导县的地级市建制数量就超过了行署数量，达到了 145 个，1998 年，达到了 227 个。[③] 1999 年，《中共中央 国务院关于地方政府机构改革的意见》指出："要调整地区建制，减少行政层次，避免重复设置。与地级市并存一地的地区，实行地市合并；与县级市并存一地的地区、所在市（县）达到设立地级市标准的，撤销地区建制，设立地级市，实行市领导县体制；其余地区

[①] 中共十一届三中全会以来（地）市级行政建制的变化与原因 [DB/OL]. 中华人民共和国国史网，http://www.hprc.org.cn/gsyj/yjjg/zggsyjxh_1/gsnhlw_1/baguoshixslwj/201110/t20111013_161528_1.html.

[②] 中共中央、国务院. 关于地市州党政机关机构改革若干问题的通知 [R]. 中国改革信息库，1983 - 02 - 15.

[③] 根据历年《行政区划手册》整理。

建制也要逐步撤销，原地区所辖县改由附近地级市领导或由省直辖，县级市由省委托地级市代管。各自治区调整派出机构——地区的建制，要结合民族自治的特点区别对待。盟的建制原则上不动。"[1] 1999 年，民政部发布《民政部关于调整地区建制有关问题的通知》，提出落实该意见的实施方案。自此之后，地市合并和地改市又掀起另一个高潮。2000 年，领导县的地级市数量达到了 259 个。[2]

从实施效果来看，市领导县改革适应改革开放后中国经济发展形势。一是打破工业与农业分割的局面，促进了城乡统筹发展，加速实现中国从传统农业向现代农业、从自然经济向商品经济转化的进程（鲍辉和赵长心，1983）。二是经济区与行政区统合为行政区，以适应经济区的发展要求，扩大了经济区范围，使城乡、市县的优势得以互补，使县域经济逐渐壮大（马彦琳，2006）。

随着市场经济体制的确立与完善，市领导县体制的弊端也逐渐显现。一是市与县的矛盾日益凸显。市依靠行政力量对县进行管理的过程中，存在着市侵占县的管理权限和经济利益的倾向。一些经济实力不如所辖县级市的地级市，为了考核的需要，从县集中财力到市，限制一些项目在县投资布局，以牺牲县的利益为代价发展城市，阻碍了整体的发展。市对县的带动关系转变为市县之间的竞争关系，这种现象在发达地区更为显著。二是市难以对县起到有力的带动作用，存在"小马拉大车"的问题。一些工业基础薄弱的地级市，中心城市难以带动所辖县的经济发展，这种现象在欠发达地区更为明显。这些问题的出现使市领导县体制进入了反思。

三、城乡融合新探索（1992 年至今）：省直管县

为了促进市与县之间的良性互动，一些地区开始探索省直管县（市）体制改革，把地级市的经济管理权限直接下放给一些重点县。1992 年，浙江省率先开展了省直管县的探索，实施"强县扩权"。2002 年起，湖北省、河南省、广东省、江西省、河北省、辽宁省等省先后开始了"强县扩权"

---

[1] 中共中央、国务院. 中共中央、国务院关于地方政府机构改革的意见 [R]. 法邦网，1999-01-05.

[2] 根据历年《行政区划手册》整理。

的改革。具体有两种形式：一是财政省直管县（市）体制改革。① 二是行政省直管县改革。② 从各个省颁布的相关文件中可以发现，两者的改革目标基本是一致的：一是深化行政体制改革，压缩行政层级，提高行政效率；二是增强县级政府的权力；三是推动县域经济发展；四是统筹城乡发展。

第三节　城市行政区划调整

为了适应社会经济发展，中国城市行政区划也在不断进行调整。本书通过整理相关年份的《中华人民共和国行政区划手册》，总结出中国城市行政区划变动的三种类型（如附录表2所示），分别进行说明。

一、平级变动

（一）"撤地设市"与"地市合并"

"撤地设市"是指撤销省、自治区人民政府派出机关的地区行政公署，设立行政建制为地区级别的市，并由新设立的地级市领导原地区所辖的县级政区。③ "地市合并"是指撤销作为省、自治区人民政府派出机关的地区行政公署，将其所辖县（市）划入邻近的原无行政隶属关系的一个或几个地级市。

改革开放以来，地级行政区数量基本保持稳定。随着市领导县体制改革的推进，地级市数量大规模增加，地区数量相应减少。1990~2004年，地级市数量从113个上升到17个，增长了52.97%，每年平均增加7个，2004年后保持稳定；地区数量从185个下降到283个，下降了84.95%，每年平均下降6.86个，2004年后保持稳定，具体如图3-3所示。

---

① 2003年开始的财政省直管县（市）体制改革，这是继1994年分税制改革后省以下政府间财政关系的重新调整。
② 1992年始于浙江的"强县扩权"改革，以及随后的"扩权强县"改革。
③ 撤地设市包括两种情况：一种是撤销地区行政公署及其所驻的县级市或所辖的其他县级市，设立一个或几个地级市，或者将原地区所辖的一个或两个县级市升格为地级市，然后将地区行政公署所辖县（市）划归给新设的地级市管辖。另一种是撤销"盟"及其所驻的县级市而设立地级市。

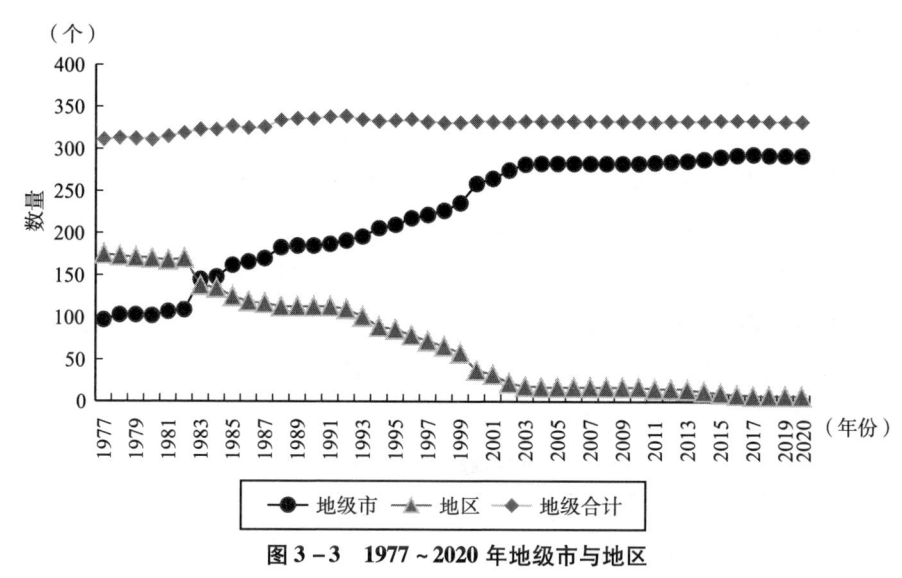

图 3-3　1977~2020 年地级市与地区

资料来源：根据行政区划网相关资料（http://www.xzqh.org/html）整理而成。1982 年城市行政管理体制改革前，地级市数量为省辖市数量。

地级行政区出现这一变化的原因主要来自两个方面。第一，政策驱动。1982 年，中共中央、国务院发布的《改革地区体制、实行市领导县体制的通知》提出"在全国范围推进市领导县体制改革"，主要目的是"发挥地级市的中心城市作用"。[①] 1983 年，中共中央、国务院发出《关于地市州党政机关机构改革若干问题的通知》提出地、市机构改革的办法包括"实行地、市合并，由市领导县"。[②] 自此以后，实行地市合并，设立地级市的速度逐渐加快。为了避免机构重复设置，减少行政层级，1999 年，《中共中央、国务院关于地方政府机构改革的意见》提出通过地市合并、撤地设市来实施市领导县，再一次推进了地级市的设置。[③] 第二，发展需要。改革开放以来，市场经济的繁荣，工业化进程的加快，吸引了大量人口从农村向城市转移，1990~2010 年，城市人口从 30195 万人上升

---

① 改革市县体制 [DB/OL]. 中国共产党新闻网，http://theory.people.com.cn/n/2013/0927/c40531-23060158.html.

② 党史上的今天（2 月 15 日）[DB/OL]. 中华人民共和国中央人民政府网站，http://www.gov.cn/ztzl/17da/content_739634.htm.

③ 中共中央、国务院. 中共中央、国务院关于地方政府机构改革的意见 [R]. 法邦网，1999-01-05.

到 66978 万人，增长 121.82%，城镇化率从 26.41% 上升到 49.95%。[①] 城市化的步伐加快，推动了中国城市行政区划的改革。

1990~2020 年，"撤地（盟）设市"的地区有 91 个，地市合并的地区有 7 个，更名的地级市有 4 个，共有 102 个地级行政区发生了平级变动。其中 1990~2000 年变动最为频繁，有 69 地级行政区发生了平级变动，占总变动次数的 67.65%；2000~2010 年有 25 个地级行政区发生了平级变动，2011~2020 年有 9 个地级行政区发生了平级变动。2000~2020 年占总变动次数的 32.35%，变动速度明显趋缓。具体如表 3-1 所示。

表 3-1　　　　　　1990~2020 年地级行政区平级变动

类型	特点	1990~2000 年	2001~2010 年	2011~2020 年	个数
撤地（盟）设市	地区变为地级市	衡水市、晋中市、运城市、忻州市、临汾市、白城市、黑河市、绥化市、台州市、丽水市、滁州市、阜阳市、宿州市、巢湖市、六安市、池州市、宣城市、南平市、龙岩市、宁德市、赣州市、吉安市、宜春市、抚州市、上饶市、临沂市、德州市、聊城市、滨州市、菏泽市、南阳市、商丘市、信阳市、周口市、驻马店市、孝感市、荆州市、黄冈市、咸宁市、益阳市、郴州市、永州市、怀化市、娄底市、钦州市、玉林市、南充市、达州市、遵义市、安顺市、曲靖市、玉溪市、渭南市、延安市、汉中市、榆林市、安康市	吕梁市、百色市、贺州市、河池市、来宾市、崇左市、保山市、昭通市、丽江市、普洱市、临沧市、商洛市、武威市、张掖市、平凉市、酒泉市、庆阳市、定西市、陇南市、固原市	毕节市、铜仁市、海东市、日喀则市、昌都市、林芝市、吐鲁番市、山南市、哈密市	86
	盟变为地级市	通辽市	鄂尔多斯市、呼伦贝尔市、巴彦淖尔市、乌兰察布市	—	5
地市合并	地区与地级市合并	石家庄市、邯郸市、邢台市、保定市、张家口市、承德市、沧州市		—	7
更名		葫芦岛市、白山市、淮安市、张家界市	襄阳市	—	4

资料来源：根据行政区划网相关资料（http://www.xzqh.org/html）整理而成。

---

① 根据历年中国统计年鉴整理。

（二）"撤县设市"与"撤县设区"

1. 撤县设市

撤县设市，又名整县改市，是指把整个县的区域改制为县级市。1977年，全国共有90个县级市。改革开放以来，国家优先发展中小城镇政策促进了县级市的发展。1993年，《国务院批转民政部关于调整设市标准报告的通知》，批准了民政部《关于调整设市标准的报告》。2016年，国家出台了新版《设立县级市标准》。2013年，党的十八届三中全会通过了《关于全面深化改革若干重大问题的决定》，指出"对具备行政区划调整条件的县可有序改市"。2014年，国家发展和改革委员会向国务院上报城镇化改革方案，明确提出推进行政区划创新，改革设市模式，完善城市行政区划设置和布局，启动设市工作。截至2020年，全国县级市共有387个，增加了297个。1977~2020年各年份县级市与县数量见图3-4。

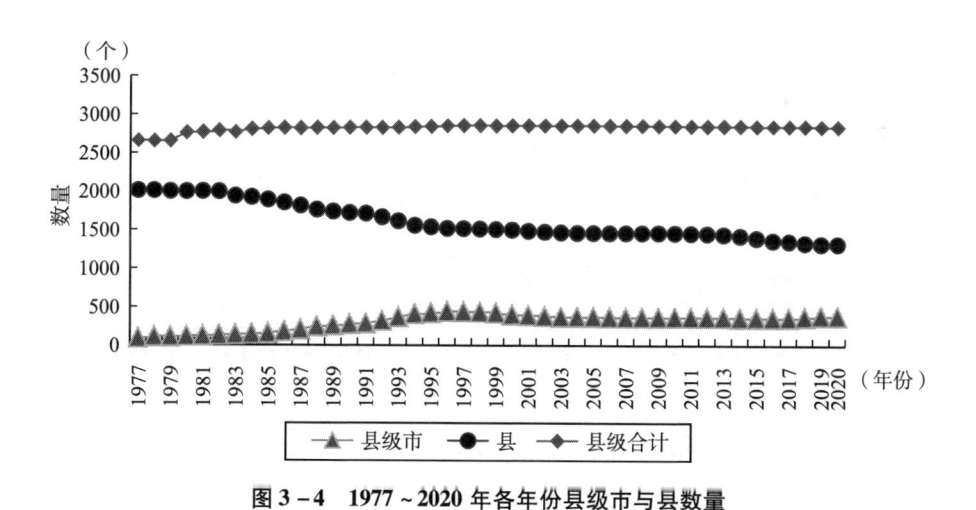

图3-4 1977~2020年各年份县级市与县数量

资料来源：根据行政区划网相关资料（http://www.xzqh.org/html）整理而成。

2. 撤县设区

撤县设区是直辖市或地级市通过行政手段将其所辖的县调整为该市辖区的过程。从1983年起，撤县设区开始出现。通过撤县设区，一是使中心城市得到更广阔的发展空间,吸引更多的要素聚集;二是通过自上而下的管理方式消除原有的市县竞争;三是规模和权力尺度的转移;县可以借此获得更多的中心城市辐射红利。1978~2020 年,市辖区从 408 个上升至 965 个,增加了 547 个,增长 51.97%,其中因撤县设区增加的市辖区有 338 个,占新增市辖区的 61.79%。1978~2021 年各年份撤县设区情况见图 3-5。

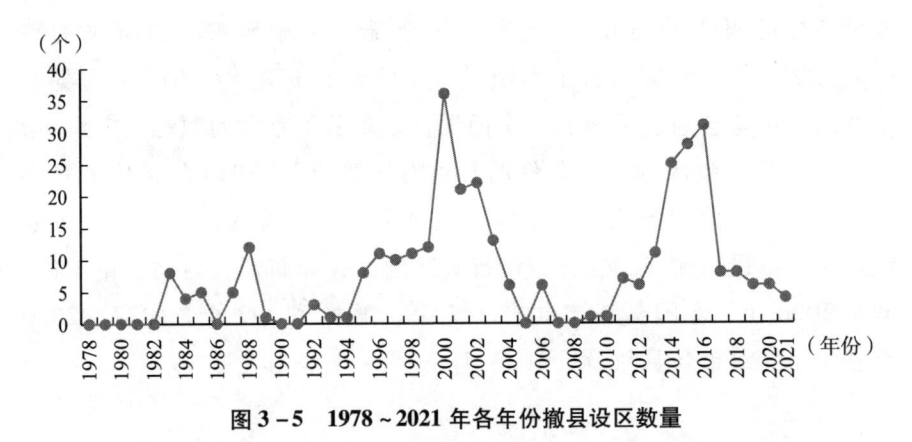

图 3-5　1978~2021 年各年份撤县设区数量

资料来源:根据行政区划网相关资料(http://www.xzqh.org/html)整理而成。

二、跨级变动

(一) 直辖市

新中国成立时,全国共设置 11 个直辖市。1949~1953 年,先后增设 4 个直辖市,撤销 1 个直辖市。到 1953 年底,全国共有 14 个直辖市。除北京市外,其他直辖市由东北、华北、华东、中南、西北、西南六大行政区代管。1954 年,国家发布《关于撤销大区一级行政机构和合并若干省、市建制的决定》,[①] 仅保留上海市、天津市、北京市三个直辖市,将其余 11 个直辖市降格为省辖市,并入相邻的省级行政区,同时将六大行政区予以

---

① 中央人民政府. 中央人民政府关于撤销大区一级行政机构和合并若干省、市建制的决定 [R]. 人民日报, 1954-06-20.

撤销。1958年，河北省省会从保定迁往天津市，因此天津市降格为省会。1966年，河北省省会从天津市迁回保定。1967年，天津市恢复为直辖市。具体如表3-2所示。

表3-2　　　　　　　　　　直辖市变化情况

年份	城市名称	数量
1949	北京市、天津市、沈阳市、鞍山市、抚顺市、本溪市、上海市、南京市、武汉市、广州市、重庆市、西安市	12
1950~1952	北京市、天津市、沈阳市、鞍山市、抚顺市、本溪市、上海市、南京市、武汉市、广州市、重庆市、西安市、大连市	13
1953	北京市、天津市、沈阳市、鞍山市、抚顺市、本溪市、上海市、武汉市、广州市、重庆市、西安市、大连市、长春市、哈尔滨市	14
1954~1958	北京市、上海市、天津市	3
1959~1966	北京市、上海市	2
1967~1997	北京市、上海市、天津市	3
1967~1997	北京市、上海市、天津市、重庆市	4

资料来源：中华人民共和国行政区划［DB/OL］.中国行政区划网站，http://www.xzqh.org/old/yange/1949.htm；中央人民政府.中央人民政府关于撤销大区一级行政机构和合并若干省、市建制的决定［R］.人民日报，1954-06-20.

（二）计划单列市与副省级市

国家社会与经济发展计划单列市（以下简称"计划单列市"）指的是保持行政建制不变的条件下，对一些省辖市赋予省一级的经济管理权限，在国家计划中单列户头。计划单列市最初出现在计划经济时期，为了促进特殊地区发展，打破原有生产、分配、交换和消费的隶属关系，对一些省辖市单独划拨指标。

1. 第一阶段（1954~1963年）

1954年，国家撤销了11个直辖市。考虑到这些城市在政治和经济方面的特殊地位，1954~1958年，国家先后将这些城市设置为计划单列市。[①]

[①] 国家计划单列市［DB/OL］.搜狐网，https://www.sohu.com/a/340980076_120096244.

1958年，中共中央、国务院联合发布《关于改进计划管理体制的规定》，[①]提出实行以省级行政区为主的计划管理体制，推动"专业部门和地区相结合"。在这一时期，计划单列市在政治与经济上被赋予了特殊地位，在工业基地建设以及156项重点建设项目方面得到了资金和政策方面的支持。从1959年开始，国家开始逐步计划单列市。

2. 第二阶段（1964~1983年）

20世纪60年代初，中央加强对地方的管理，上收了部分项目审批权，实行"以地区为主"的计划管理体制。1962~1963年，中共中央、国务院先后召开两次城市工作会议。[②] 根据这两次会议精神，国家恢复了一批计划单列市。1964~1968年，中央政府先后将沈阳市、武汉市、广州市、重庆市、西安市、哈尔滨市等城市设立为计划单列市。1968年，计划单列市再度被取消。在这一时期，虽然未能放开计划单列市经济和社会管理的自主权，但是与其他城市相比，这类城市的基本建设投资和企业的固定资产管理方面有更大的自主权。

3. 第三阶段（1984~1993年）

1978年12月，中国共产党第十一届中央委员会第三次全体会议召开后，国家将发展重心全面转移到经济建设上来，开始实施改革开放战略。为了适应经济发展的需要，城市行政管理体制改革也逐渐开展起来，计划单列市再度成为经济体制改革的重要抓手。

1983年2月8日，重庆市成为经济体制综合改革的试点。[③] 1984年7月18日，重庆市、武汉市、沈阳市、大连市的计划单列市地位。[④] 同年9月21日，哈尔滨市、广州、西安等城市恢复计划单列地位。[⑤] 同年10月

[①] 中共中央、国务院.关于改进计划管理体制的规定［R］.中国经济网，1958-09-24.

[②] 王黎锋.中国共产党历史上召开的历次城市工作会议［DB/OL］.人民网，http://dangshi.people.com.cn/n1/2016/0801/c85037-28600430.html. 1962年9月，中共中央和国务院召开全国第一次城市工作会议。1963年10月，又召开全国第二次城市工作会议。

[③] 国务院.关于在重庆市进行经济体制综合改革试点意见的报告［R］.北大法宝，1983-02-08.

[④] 国家发展改革委.国家计委关于重庆市、武汉市、沈阳市、大连市计划单列的通知［R］.法律法规网，1984-07-18.

[⑤] 国务院.国务院批转国家计委、国家体改委关于对一些城市要求在国家计划中单列户头处理意见的报告的通知［R］.华律网，1985-03-27.

20日，中共十二届三中全会全体通过了《中共中央关于经济体制改革的决定》，明确提出要"加快以城市为重点的整个经济体制改革的步伐"，并进一步指出"要充分发挥城市的中心作用，逐步形成以城市特别是大、中城市为依托的，不同规模的，开放式、网络型的经济区"，标志着中国经济体制改革的重点由农村全面转向城市。[①]

随着经济体制改革的深入推进，基于发展经济的目的，一批城市要求成为计划单列市。1986年10月，国务院赋予青岛市计划单列市地位，打破之前"其他城市一律不再实行计划单列"的规定。[②] 在此之后，国务院又先后批复宁波市、厦门市、深圳市三个城市提升为计划单列市。[③] 1989年2月，南京市、成都市和长春市三个省会城市升格为计划单列市。此时，为了控制计划单列市可能带来的一些负面影响，在这个批复中对新成立的省会计划单列市提出进一步要求，即要"妥善处理省市之间的关系""不要因实行计划单列使国家的财政收入减少""不要因之搞机构升格、增加编制"。[④]

4. 第四阶段（1994年至今）

计划单列市不仅在政策先行试验、体制机制突破等方面为其他城市推进经济体制改革起到了示范带动作用，而且在一定程度上保障了国家总体经济体制改革的稳步推进，正面积极作用显著。[⑤]

1992年，邓小平同志在视察南方时，提出构建"社会主义市场经济理

[①] 中共中央. 中共中央关于经济体制改革的决定［R］. 共产党员网，1984 – 10 – 20.

[②] 国务院. 国务院关于对青岛市实行计划单列的批复［R］. 中华人民共和国中央人民政府网站，1986 – 10 – 15.

[③] 国务院. 国务院关于宁波市实行计划单列的批复［R］. 中华人民共和国中央人民政府网站，1987 – 02 – 24.

国务院. 国务院关于厦门市实行计划单列的批复［R］. 中华人民共和国中央人民政府网站，1988 – 10 – 18.

国务院. 国务院关于深圳市在国家计划中实行单列的批复［R］. 中华人民共和国中央人民政府网站，1988 – 10 – 03.

[④] 国务院. 国务院关于南京、成都、长春三市在国家计划中实行单列的批复［R］. 中华人民共和国中央人民政府网站，1989 – 02 – 11.

[⑤] 但也有一些学者指出，计划单列作为城市经济体制改革初期的一项举措，理论不完善、准备不充分，在实施过程中又存在改革不配套等问题，是一种新旧体制交替时期的过渡性制度安排，长期来看，应予以逐步取消。

论"。1993年，将"实行社会主义市场经济"写入宪法。① 计划单列市也进行相应的调整，取消"计划"功能，让位市场经济。1994年2月，中央机构编制委员会发布《中编关于重庆市、广州市、武汉市、哈尔滨市、沈阳市、成都市、南京市、西安市、长春市、济南市、杭州市、大连市、青岛市、深圳市、厦门市、宁波市共16市行政级别定为副省级的通知》，在原先14个计划单列市的基础上增加济南市和杭州市，确立为副省级市。② 同年10月，国家取消了沈阳市、长春市、哈尔滨市、南京市、武汉市、广州市、成都市、西安市八个省会城市的计划单列。③ 1997年6月，重庆市由计划单列市升级为直辖市，而其余5个计划单列市一直延续至今，分别是深圳市、厦门市、宁波市、青岛市和大连市。

计划单列市与副省级市的变化情况见表3-3。

表3-3　　　　　　　　　计划单列市与副省级市变化情况

年份	计划单列市 城市名称	个数	副省级市 城市名称	个数
1954~1958	沈阳市、武汉市、广州市、重庆市、西安市	5		
1964~1968	沈阳市、武汉市、广州市、重庆市、西安市、哈尔滨市	6		
1984~1993	沈阳市、武汉市、广州市、重庆市、西安市、哈尔滨市、大连市、青岛市、宁波市、厦门市、深圳市、南京市、成都市、长春市	14		
1994	重庆市、大连市、青岛市、宁波市、厦门市、深圳市	6	沈阳市、武汉市、广州市、重庆市、西安市、哈尔滨市、大连市、青岛市、宁波市、厦门市、深圳市、南京市、成都市、长春市、济南市、杭州市	16

---

① 中华人民共和国宪法修正案 [R]. 中共黔西南州委组织部网站，1993-03-29.
② 中央机构编制委员会. 中央机构编制委员会印发《关于副省级市若干问题的意见》的通知 [R]. 中国改革信息库，1995-05-29.
③ 国务院. 国务院办公厅转发国家体改委、国家计委关于八个省会城市不再实行计划单列若干政策衔接问题意见的通知 [R]. 中华人民共和国中央人民政府网站，1994-12-04.

续表

年份	计划单列市		副省级市	
	城市名称	个数	城市名称	个数
1997年至今	大连市、青岛市、宁波市、厦门市、深圳市	5	沈阳市、武汉市、广州市、重庆市、西安市、哈尔滨市、大连市、青岛市、宁波市、厦门市、深圳市、南京市、成都市、长春市、济南市、杭州市	16

资料来源：根据本部分内容整理。

（三）升级或降级变动

1990~2010年，共有18个城市发生了行政等级的变动，1个地级市升级为直辖市，15个县级行政单位升级为地级市，5.92%的城市行政等级发生了调整，与地级行政区内部的大规模调整相比，行政等级提升的城市数量较少，表3-4详细记录了发生行政等级变动的城市。

表3-4　　　　1990~2020年城市行政等级的升级变动

特点	1990~2000年	2000~2010年	2010~2020年	个数
副省级变为直辖市	重庆市	—	—	1
县或县级市升级	松原市、泰州市、宿迁市、亳州市、莱芜市、随州市、揭阳市、云浮市、防城港市、贵港市、眉山市、广安市、巴中市、资阳市、吴忠市	中卫市	儋州市、三沙市	18

注：县或县级市升级往往伴随着新的地区纳入地级市。
资料来源：根据行政区划网相关资料（http://www.xzqh.org/html）整理而成。

行政等级被提升的关键因素在于：适应人口规模的需要、提升城市对周边地区的带动作用以及提升政府治理能力。例如，重庆市历史上一直是四川省的一部分。1996年底，四川省辖23个地级单位，其中包括5地区、15省辖市和3自治州，成都是四川省政府所在地。1997年3月14日，中央决定将重庆市与邻近的涪陵市、万县市和潜江市合并，成立直辖市，辖区内共包含3022.77万人口。中央政府决定提升重庆市行政等级的原因主要包括三个方面：一是发挥重庆市区位优势，成为带动西部广大地区发展的引擎；二是促进重庆市经济发展，解决四川人口过多和行政区划过大、地方无法有效提供公共产品、行政管理困难的问题；三是期待重庆市政府更好地协调三峡工程居民安置工作。

三、市辖区调整

市辖区变动的方式主要包括两类。

第一，地级地区或县级地区调整为地级市，市辖区增加。主要包括三种：一是地区调整为地级市，原地区政府驻地的县级行政单位（县或县级市）升级为市辖区；二是盟调整为地级市，原政府驻地的县级行政单位（旗、县或县级市）升级为市辖区；三是县级行政单位（县或县级市）升级，该县级单位成为市辖区，周边县纳入其管辖范围。

第二，市辖区的调整。主要包括三种：一是撤县设区，将市辖区周边的县、乡镇纳入市辖区范围；二是撤区变县，将市辖区或街道变为县、乡镇；三是对现有市辖区范围的合并、分离或重新组合（见表3-5）。

表3-5　　　　　　　　1990~2020年市辖区变动

市辖区变动类型			高行政等级		其他城市	
			个数	占比（%）	个数	占比（%）
范围变动	增加	市辖区从无到有：行政等级变动带来的市辖区范围调整。地区（或盟）变为地级市，市辖区范围变动为原地区（或盟）政府驻地的县级市或县（或旗）的范围，有时略有调整；县或县级市升级，原来的县或者县级市变为市辖区的范围，同时扩大该地级市的范围，将周边的县或县级市划入新升级的地级市范围中管辖	20	57.14	128	50.79
		现有市辖区的扩张：撤县（或县级市）设区，将周边的县或者县级市纳入市辖区中				
	减少	现有市辖区的缩减：撤区变县（或县级市），将原来属于市辖区的部分降级为县（或县级市）	0	0	6	2.38
范围未变	合并或分离	将市辖区下设的多个辖区进行合并或者分离	6	17.14	12	4.76
	更名	下设的辖区进行更名	20	57.14	50	19.84
		发生变动的城市	27	77.14	158	62.70

注：考虑到数据的可获得性，变化不包含村、镇、街道一级的变动；发生变动的城市中包含任何一种市辖区变化。

资料来源：根据行政区划网相关资料（http://www.xzqh.org/html）整理而成。

第四章　城市的形成

城市是经济活动的载体，全世界50%以上的经济活动集中在全球土地面积1.5%的城市（Scott，2009）。在中国，经济活动也呈现出高度集中的形式，长三角、珠三角和京津冀三大城市群仅占全国土地面积的2.8%，却聚集了全国36%的GDP和18%的人口。[①]

早期城市的形成主要依靠两种力量：一是非政治力量，包括自然因素和历史积淀实现人口聚集；二是政治力量，以法律、行政或暴力等强制性手段实现人口在行政中心的聚集。从历史的角度考察，中国城市的产生大多依靠后一种力量（何一民，2012：16）。城市最初只是一个区域的政治中心，凭借政治地位的优势，各类要素开始在此聚集，城市逐渐发展成为区域性的经济中心和文化中心。

本章将政治因素与非政治因素同时纳入分析框架，采用有序响应模型（Ordered Logit Model，Ologit）分析中国城市的形成。定量分析的结果表明，城市的行政等级越高，城市集中人口能力越强。规模经济的存在增强了行政中心城市吸引人口的能力。

本章主要内容安排如下：第一节以城市增长模型与内生增长模型为基础构建理论模型，将影响城市形成与发展的因素与规模经济相结合；第二节根据理论模型构建实证模型，并对数据加以说明；第三节进行实证分析，并展示出相关结果。

[①] 国务院．国务院关于城镇化建设工作情况的报告［R］．中国人大网，2013－06－26．

第一节 城市形成的理论模型

第一章分析了政治因素、自然条件、历史因素影响城市的发展。本章主要是建立城市形成的理论模型，分析在规模经济和知识溢出存在的情况下城市形成的过程。模型以城市增长模型和内生增长模型为基础。其中城市增长模型用于分析影响城市的发展因素（Black and Henderson，1999；Wang and Wu，2011；王垚等，2015）；内生增长模型用于将规模经济和知识溢出纳入分析框架（Romer，1986；Lucas，1988）。

一、基本假设

在建立理论模型之前，对经济体进行一些基本假定。

第一，在初始状态时，经济活动在空间上是匀质的，即一个经济体的经济活动均匀分布在 K 个地区。

第二，地区之间的初始禀赋存在差异。初始禀赋包括自然条件、历史因素和政治因素，为外生变量；i 地区的初始优势为 d_i，其中 $i=1$，$2，\cdots，K$。

第三，经济体中仅存在两个部门、两类劳动者。两个部门分别是农业部门和工业部门。两类劳动者分别是农民和工人。农业部门生产的农产品是同质化的；工业部门的产品虽然同质化，但是产品的产量受到人力资本水平的影响。农民居住在农村，在农业部门就业，生产农业产品；工人居住在城市，在工业部门就业，生产工业品。劳动力可以在农业和工业部门之间自由转换，在不同地区之间自由流动。

二、工业部门

（一）生产函数

厂商雇佣工人生产同质化产品，工人的生产效率受到人力资本水平的影响。厂商最终的产出水平受到初始禀赋、城市规模和生产效率的影响。借鉴布莱克和亨德森（Black and Henderson, 1999）设定的生产函数形式，本章代表性厂商生产函数设定如下：

$$y_{it} = d_i n_{it}^{\delta} h_{it}^{\psi} \quad (4-1)$$

其中，i 代表地区，t 表示时期；y_{it} 表示 i 地区 t 时期的总产出水平；d_i 表示 i 地区的初始禀赋条件，该变量不随时间变化；n_{it} 表示 i 地区 t 时期的城市规模，以工人或厂商的数量作为代理；h_{it} 表示 i 地区 t 时期代表性工人的人力资本水平；δ 表示城市规模弹性，即知识溢出对于企业生产的重要性，δ 值越大，表明厂商从信息交换与知识交流中得到的收益就越多，$\delta \in [0, 1]$；ψ 表示人力资本弹性，ψ 值越大，表示的单位人力资本对厂商产出的增加就越多，$\psi \in [0, 1]$。[①]

（二）人力资本函数

代表性工人的人力资本水平取决于两个部分：一是人力资本方面投资；二是知识存量。工人的收入 y_{it} 主要用于消费 w_{it}（即个人可支配收入）和人力资本投资 $y_{it} - w_{it}$，知识存量来自工人在上一时期学习到的知识 H_{t-1}。β 表示知识存量对人力资本形成的弹性，$\beta \in [0, +\infty]$。这里将代表性工人的人力资本函数设置为：

$$h_{it} = H_{t-1}^{\beta}(y_{it} - w_{it}) \quad (4-2)$$

从式（4-2）可以看出，知识存量的增加，可以降低获取相同人力资本的投资。

（三）效用函数

在劳动力自由流动的情况下，代表性工人选择效用最大的地区作为居住地。假定代表性工人的效用水平受到城市规模和个人可支配收入的影响。城市规模越大，通勤与居住成本越高，城市环境越差，城市工人的效

---

① 为了保证有内部均衡解，假设 $0 < \delta < 1$ 和 $0 < \psi < 1$。

用水平也就越低；个人可支配收入越高，工人的效用水平也就越高。因此，代表性工人的效用函数设定为：

$$\max_{h_{it}} u_{it} = n_{it}^{-\chi} w_{it} \tag{4-3}$$

其中，$n_{it}^{-\chi}$ 表示 i 地区 t 时期的城市规模增加对工人效用水平产生的负面影响，$\chi \in [0, +\infty]$。式（4-3）显示：城市规模 n_{it} 与工人效用水平成反比，而个人可支配收入 w_{it} 则与工人效用水平成正比。

为了计算出最大化效用水平，先求出直接效用函数，具体步骤如下：第一，对效用函数进行变形，得到直接效用函数与初始优势 d_i、城市规模 n_{it}、知识存量 H_{t-1} 以及人力资本投资 h_{it} 的关系。将式（4-2）代入式（4-1），得到个人可支配收入 w_{it} 与地区的初始优势 d_i、城市规模 n_{it} 以及知识存量 H_{t-1} 的关系为：

$$w_{it} = d_i n_{it}^{\delta} h_{it}^{\psi} - H_{t-1}^{-\beta} h_{it} \tag{4-4}$$

将式（4-4）代入式（4-3），得到效用函数与初始优势 d_i、城市规模 n_{it}、知识存量 H_{t-1} 以及人力资本水平 h_{it} 之间的关系为：

$$\max_{h_{it}} u_{it} = n_{it}^{-\chi}(d_i n_{it}^{\delta} h_{it}^{\psi} - H_{t-1}^{-\beta} h_{it}) \tag{4-5}$$

第二，计算工人最大效用水平。式（4-5）显示：工人可以通过改变消费与人力资本投资之间份额比例，来实现最大化效用。根据效用最大化的一阶条件，可以求解出最优人力资本 h_{it}，并且 h_{it} 与初始优势 d_i、城市规模 n_{it} 和知识溢出 H_{t-1} 正相关，这些因素通过影响人力资本进而影响产出水平。因此初始优势的提高，会带来工人人力资本投入的增加。

$$h_{it} = [\psi d_i n_{it}^{\delta} H_{t-1}^{\beta}]^{\frac{1}{1-\psi}} \tag{4-6}$$

将式（4-6）代入式（4-4），得到效用最大化时的个人可支配收入 w_{it} 水平为：

$$w_{it} = (1-\psi)^{\frac{1}{1-\psi}}\left(\frac{\psi}{1-\psi}\right)^{\frac{\psi}{1-\psi}} d_i^{\frac{1}{1-\psi}} n_{it}^{\frac{\delta}{1-\psi}} H_{t-1}^{\frac{\beta\psi}{1-\psi}} \tag{4-7}$$

将式（4-7）代入式（4-3）中，得到代表性工人最优的效用水平与地区初始优势 d_i 正相关，与城市规模的关系取决于城市规模扩大带来的副作用 χ、规模经济程度 δ 以及人力资本产出弹性 ψ：

$$u_{it} = \left\{(1-\psi)\left(\frac{\psi}{1-\psi}\right)^{\psi} H_{t-1}^{\beta\psi} d_i n_{it}^{-[\chi(1-\psi)-\delta]}\right\}^{\frac{1}{1-\psi}} \tag{4-8}$$

为了表述简洁,定义常数项:

$$M \equiv (1-\psi)\left(\frac{\psi}{1-\psi}\right)^{\psi} \quad (4-9)$$

$$\eta \equiv [\chi(1-\psi)-\delta]^{-1} \quad (4-10)$$

将式(4-9)和式(4-10)代入式(4-8),最后得到代表性工人最优的效用函数为:

$$u_{it} = [MH_{t-1}^{\beta\psi}d_i n_{it}^{-\frac{1}{\eta}}]^{\frac{1}{1-\psi}} \quad (4-11)$$

三、农业部门

假设农民在农村地区采用传统方式进行农业生产,农产品的产量与人力资本水平 h_{it} 无关,效用水平不随时间发生变化。农民在各地区之间自由流动,每个地区拥有相同的效用水平。借鉴贝尔蒂内利和布莱克(Bertinelli and Black, 2004)的模型设定,农民的效用为 γ。

四、均衡分析

根据本模型基本假设条件,无论是工人还是农民都可以在不同地区、不同部门之间自由流动,工人和农民之间的身份可以互相转换。因此,在均衡状态下有以下情况。

第一,所有地区工人效用水平相等,有 $u_{1t} = u_{2t} = \cdots = u_{kt} = u_t$,其中,$u_t$ 表示 t 时期的均衡效用。因为劳动力自由流动,所以各地区效用水平不相等时,工人会选择迁移到效用最高的地区。只有各地区效用相等时,劳动力停止流动,市场才能达到均衡。

第二,所有工业与农业部门之间劳动者的效用水平应当相等,即 $u_t = \gamma$。由于劳动者在工业部门与农业部门之间是可以自由转换的,当从事工业生产的效用水平更高时,即 $u_t > \gamma$ 时,农民就会进入城市的工业部门;当从事农业生产的效用水平更高时,即 $u_t < \gamma$ 时,工人就会进入农村从事农业生产;只有从事工业与农业生产的效用相等时,即 $u_t = \gamma$ 时,劳动力停止流动,达到市场均衡。

综上所述，市场均衡的条件为：
$$u_t = u_{it} = \gamma \quad (4-12)$$
将式（4-12）代入式（4-11）中，得到 i 地区 t 时期均衡城市规模：
$$n_{it} = [MH_{t-1}^{\beta\psi} u_t^{\psi-1} d_i]^\eta = [MH_{t-1}^{\beta\psi} \gamma^{\psi-1} d_i]^\eta \quad (4-13)$$
由式（4-13）可知，均衡城市规模受到 η 影响。根据式（4-10）的设定可知：若 $\eta<0$，即 $\chi(1-\psi)<\delta$，城市规模扩大的正面效应大于负面效应，城市规模会无限扩张，经济体最后形成一个单一大城市；若 $\eta>0$，即 $\chi(1-\psi)>\delta$，城市规模扩大的负面效应大于正面效应，经济体会形成多个城市。结合中国的现实，本书在研究中设定 $\eta>0$。

根据式（4-13），得到初始优势不同的地区城市人口规模之比为：
$$\frac{n_{it}}{n_{jt}} = \left(\frac{d_i}{d_j}\right)^\eta \quad (4-14)$$
根据 $\eta>0$，$\partial\eta/\partial\delta>0$，式（4-14）表明一个地区的规模经济程度越高，该地区的城市人口越多。

由式（4-6）、式（4-7）和式（4-13），得到不同人力资本水平和可支配收入的城市人口规模之比为：
$$\frac{w_{it}}{w_{jt}} = \frac{h_{it}}{h_{jt}} = \left(\frac{d_i}{d_j}\right)^{\frac{1+\delta\eta}{1-\psi}} \quad (4-15)$$
根据 $0<\psi<1$，$\eta>0$，$(1+\delta\eta)/(1-\psi)>0$，式（4-15）结合式（4-10）和式（4-14）表明外部性的存在，导致初始优势的差异被放大。

将模型变形，可以分析初始禀赋在外部性作用下如何影响城市的形成。假设一个地区工人的数量达到形成城市的门槛值是 n_0，i 地区 t 时期城市形成的条件可写为：
$$[MH_{t-1}^{\beta\psi} \gamma^{\psi-1} d_i]^\eta \geq n_0 \quad (4-16)$$
式（4-16）表明初始优势和知识存量在外部性的作用下影响了城市的形成。在其他条件不变的情况下，优越的自然条件、历史积累与较高行政等级的城市形成得越早，这些初始优势越能够弥补知识存量的不足。

五、计量模型

上述理论模型可以用于解释中国城市的形成。中国现代大城市分布在沿海与沿河的港口、古代城池与地方政府所在地。改革开放之后，城市之间的发展差距逐渐扩大，知识溢出以及规模经济等外部性的存在，放大了初始优势，导致城市之间差异的形成。本部分依据该理论模型构建实证模型，证明城市的行政等级影响城市的形成。

根据式（4-16）构建有序响应模型（Ordered Logit Model，Ologit）。该计量模型为受限因变量模型，可以用于分析初始禀赋如何影响一个地区达到城市门槛值 n_0 的先后顺序（Wang and Wu, 2011）。本部分根据已有研究进行拓展，得到计量模型如下：

$$Y_i = \beta_0 + \beta_1 Natural_i + \beta_2 History_i + \beta_3 Political_i \\ + \beta_4 Socioeconomic_i + \beta_5 Region_i + \varepsilon_i \quad (4-17)$$

其中，被解释变量 Y 表示一个地区进入城市门槛值 n_0 的先后顺序。如果某地区 1990 年之前达到了城市门槛值 n_0，则 Y 取值为 6；若某城市在 1991~1995 年首次达到城市门槛值 n_0，则 Y 取值为 5；若某城市在 1996~2000 年首次达到城市门槛值 n_0，则 Y 取值为 4；若某城市 2001~2005 年首次达到城市门槛值 n_0，则 Y 取值为 3；若某城市在 2006~2010 年首次达到城市门槛值 n_0，则 Y 取值为 2；若直到 2010 年底，都未能达到 n_0 的城市门槛值，那么 Y 将取值为 1。[①]

解释变量方面，$Political_i$ 表示行政等级因素，本书使用城市的行政等级作为代理变量。该变量为虚拟变量，高行政等级城市取值为 1，低行政等级城市取值为 0。其中，高行政等级城市包括直辖市、副省级城市、省会城市及自治区首府；低行政等级城市为其他地级市。$History_i$ 表示历史因素，使用 1915~1989 年曾经作为首都、直辖市或者省会的城市作为代理变量，该变量为虚拟变量，历史城市取值为 1，非历史城市取值为 0。$Natural_i$ 表示自然条件，采用温度、降水和风速作为代理变量。考虑到中国区域差异也可能影响城市的发展，因此本书引入区域虚拟变量 $Region_i$ 来控制这些

[①] 需要说明的是，这里所使用的人口数据主要来自《中国城市统计年鉴》，原因在于人口普查数据仅有 3 期的观测值且时间跨度太大，不能有效率地通过 Ologit 模型来估算城市的形成。除此之外，回归中对每个城市的精确人口数量要求不高，更多反映在先后顺序上，因此这部分内容选择使用户籍人口作为先后次序的计算。后面部分将使用常住人口计算高行政等级城市与其他城市增长率的差别，从另一个角度分析行政等级对城市形成的影响。

因素，本书按照东、中、西三大板块进行划分。① 除此之外，还将市场规模、产业结构等社会经济因素纳入实证模型，用 $Socioeconomic_i$ 表示。

第二节　城市行政等级体系与中国城市的形成

一、变量说明

（一）城市规模

虽然地区生产总值与人口都可以用于衡量城市规模。但是在城市经济学研究中，更多学者使用人口衡量城市规模，其合理性主要在于人均国内生产总值的提升不仅体现了城市总产出的增加，而且体现了生活成本的上升，人口规模体现出个体在衡量了成本与收益的情况下所做出的决策，更能够代表城市发展水平（Glaeser, Scheinkman and Shleifer, 1995）。因此，本书研究城市规模问题时，更加侧重于人口指标得到结论。

人口指标的统计主要有两个口径。

（1）户籍人口，该指标统计的范围主要是：依《中华人民共和国户口登记条例》已在其经常居住地的公安户籍管理机关登记了常住户口的人。② 户籍人口数据主要来自相关年份《中国人口统计年鉴》《中国城市统计年鉴》《中华人民共和国全国分县市人口统计资料》。③ 此外，考虑到城市行政区划的变动，本书尽量选择近期出版的统计资料汇编，并对数据进行了相应的调整。为了保障数据来源准确性，主要遵循如下原则：一是优先选择近期出版的年鉴；二是优先选择国家出版的，以保证数据的权威性。

---

①　本书按照东、中、西三大板块的划分（不包括港、澳、台），东部地区包括北京市、天津市、河北省、辽宁省、吉林省、黑龙江省、上海市、江苏省、浙江省、福建省、山东省、广东省、海南省；中部地区包括山西省、安徽省、江西省、河南省、湖北省、湖南省；西部地区包括内蒙古自治区、广西壮族自治区、重庆市、四川省、贵州省、云南省、西藏自治区、陕西省、甘肃省、青海省、宁夏回族自治区、新疆维吾尔自治区。

②　这类人口不管其是否外出，也不管外出时间长短，只要在某地注册有常住户口，则为该地区的户籍人口。户籍人口数一般是通过公安部门的经常性统计月报或年报取得的。

③　由公安部治安管理局编写。

（2）常住人口，该指标统计的范围包括三类：一是居住在本乡镇街道且户口在本乡镇街道或户口待定的人；二是居住在本乡镇街道且离开户口登记地所在的乡镇街道半年以上的人；三是户口在本乡镇街道且外出不满半年或在境外[①]工作学习的人。只有在普查年份，常住人口会被准确统计。本书常住人口数据来自1990年、2000年、2010年的《中国人口普查分县资料》。[②] 为了保障统计范围的一致性，遵循统一城市行政区划口径的原则。

囿于数据可得性的原因，本书选取地级及以上城市作为研究对象。这些城市在统计数据中有市辖区与全市两个口径。其中，市辖区是城市主体（即市区）的核心组成部分和区域经济发展的中心，居民以城镇人口为主，城市化水平较高，人口密度大，经济相对发达；全市范围则包括了非城市核心组成部分，即农村的范围。本书选取市辖区人口作为城市人口计算。不采用非农业人口计算的原因在于中国在统计非农业人口时，采用的是户籍标准。考虑到这段时期中国的户籍制度尚在完善阶段，市辖区范围内大量的农业户口居民从事非农生产，因此使用市辖区人口替代非农人口是合理的。本书也采用非农业人口进行分析，与采用市辖区人口的结果基本一致。[③] 受到普查人口数据的限制，本章采用的是户籍人口口径进行分析。

城市门槛值 n_0 的设定，参考了《国家新型城镇化规划（2014~2020年）》[④]《国务院关于调整城市规模划分标准的通知》[⑤]《中国中小城市绿皮书》。城市规模的划分为：小城市是市区常住人口50万人以下的城市；中等城市人口规模为50万~100万人；大城市人口规模为100万~500万人；特大城市人口规模为500万~1000万人；超大城市是人口规模1000万人

[①] "境外"是指我国海关关境以外。

[②] 1990年的《中国人口普查分县资料》1996年9月出版，内部发行，由国家统计局人口和就业统计司编写。2000年和2010年的《中国人口普查分县资料》分别于2003年1月和2012年12月发行，由国务院人口普查办公室和国家统计局人口和就业统计司编写。

[③] 从2009年出版《中国城市年鉴》未提供非农人口数量，也是使用市辖区数据的原因之一。

[④] 中共中央、国务院. 国家新型城镇化规划（2014-2020年）[R]. 中华人民共和国中央人民政府网站，2014-03-16.

[⑤] 国务院. 国务院关于调整城市规模划分标准的通知 [R]. 中华人民共和国中央人民政府网站，2014-11-20.

以上的城市。① 实证分析过程中，人口门槛值 n_0 分别使用 50 万人、100 万人、200 万人、300 万人、500 万人的标准。在分析过程中，使用人均国内生产总值作为稳健性检验，并以 1990 年的不变价格对人均 GDP 进行平减以消除价格因素的影响，门槛值则分别使用 3000 元、5000 元和 8000 元作为标准。

（二）行政等级因素

改革开放以来，中国大部分地区实施五级政府行政管理结构，即"中央—省—地级市—县—乡镇"。直辖市由中央政府直接管理，省会作为省级行政所在地，副省级市在行政地位方面高于一般地级市，因此本书将这三类城市视为高行政等级城市。其中，高行政等级城市包括直辖市、副省级市和省会城市，低行政等级城市则包括其他一般地级市，如表 4-1 所示。在本书研究的时间段，只有重庆市由副省级市升级到直辖市，行政等级获得了提升。无论是升级前还是升级后，该城市都是高行政等级城市，对本书的研究不存在影响，满足其在计量模型中的外生假定。

表 4-1　　　　　　　　1990~2010 年中国城市的行政等级

行政等级	描述	个数
直辖市	北京市、上海市、天津市、重庆市*	4
副省级市和省会城市	副省级市+省会城市：沈阳市、长春市、哈尔滨市、南京市、杭州市、济南市、武汉市、广州市、成都市、西安市	10
	省会城市：石家庄市、太原市、呼和浩特市、合肥市、福州市、南昌市、郑州市、长沙市、南宁市、海口市、贵阳市、昆明市、拉萨市、兰州市、西宁市、银川市、乌鲁木齐市	17
	副省级市：大连市、宁波市、厦门市、青岛市、深圳市	5
其他城市	其他地级市	251

* 重庆市从 1983 年成为副省级市，1997 年变为直辖市。
资料来源：根据行政区划网相关资料（http://www.xzqh.org/html）整理而成。

---

① 由于中国超过 500 万人口的城市数量过少，不能进行 Ologit 回归，因此，最大门槛值设置为 500 万人。

（三）自然条件

自然条件一方面影响交通运输的便利性，进而影响商业活动；另一方面影响居住环境，吸引人口流动，从而促进城市规模的扩大。已有研究采用温度、降水和是否沿海进行衡量来衡量一个地区的自然条件（Beeson, DeJong and Troesken, 2001; Black and Henderson, 2003; Rappaport and Sachs, 2003; Wang and Wu, 2010）。本书使用1月份与7月份的平均温度、年平均降水量、日照时长、风速和是否沿海来描述一个地区自然条件。

温度、降水量、日照时长和风速等气候数据来源于1950~2010年各气象观测点逐月上报的《地面气象记录月报表》。需要说明的是：第一，若气象站点存在数据缺失，则气象数据计算时仅适用站点存续期记录数据的平均值；第二，若城市内存在多个气象站点，则使用多个气象站点的平均值计算该城市的气候数据；第三，若城市无气象站点，则选择距离其最近的站点作为替代，计算该城市的气候数据。

指标的具体计算方法如下。

第一，气温。选择1月份与7月份平均气温的原因是这两个月代表了极端条件下的温度状况，分别使用当月每日气温的平均值计算。

第二，降水量。使用全年日降水量的总和除以月份得到月平均降水量。

第三，风速。风速使用两个指标，一是平均风速，根据每日风速计算平均值；二是极端风速占比，即极端风速天数占全年总天数的比重。加入该变量的主要原因在于：风速对居民居住舒适性的影响可能是非线性的，虽然风速高有利于污染物的扩散以及空气质量的提升，但是风速过高也会带来灾难性的天气，影响人们的生产生活。根据气象学的基本知识，当风速大于10.7m/s时，会造成强热带风暴、热带风暴、热带低压甚至台风，降低城市宜居程度。

第四，是否沿海也是影响城市发展的关键因素。城市是否沿海本书采用是否拥有海岸线作为判断依据，[①] 为虚拟变量。城市不沿海取值为0，沿

[①] 为了真实反映地理区位条件的作用，本书的沿海城市（Coastal Cities）严格按照地理学的定义，即拥有海岸线的城市，而非沿海省份的城市。

海取值为1。

(四) 历史因素

关于历史因素的衡量，这里采用是否为历史城市作为代理变量。本章将1915~1989年曾经作为首都、直辖市或者省会的城市定义为历史城市。历史城市为虚拟变量，若一个城市在1915~1989年曾经作为首都、直辖市或省会城市，取值为1，否则取值为0，历史城市见附录表4。

(五) 社会经济因素

综合现有学者的研究成果，本书采用产业结构、人均财政支出、市场潜力指数和万人拥有大学生人数作为影响城市形成与发展的主要社会经济因素。

第一，产业结构。根据工业与服务业比计算得出，数据来自《中国城市统计年鉴》，使用第二产业与第三产业的比值进行计算。

第二，人均财政支出。数据来自《中国城市统计年鉴》，根据财政支出比人口数量得到。

第三，规模经济。选择市场潜力指数作为规模经济的代理变量（Au and Henderson，2006a；许政、陈钊和陆铭，2010）。计算方法如下：

$$MP_r = \sum_{s=1}^{R} \left(\frac{E_s I_s}{T_{rs}^{\sigma_y - 1}} \right) \qquad (4-18)$$

其中，E_s为s城市的支出水平，采用城市市辖区GDP计算；I_s为价格指数，标准化为1；T_{rs}为城市r和城市s之间的运输成本。$T_{rs} = \zeta_r d_{rs}^{\kappa}$。其中，$d_{rs}$为城市$r$的地理中心与城市$s$的地理中心之间的距离；本地运输距离$d_{rr} = 2/3 \pi^{-0.5} area^{0.5}$，将本地运输成本标准化为1，则可以计算出运输成本与运输距离之间的关系$\zeta_r = d_{rr}^{-\kappa}$。根据蓬切特（Poncet，2005）以及奥和亨德森（2006a）的研究，κ一般取值为0.82，σ_y取值为2。

第四，人力资本水平。使用万人拥有大学生人数作为人力资本水平的代理变量，根据1990年的《中国人口普查分县资料》计算得到。[1]

---

[1] 1990年的《中国人口普查分县资料》1996年9月出版，内部发行，由国家统计局人口和就业统计司编写。

二、数据描述

主要指标描述如表 4-2 所示。

表 4-2　　　　　　　　　　数据描述

变量		观测值	均值	标准差	最小值	最大值	超过人口门槛值的观测值所占之比（%）				
							50万人	100万人	200万人	300万人	500万人
市辖区总人口（万人）	1990 年	239	84.21	93.2	10.19	783.48	48.94	21.83	5.28	2.11	1.06
	1995 年	251	94.93	101.92	12.44	956.66	58.45	28.52	5.63	2.46	1.41
	2000 年	255	103.28	111.02	15.96	1136.82	69.01	32.39	6.69	3.16	1.76
	2005 年	282	121.86	141.39	14.62	1290.14	77.46	39.08	12.68	5.27	2.46
	2010 年	281	131.49	147.59	15.23	1343.37	81.33	43.66	15.14	6.68	3.87
高行政等级城市*		287	0.12	0.33	0	1					
东部城市*		287	0.42	0.49	0	1					
中部城市*		287	0.29	0.45	0	1					
西部城市*		287	0.3	0.46	0	1					
沿海城市*		287	0.18	0.39	0	1					
1 月份平均气温（℃）		284	-3.75	9.75	-29.45	17.7					
7 月份平均气温（℃）		284	30.56	2.72	20.53	34.82					
平均降水量（毫米）		284	27.16	13.55	2.38	73.51					
总日照时间时数（小时/年）		284	2122.78	486.44	1027.64	3193.86					
平均风速（0.1 米/秒）		284	28.99	22.48	7.76	225.21					
不宜风速（%）		284	95.08	6.6	56.14	99.85					
历史城市*		284	0.155	0.362	0	1					
产业结构	1990 年	258	1.55	0.90	0.34	8.31					
人均财政支出（元/人）	1990 年	254	170.60	225.35	38.66	3167.13					
市场潜力指数	1990 年	286	1794.75	573.90	249.22	5020.57					
万人拥有大学生数（人/万人）	1990 年	287	52.38	79.46	3.74	675.69					

注：（1）*变量表示虚拟变量；（2）气象数据根据 1950 年到 2010 年每个城市多个气象观测点的平均值计算得出。（3）不宜风速是指：风速 <10.7 米/秒占全年的天数。
资料来源：根据相关年份《中国城市统计年鉴》整理。

三、回归结果

数理模型表明，以行政等级为特征的政治因素影响了中国城市的形成与发展，行政等级越高的城市达到城市门槛值的时间越早。式（4-17）的结果如表4-3所示。列［4.1］至列［4.5］展示了人口作为门槛值的结果，在自然条件、历史因素和经济因素不变的情况下，高行政等级城市回归系数为正且显著，表明行政等级显著影响城市的形成与发展，行政等级越高，越早达到人口的门槛值。采用人均GDP作为门槛值的稳健性检验，得到了同样的结论，如列［4.6］至列［4.8］所示。

表4-3 自然条件、历史因素、社会经济因素与政治因素与城市形成

解释变量	市辖区人口 50万人 [4.1]	市辖区人口 100万人 [4.2]	市辖区人口 200万人 [4.3]	市辖区人口 300万人 [4.4]	市辖区人口 500万人 [4.5]	市辖区人均GDP 3000元 [4.6]	市辖区人均GDP 5000元 [4.7]	市辖区人均GDP 8000元 [4.8]
行政等级								
高行政等级城市	3.215*** (0.704)	4.654*** (0.694)	5.101*** (0.960)	2.454** (1.009)	3.278 (2.857)	0.079 (0.647)	1.622** (0.691)	1.473* (0.891)
区域差异								
中部城市	-0.160 (0.387)	-0.646 (0.417)	-2.412*** (0.756)	-2.119* (1.204)	-0.646 (1.651)	-0.911** (0.429)	-0.315 (0.438)	1.826** (0.809)
西部城市	-1.465** (0.586)	-1.731*** (0.668)	-4.539*** (1.212)	-2.601** (1.111)	-2.285 (1.486)	-1.122** (0.467)	-0.546 (0.580)	-0.654 (0.868)
自然条件								
沿海城市	1.487*** (0.534)	0.180 (0.645)	-1.721* (1.007)	0.177 (1.477)	0.930 (1.421)	0.625 (0.563)	1.177** (0.565)	0.690 (0.801)
1月份平均气温	0.007 (0.042)	0.108** (0.042)	0.195*** (0.057)	-0.040 (0.084)	0.021 (0.112)	0.017 (0.040)	-0.012 (0.036)	-0.011 (0.057)
7月份平均气温	-0.093 (0.112)	-0.029 (0.094)	-0.270** (0.113)	0.384 (0.286)	0.964** (0.470)	0.199* (0.118)	0.057 (0.100)	-0.079 (0.160)

续表

解释变量	被解释变量：城市形成（达到门槛值的先后顺序)							
	市辖区人口					市辖区人均GDP		
	50万人	100万人	200万人	300万人	500万人	3000元	5000元	8000元
	[4.1]	[4.2]	[4.3]	[4.4]	[4.5]	[4.6]	[4.7]	[4.8]
平均降水量	−0.061** (0.028)	−0.053** (0.026)	−0.142** (0.058)	−0.058 (0.082)	−0.209** (0.085)	−0.016 (0.028)	0.024 (0.028)	0.109** (0.046)
日照时间	−0.002** (0.001)	−0.000 (0.001)	−0.002 (0.001)	−0.001 (0.002)	−0.002 (0.002)	−0.000 (0.001)	0.000 (0.001)	0.003* (0.002)
历史因素								
历史城市	0.882 (0.626)	1.139* (0.619)	0.580 (0.703)	1.113 (1.021)	2.531 (1.569)	0.254 (0.476)	−0.256 (0.552)	−0.077 (0.927)
经济因素								
产业结构	0.171 (0.162)	0.301 (0.228)	0.184 (0.224)	−0.539 (0.625)	−0.941 (0.896)	0.795*** (0.253)	1.632*** (0.302)	1.907*** (0.416)
ln 人均财政支出	−0.891** (0.364)	−0.230 (0.370)	0.319 (0.588)	1.057 (0.938)	2.534 (2.120)	2.536*** (0.508)	1.859*** (0.513)	4.448*** (1.069)
ln 市场潜力指数	0.377 (0.523)	1.579*** (0.578)	1.529 (1.443)	2.289 (1.970)	2.403 (3.629)	−0.690 (0.477)	0.132 (0.505)	0.121 (0.776)
ln 万人拥有大学生数	0.035 (0.231)	−0.672*** (0.257)	0.082 (0.483)	0.576 (0.391)	−0.459 (1.263)	0.942*** (0.342)	0.827*** (0.298)	0.781* (0.429)
观测值个数	217	217	217	217	217	216	216	215
似然值	−262.835	−232.836	−94.821	−51.379	−30.750	−194.771	−187.972	−79.510
Pseudo R^2	0.113	0.189	0.413	0.400	0.447	0.325	0.324	0.454

注：(1) * 表示 $p<0.1$，** 表示 $p<0.05$，*** 表示 $p<0.01$，括号内的数字是估计系数稳健的标准误；(2) 根据本章模型的设定，解释变量的系数越大说明该解释变量越促进城市越早达到城市规模的门槛值。

资料来源：Stata 统计输出。

其他因素对城市形成的影响如下。

(1) 自然条件。气温、降水量、日照时间、风速以及是否沿海等因素对城市形成产生了不同程度的影响。从回归系数的显著性水平来看，沿海城市和具有适宜气候条件的地区更利于人口聚集。

（2）历史因素。历史上曾是高行政等级的城市，更有利于吸引人口聚集。历史曾经作为高行政等级城市，虽然仍然能够延续其优势，但是这些优势会随着时间推移而不断衰减。采用人均 GDP 作为门槛值的稳健性检验结果也印证了这一点。这点结论与贾瑞雪等的研究结论是一致的（Jia, Liang and Ma, 2021）。

（3）经济因素。

一是产业结构对不同规模城市的影响存在异质性。在城市形成的早期阶段，工业化能够促进城市规模的扩大；进入城市发展的高级阶段，服务业取代制造业成为城市发展的主要推动力。从回归结果可以观察到这一特征，产业结构的回归系数符号发生了显著的变化，列［4.3］至列［4.5］系数为正，表明工业化能够有效促进 200 万人口以下城市的形成；列［4.6］至列［4.7］系数为负，表明当人口规模超过 200 万人后，服务业成为城市发展的主要推动力。工业比重高对 300 万人以下的城市形成更加有利，而 300 万人以上的城市形成更加依赖于服务业的发展，这些与现实中城市发展的规律是一致的。随着城市发展到一定阶段，产业结构升级，实现"腾笼换鸟"是城市实现突破性发展的关键。构建合理的城市发展格局不仅有利于大城市的健康发展，也有利于中小城市经济水平的提升，正如《国家新型城镇化规划（2014~2020 年）》提出的"推动特大城市和大城市形成以服务经济为主的产业结构""强化城市间专业化分工协作，增强中小城市产业承接能力"。[①]

二是中小城市人均财政支出不足，难以达到促进城市的形成的目的。人均财政支出变量的回归系数符号发生了显著变化。其中，列［4.3］至列［4.5］人均财政支出变量的回归系数为负，统计不显著，说明中小城市的人均财政支出并未有效带动城市发展，在现有财政体制下，财政资金的分配与一个城市的行政等级密切相关，中小城市获得的财政资金有限，不能有效推动城市发展。列［4.6］至列［4.7］人均财政支出的回归系数为正，统计不显著，说明人均财政支出的增加能够推动大城市的发展。随着城市规模的扩大，对地方政府公共服务能力的要求也会不断提升，政府用

---

① 中共中央、国务院. 国家新型城镇化规划（2014-2020 年）［R］. 中华人民共和国中央人民政府网站，2014-03-16.

于医疗、教育、住房保障方面的资金也需要不断增加。

三是规模经济程度越强，城市形成越早。市场潜力指数变量的系数符号为正，表明规模经济效应强、市场规模大的城市能够更早达到人口门槛值。

四是人力资本水平越高，城市形成越早。万人拥有大学生数变量的系数符号为正，说明人力资本水平越高的地区，城市就能越早达到人口门槛值。

此外，采用人均 GDP 进行稳健性检验的结果如列 [4.6] 至列 [4.8] 所示，在其他因素不变的情形下，高行政等级城市能够更早达到产出门槛值，高行政等级城市变量回归系数为正且统计显著，与采用人口门槛值的结论一致。其他控制变量与使用人口门槛值回归的结论基本一致。

四、系数的解释

采用 Ologit 模型的回归系数无法进行直接解释，需要对变量进行标准化处理才能科学理解或解释回归方程中隐性变量的实质意义（Long, 1997）。处理方法与线性回归方程的处理方法类似。[①] 具体步骤如下。

先对回归结果进行标准化处理。根据解释变量的性质，分为连续变量和虚拟变量，其中：连续变量的标准化回归系数，由回归系数与解释变量标准差之比的乘积得到；虚拟变量的标准化回归系数，由回归系数与被解释变量的标准差之比得到。经过上述标准化过后的回归系数之间就可以进行直接比较。随后，将经过标准化的回归系数进行让步比（Odd Ratio）转换，达到解释变量的目的。

依据上述方法，将表 4-3 的回归系数经过标准化和让步比转化，由此得到表 4-4。处理后的回归结果显示：影响城市形成的变量中，高行政等级城市的标准化系数最高，对城市形成影响的作用最大。下面，根据比值比解释各种因素对城市形成的影响，以 200 万人口（即列 [4.3]）作为门槛值。

[①] Scott L J. Regression Models for Categorical and Limited Dependent Variables [M]. Sage, 1997. 更为详细过程参见该书中第 154~155 页。

表4–4　　各种影响因素与城市形成（系数标准化与 Odd Ratio）

解释变量	\multicolumn{5}{c}{被解释变量：城市发展（达到门槛值的先后顺序）}								
	标准化系数					OddRatio				
	50万人	100万人	200万人	300万人	500万人	50万人	100万人	200万人	300万人	500万人
	[4.1]	[4.2]	[4.3]	[4.4]	[4.5]	[4.1]	[4.2]	[4.3]	[4.4]	[4.5]
行政等级										
高行政等级城市*	1.349	1.786	1.575	0.770	0.826	3.855	5.966	4.832	2.159	2.285
区域差异										
中部城市*	-0.067	-0.248	-0.745	-0.665	-0.163	0.935	0.780	0.475	0.514	0.850
西部城市*	-0.615	-0.664	-1.402	-0.816	-0.576	0.541	0.515	0.246	0.442	0.562
自然条件										
沿海城市*	0.624	0.069	-0.531	0.056	0.234	1.866	1.071	0.588	1.057	1.264
1月份平均气温	0.030	0.400	0.584	-0.123	0.052	1.031	1.492	1.792	0.884	1.054
7月份平均气温	-0.096	-0.028	-0.206	0.296	0.599	0.909	0.973	0.814	1.345	1.820
平均降水量	-0.345	-0.275	-0.588	-0.242	-0.707	0.708	0.760	0.556	0.785	0.493
日照时间	-0.314	-0.063	-0.239	-0.165	-0.264	0.731	0.939	0.788	0.848	0.768
历史因素										
历史城市	0.370	0.437	0.179	0.349	0.638	1.448	1.548	1.196	1.418	1.893
经济因素										
产业结构	0.067	0.108	0.053	-0.159	-0.223	1.069	1.115	1.055	0.853	0.800
ln 人均财政支出	-0.225	-0.053	0.059	0.200	0.385	0.798	0.948	1.061	1.221	1.470
ln 市场潜力指数	0.055	0.210	0.164	0.249	0.210	1.056	1.234	1.178	1.283	1.234
ln 万人拥有大学生数	0.014	-0.254	0.025	0.178	-0.114	1.014	0.776	1.025	1.194	0.892

注：（1）根据表4–3计算得到；（2）虚拟变量（*）的标准化系数由其回归系数 b 与被解释变量的标准差 $StdY$ 之比得到：$bStdY = b/StdY$，Odd Ratio 为 $ORStdY = e^{-bStdY}$；（3）连续变量（降水量、温度）的标准化回归系数由其回归系数、解释变量的标准差 $StdX$ 和被解释变量的标准差 $StdY$ 得到：$bStdXY = b \times \dfrac{StdX}{StdY}$，Odd Ratio 为 $ORStdXY = e^{-bStdXY}$；（4）日照时间主要受到具体地理位置（即经、纬度）的影响。

资料来源：Stata 统计输出。

（一）行政等级因素

从政治因素对城市形成的影响来看，高行政等级变量的比值在不同人口门槛值情况下，均大于1，表明行政等级对城市的形成具有显著作用。与低行政等级的城市相比，高行政等级城市进入50万人口门槛值的概率要高出3.855倍，进入100万人口门槛值的概率高出5.966倍，进入200万人口门槛值的概率高出4.832倍，进入300万人口门槛值的概率高出2.159倍，而进入500万人口门槛值的概率要高出2.285倍。从绝对量来看，在上述人口门槛值中，高行政等级对城市形成的推动作用显著大于其他因素。

（二）自然条件

从自然条件对城市形成影响的程度来看：沿海城市达到100万人口门槛值的概率比全部平均水平要高出1.071倍；1月份平均气温每上升1个标准差会导致该地区城市提前进入门槛值的概率提高1.492倍，而7月份平均气温每下降1个标准差就会导致该地区城市提前进入门槛值的概率提高1.028倍；[①] 日照时间每减少一个标准差就会导致该地区城市提早进入门槛值的概率提高1.065倍。

（三）区域差异

中国各区域之间城市形成与发展存在显著的差异。回归结果表明，中部和西部地区变量在所有人口门槛值的OR系数均小于1，表明中西部城市的形成普遍晚于东部城市。以100万人口门槛值为例，中部地区城市达到门槛值的概率是其他区域城市的0.935倍，即其他城市达到100万人口门槛值的概率是中部城市的1.282倍；西部城市达到门槛值的概率是其他城市的0.541，即其他城市达到100万人口门槛值的概率是西部城市的1.942倍。

---

① 等价于：7月份的平均气温上升1个标准差，城市提早进入门槛值的概率上升0.973倍。由于该指标系数为负，为了使结果更易于理解，对其进行倒数转换，意义是一样的。

(四) 历史因素

从历史因素对城市形成影响的程度来看，历史城市更早形成大规模城市。与非历史城市相比，历史城市达到 50 万人口门槛值的概率要高出 1.448 倍，达到 100 万人口门槛值的概率要高出 1.548 倍，达到 200 万人口门槛值的概率要高出 1.196 倍，达到 300 万人口门槛值的概率要高出 1.418 倍，而达到 500 万人口门槛值的概率则要高出 1.893 倍。

(五) 经济因素

在产业结构方面，二三产业比每增加一个标准差，该区域城市提早进入 100 万人口门槛值的概率会增加 1.115 倍；然而当人口门槛值增加至 300 万人口以上时，二三产业比的增加就不利于城市人口规模的增长，结果显示，二三产业比每降低一个标准差，该区域城市提早进入 300 万人口门槛值的概率会提高 1.172 倍。表明当城市人口规模在 300 万人口以下时，发展工业更有利于吸引人口的聚集，而当城市人口规模在 300 万以上人口时，发展服务业更有利于人口聚集。

此外，人均财政支出更有利于提高城市进入 200 万以上人口门槛值的概率；市场潜力指数越大，城市提早进入人口门槛值的概率就越高，以 100 万人口门槛值为例，市场潜力指数每增加一个标准差，该区域内城市提早进入门槛值的概率就会提高 1.234 倍，表明规模经济对城市的形成与发展具有显著的促进作用。

第三节 结 论

本章得到以下三点结论。

第一，中国城市形成受到城市行政等级的影响。一个地区的行政等级越高，城市形成越早。城市行政等级作为制度性安排，体现出政治因素对城市形成与发展的影响。

第二，政治因素对城市形成的影响与历史上城市形成的原因是一致的。高行政等级城市通过政治力量聚集了大量的人力、物力和财力，在规模经济效益的影响下，城市形成速度会显著高于其他地区。

　　第三，自然条件、历史因素与产业结构等其他经济社会因素也是影响城市形成的重要因素。拥有宜人气候、沿海地理区位的区域，城市形成的概率要显著高于其他区域。在历史上曾经是首都、省会的历史城市，其演变成大城市的概率也会显著高于其他地区。从产业结构对城市形成的影响来看，工业发展有助于中小城市的形成，而大城市的进一步发展则需要服务业的带动。除此之外，规模经济、人力资本投资等也是影响城市形成的重要因素。

第五章　城市规模与城市治理之困

中国城市人口规模与城市行政等级密切相关：一个城市的行政等级越高，城市规模越大。在经济发展初期，选取部分城市作为区域增长极优先发展的模式对整个区域的经济发展起到了积极的带动作用。当城市达到一定规模，城市将具备持续的自我增强能力。高行政等级城市在优惠政策、财政资金和投资、要素回报率方面高于其他城市，推动了其规模不断扩大。随着聚集程度的上升，环境污染、交通拥堵、住房困难等问题也会不断出现。低行政等级城市各种资源的缺乏，对当地的社会与经济发展造成了不利的影响，持续出现人口的流失。为了缓解大规模人口流入对高行政等级城市带来的冲击，高行政等级城市普遍采取限制性的落户政策，以此来控制城市人口迁入。然而，户籍政策并不能有效控制人口的流动。等级化的城市行政管理体系一定程度上影响了城市之间的公平竞争环境，阻碍了低行政等级城市的发展。大城市规模过度膨胀、中小城市发展不充分给城市治理带来巨大挑战。

本章主要分为三个部分：第一节分析中国城市行政等级与城市规模的关系；第二节分析在现有城市行政管理体制下，高行政等级城市人口出现规模过大的问题，户籍制度难以控制高行政等级城市规模的扩大，出现了大城市治理难题。第三节为本章得出的结论。

第一节　城市行政等级与城市规模

一、城市行政等级与城市规模

中国城市人口分布呈现出四大特点。

第一，高行政等级城市人口规模更大，且高行政等级城市与低行政等级城市人口规模差距呈扩大趋势。1990 年，高行政等级城市市辖区平均常住人口为 3282575 人，低行政等级城市市辖区平均常住人口为 768343 人，两者相差 2514232 人；2010 年，高行政等级城市市辖区平均常住人口为 5739528 人，低行政等级城市市辖区平均常住人口为 1071473 人，两者相差 4668055 人。[①]

第二，高行政等级城市人口年平均增长率更快。高行政等级城市人口年均增长率由 1990~2000 年的 2.70%，上升至 2000~2010 年的 2.97%，年均人口增长率上升 0.27 个百分点，1990~2010 年人口年均增长率为 2.83%。其他城市人口年均增长率由 1990~2000 年的 1.82%，上升至 2000~2010 年的 1.53%，年均人口增长率下降 0.29 个百分点，1990~2010 年人口年均增长率为 1.68%。[②] 根据城市发展规律，一个城市的人口增长率应当与其人口规模成反比，即基期人口规模越大，增长率应当越低。然而，中国高行政等级城市人口增长速度高于低行政等级城市，如图 5-1 所示。

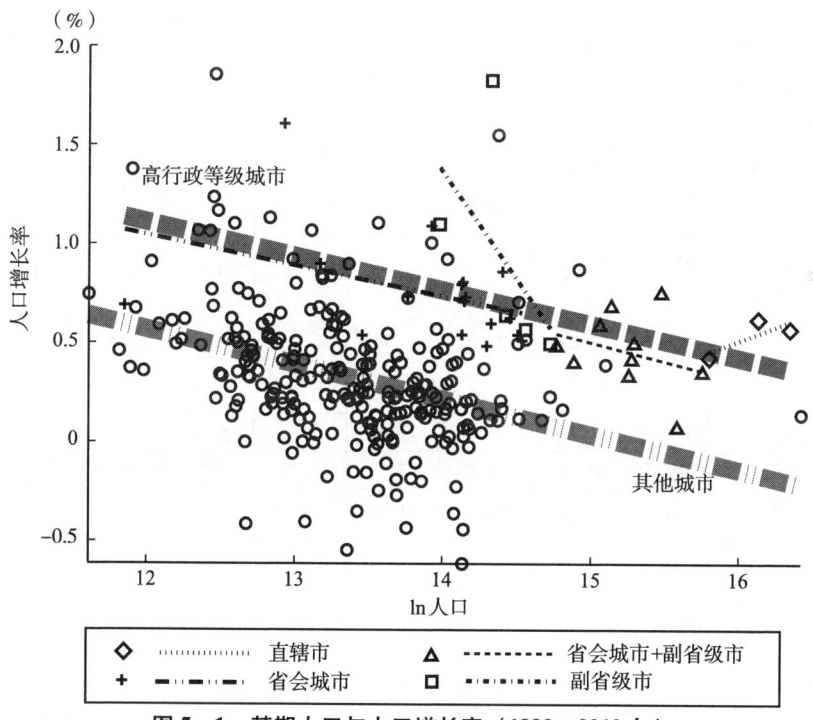

图 5-1　基期人口与人口增长率（1990~2010 年）

资料来源：根据历年《人口普查分县资料》统计得出。

①② 根据历年《人口普查分县资料》计算得出。

第三，高行政等级城市人口占全国城市人口的比重更高。高行政等级城市的市辖区常住人口规模占全部城市市辖区常住人口的比重由1990年的37.99%上升到2010年的43.45%，共上升5.46个百分点。

第四，高行政等级城市拥有的外来人口规模更大。本书将外来人口定义如下：

$$外来人口 = 常住人口 - 户籍人口 \quad (5-1)$$

2000~2010年，高行政等级城市的流动人口从82.08万人上升到166.70万人，增长了103.09%，年均增长率7.34%。表5-1展示了上述分析。

表5-1　　　　　　　　　　行政等级与城市规模

变量	时间	高行政等级城市 全部	直辖市	副省级市+省会	副省级市	省会	其他地级市	差别
观测值个数	—	36	3	11	5	17	251	—
市辖区平均常住人口（人）	1990年	3282575	9987448	5199442	1853487	1279356	768343	2514232
	2000年	4283447	11997563	6273926	3490038	1867533	920573	3362874
	2010年	5739528	17411173	7685297	5037579	2627253	1071473	4668055
人口年平均增长率（%）	1990~2000年	2.70	1.85	1.90	6.53	3.86	1.82	0.87
	2000~2010年	2.97	3.79	2.05	3.74	3.47	1.53	1.44
	1990~2010年	2.83	2.82	1.97	5.13	3.66	1.68	1.16
占全国总市辖区常住人口比重（%）	1990年	37.99	9.63	18.39	2.98	6.99	62.01	—
	2000年	40.03	9.34	17.91	4.53	8.24	59.97	—
	2010年	43.45	10.98	17.78	5.3	9.39	56.55	—
常住人口与户籍人口差额（万人）	2000年	82.08	163.66	81.18	158.94	40.81	6.66	—
	2010年	166.70	470.49	161.64	257.39	71.53	11.49	—
常住人口与户籍人口差额增长率（%）	2000~2010年	7.34	11.14	7.13	4.94	5.77	5.61	1.73

注：(1) 直辖市的统计中不包括重庆市，因为1983~1997年重庆市是副省级市，1997年成为直辖市，因此，本表中重庆市视为副省级市；(2) 差别的计算，指高行政等级城市与其他地级市之间；(3) 常住人口与户籍人口差额增长率的计算中，只包括2000年和2010年常住人口与户籍人口差额均为正数的观测值。

资料来源：根据相关年份《人口普查分县市资料》《中国城市统计年鉴》《中华人民共和国行政区划手册》整理。

为了更清晰地反映城市行政等级与城市规模之间的特征，本书按照国家制定的相关标准对城市进行分类，与城市行政等级对应。1989年颁布的《中华人民共和国城市规划法》将城市分为四类；① 2014年，发布的《国务院关于调整城市规模划分标准的通知》将城市划分为五类七档，② 具体如表5-2所示。

表5-2　　　　　　　　城市规模划分标准　　　　　　　　单位：万人

城市类型	1989年	2014年		
小城市	<20	<50	Ⅱ型小城市	<20
			Ⅰ型小城市	(20, 50)
中等城市	(20, 50)	(50, 100)		
大城市	(50, 100)	(100, 500)	Ⅱ型大城市	(100, 300)
			Ⅰ型大城市	(300, 500)
特大城市	>500	(500, 1000)		
超大城市	—	>1000		
人口统计口径	非农业人口	城区常住人口		

资料来源：1989年数据根据《中华人民共和国城市规划法》整理；2014年数据根据《国务院关于调整城市规模划分标准的通知》整理。

对照该上述标准，将城市划分为6类，分别是小城市、中等城市、Ⅱ型大城市、Ⅰ型大城市、特大城市超大城市。城市行政等级与城市规模之间呈现两个特征。一是高行政等级城市以大城市、特大城市和超大城市为主。1990年，特大城市和超大城市共有7个，全部为高行政等级城市，2010年，10个特大城市中有7个城市为高行政等级城市，6个超大

---

① 第一章第四条规定："大城市是指市区和近郊区非农业人口50万人以上的城市。中等城市是指市区和近郊区非农业人口20万人以上、不满50万人的城市。小城市是指市区和近郊区非农业人口不满20万人的城市。"

② 五类七档为：城区常住人口50万人以下的城市为小城市，其中20万人以上50万人以下的城市为Ⅰ型小城市，20万人以下的城市为Ⅱ型小城市；城区常住人口50万人以上100万人以下的城市为中等城市；城区常住人口100万人以上500万人以下的城市为大城市，其中300万人以上500万人以下的城市为Ⅰ型大城市，100万人以上300万人以下的城市为Ⅱ型大城市；城区常住人口500万人以上1000万人以下的城市为特大城市；城区常住人口1000万人以上的城市为超大城市。

城市全部为高行政等级城市。高行政等级城市市辖区常住人口大部分集中在300万人以上，市辖区常住人口低于100万人的高行政等级城市只有拉萨市。1990年，33.33%的高行政等级城市人口达到300万人以上；2010年，75.00%的高行政等级城市人口达到300万人以上。二是中小城市以低行政等级城市为主。1990年，300万人口以下的城市共有273个，其中低行政等级城市有249个，占比91.21%；2010年，300万人口以下的城市共有250个，其中低行政等级城市有241个，占比96.40%。具体如表5-3所示。

表5-3　　　　　　　　行政等级与城市规模划分

年份	城市类别	小城市 <50	中等城市 (50, 100)	Ⅱ型大城市 (100, 300)	Ⅰ型大城市 (300, 500)	特大城市 (500, 1000)	超大城市 >1000
1990	合计（个）	97	92	84	7	4	3
	高行政等级城市（个）	2	3	19	5	4	3
	直辖市（个）	0	0	0	0	1	3
	省会+副省级（个）	0	0	2	5	3	0
	副省级市（个）	0	0	5	0	0	0
	省会（个）	2	3	12	0	0	0
	低行政等级城市（个）	95	89	65	2	0	0
	高行政等级城市占比（%）	2.06	3.26	22.62	71.43	100.00	100.00
	低行政等级城市占比（%）	97.94	96.74	77.38	28.57	0.00	0.00
2000	合计（个）	74	103	90	7	10	3
	高行政等级城市（个）	1	2	16	6	8	3
	直辖市（个）	0	0	0	0	1	3
	省会+副省级（个）	0	0	0	4	6	0
	副省级市（个）	0	0	3	1	1	0
	省会（个）	1	2	13	1	0	0
	低行政等级城市（个）	73	101	74	1	2	0
	高行政等级城市占比（%）	1.35	1.94	17.78	85.71	80.00	100.00
	低行政等级城市占比（%）	98.65	98.06	82.22	14.29	20.00	0.00

续表

年份	城市类别	市辖区常住人口（单位：万人）					
		小城市 <50	中等城市 (50, 100)	Ⅱ型大城市 (100, 300)	Ⅰ型大城市 (300, 500)	特大城市 (500, 1000)	超大城市 >1000
2010	合计（个）	47	103	100	21	10	6
	高行政等级城市（个）	1	0	8	14	7	6
	直辖市（个）	0	0	0	0	0	4
	省会+副省级（个）	0	0	0	2	7	1
	副省级市（个）	0	0	0	4	0	1
	省会（个）	1	0	8	8	0	0
	低行政等级城市（个）	46	103	92	7	3	0
	高行政等级城市占比（%）	2.13	0.00	8.00	66.67	70.00	100.00
	低行政等级城市占比（%）	97.87	100	92.00	33.33	30	0.00

注：本章主要分析地级及以上城市，因此Ⅱ型小城市不进行单独分类。
资料来源：根据相关年份的《人口普查分县市资料》《中国城市统计年鉴》《中华人民共和国行政区划手册》整理而成。

二、计量模型

（一）模型设定

为准确估计行政等级对城市人口增长的影响，本节采用经济增长理论模型（Barro and Sala-i-Martin，1991），并借鉴已有研究选择控制变量（王垚等，2015；王垚和年猛，2015），建立如下回归方程如下：

$$\ln\left(\frac{y_{it}}{y_{is}}\right) = \beta_0 + \delta\ln(y_{is}) + \beta_1 Hierarchy_i + \beta_2 Region_i + \beta_3 Natural_i$$
$$+ \beta_4 History_i + \beta_5 Socioeconomic_{is} + \varepsilon_i \qquad (5-2)$$

其中，y 表示城市人口规模；$\ln(y_{it}/y_{is})$ 表示 i 城市 s 到 t 时期的人口增长率[①]；$Hierarchy_i$ 表示 i 城市的行政等级；$History_i$ 表示 i 为历史城市的虚拟

---

① 实际上，$\ln(y_{it}/y_{is})$ 变形后可以得到人口增长率，即人口增长率 = $(y_{it} - y_{is})/y_{is}$ = exp$[\ln(y_{it}/y_{is})] - 1$。

变量；$Natural_i$ 表示 i 城市的自然条件；$Region_i$ 表示 i 城市处于哪个区域；$Socioeconomic_{is}$ 为 i 城市人口增长的其他经济社会因素。

(二) 数据描述

本章第一部分已经详细叙述了人口数据的调整，这里不再赘述。关于其他变量使用的数据及其计算方法与第四章采用的一致，数据描述见表 5 – 4。

表 5 – 4　　　　　　　　　数据描述

变量	年份	观测值	均值	方差	最小值	最大值
市辖区常住人口（人）	1990	287	1083717	1488261	109987	13635285
	2000	287	1342397	1845097	159541	14972820
	2010	287	1657013	2465491	211151	22315474
人均国内生产总值（元）	1990	276	1732.02	1278.78	210.54	10295.68
	2000	276	4792.38	3461.56	53.52	20826.47
	2010	276	15118.89	10161.91	146.29	58172.25
1月份平均气温（℃）	1990	285	-4.11	10.03	-30.35	17.34
	2000	287	-3.87	9.92	-29.94	17.55
7月份平均气温（℃）	1990	285	30.43	2.81	19.86	34.74
	2000	287	30.49	2.71	20.18	34.63
平均降水量（mm）	1990	285	27.31	13.34	2.37	76.27
	2000	287	27.34	13.62	2.34	74.94
万人拥有大学生数（人/万人）	1990	287	52.38	79.46	3.74	675.69
	2000	287	108.00	123.94	8.96	924.83
产业结构	1990	258	1.55	0.90	0.34	8.31
	2000	287	1.25	0.85	0.13	10.56
人均财政支出（元/人）	1990	254	170.60	225.35	38.66	3167.13
	2000	276	374.97	292.39	5.58	2057.55
市场潜力指数	1990	286	1794.75	573.90	249.22	5020.57
	2000	286	5990.63	1912.94	887.62	16280.01
直辖市*	—	287	0.01	0.10	0	1

续表

变量	年份	观测值	均值	方差	最小值	最大值
副省级市+省会城市*	—	287	0.03	0.18	0	1
省会城市*	—	287	0.06	0.24	0	1
副省级市*	—	287	0.02	0.13	0	1
户籍限制城市*	—	287	0.12	0.33	0	1

注：(1) 气象数据根据1990~2010年所统计年份，计算每个城市多个气象观测点的平均值；
(2) *表示虚拟变量。
资料来源：根据相关年份《中国人口普查分县资料》《中国统计年鉴》《中国城市统计年鉴》《地面气象记录月报表》整理。

三、实证分析

（一）行政等级对城市人口增长率的影响

根据式（5-2）进行回归，结果如表5-5所示。回归结果显示：总体来看，无论是使用常住人口还是户籍人口，在控制自然条件、知识溢出、产业结构、市场潜力、区域差异等因素的情况下，高行政等级城市的人口增长率仍显著高于全国平均水平，表明城市行政等级对城市人口增长的影响是显著的。

从市辖区常住人口来看：1990~2010年，高行政等级城市市辖区常住人口平均总增长率比其他城市要高80.399%，[1] 年平均增长率高2.994%，[2] 如列 [5.1] 所示；在控制自然条件、知识溢出、产业结构、市场潜力、区域差异等因素的情况下，同期高行政等级城市市辖区常住人口增长率比其他城市要高出37.988%，年平均人口增长率则高出1.623%，如列 [5.2] 所示。以市辖区户籍人口作为稳健性检验，同期高行政等级城市市辖区户籍人口总体增长率仍然比其他城市高出41.765%，如列 [5.5] 所示。

---

① 计算公式为：$[\exp(0.590)-1] \times 100\%$，后文计算方式一致，不再标注。

② 计算公式为：$\{[\exp(0.590)]^{\frac{1}{20}}-1\} \times 100\%$，后文计算方式一致，不再标注。

表 5-5　　　　　　　行政等级与人口增长（1990~2010 年）

解释变量	被解释变量：$\ln(y_{2010}/y_{1990})$					
	常住人口			户籍人口		
	[5.1]	[5.2]	[5.3]	[5.4]	[5.5]	[5.6]
行政等级						
高行政等级城市	0.590*** (0.068)	0.322*** (0.091)		0.479*** (0.089)	0.349** (0.149)	
直辖市			0.353** (0.162)			0.616** (0.281)
副省级省会城市			0.230** (0.112)			0.494** (0.201)
省会城市			0.330*** (0.090)			0.299* (0.155)
副省级市			0.384** (0.178)			0.324* (0.192)
区域差别	是	是	是	是	是	是
自然条件	否	是	是	否	是	是
历史因素	否	是	是	否	是	是
经济因素	否	是	是	否	是	是
基期因素	是	是	是	是	是	是
观测值	287	251	251	238	217	217
R^2	0.253	0.430	0.432	0.190	0.342	0.349
R^2_a	0.243	0.396	0.391	0.176	0.297	0.293

注：(1) * 表示 $p<0.1$，** 表示 $p<0.05$，*** 表示 $p<0.01$，括号内的数字是估计系数稳健的标准误；(2) 基期人口数与被解释变量的人口统计相对应。

资料来源：Stata 统计输出。

由于常住人口和户籍人口两个被解释变量存在差异，不能进行直接比较，但可以对比二者的趋同速度。依据回归结果列 [5.2]，$\ln(y_{2010}/y_{1990}) = \alpha - \delta\ln(y_{1990})$，$\delta = 0.278$，$\delta = 1 - e^{\beta T}$，$T = 20$，由此可以得到各类城市市辖区常住人口的年均趋同率 $\beta = 1.629$；依据回归结果列 [5.5] 和上述 β 趋同计算方法，得到各类城市市辖区户籍人口的年均趋同率 $\beta = 2.047$。根据上述分析结果，各类城市的市辖区常住人口增长率和市辖区户籍人口增长率都出现了条件趋同，即城市基期人口规模越大、人口增长率就越低。此外从两者趋同率大小来看，户籍人口增长率趋同的速度要大于常住人口增长率趋同的速度。其主要原因在于：户籍制度是国家控制城市人口规模和引导人口流向的重要政策工具（年猛和王垚，2016）。中小城市、小城镇的户口，基本上是完全放开的状态，而大城市尤其是特大城市，落户门槛始终较高，并且国家对超大城市户籍限制一直处于比较审慎的态度。

将高行政等级城市分为直辖市、副省级省会城市、省会城市、副省级市，分析不同行政级别城市人口增长率的差异，结果如列［5.3］所示，在控制区域差别、自然条件、历史因素、经济因素的情况下，1990~2010年，直辖市市辖区常住人口增长率高出平均水平 42.333%，年平均增长率高 1.781%；副省级省会城市市辖区常住人口增长率高出平均水平 25.860%，年平均增长率高 1.157%；省会城市市辖区常住人口增长率高出平均水平 39.097%，年平均增长率高 1.664%；副省级市则高出平均水平 48.815%，年平均增长率高 1.939%。而从市辖区户籍人口增长率来看，直辖市高出平均水平最高，其他依次是副省级省会城市、副省级市和省会城市。

（二）城市人口增长率在不同时期的差异

在本章实证研究考察期跨度 20 年，这期间中国政府对不同规模城市采取的政策是不同的。1980 年，中国政府提出"严格控制大城市规模"[①] 的城市化策略。尽管随后中国政府逐步放松了对人口流动的限制，但控制大城市规模的方向依然未变。2001 年，国家提出促进"大中小城市和小城镇协调发展"的新的城市化方向，除了对特大城市的落户政策从严之外，其他大城市的户籍制度政策都有所松动。由此可见，2000 年成为户籍政策改革的分水岭。针对上述情形，将考察期分成 1990~2000 年和 2000~2010 年两个时间段进行分析，结果如表 5-6 所示。

---

① 1980 年，中国的城市化战略从改革开放前的限制城市发展，转变为"严格控制大城市规模，合理发展中小城市，积极发展小城镇"。

表5-6　　行政等级与人口增长（1990~2000年；2000~2010年）

解释变量	被解释变量：$\ln(y_{2000}/y_{1990})$；$\ln(y_{2010}/y_{2000})$			
	常住人口		户籍人口	
	[5.7]	[5.8]	[5.9]	[5.10]
行政等级				
高行政等级×(1990_2000)	0.135** (0.061)		0.145* (0.083)	
高行政等级×(2001_2010)	0.174*** (0.045)		0.278*** (0.092)	
直辖市×(1990_2000)		0.035 (0.080)		0.352** (0.160)
直辖市×(2001_2010)		0.287*** (0.083)		0.311** (0.153)
（副省级省会城市）×(1990_2000)		0.046 (0.057)		0.222* (0.119)
（副省级省会城市）×(2001_2010)		0.141** (0.056)		0.303** (0.128)
省会城市×(1990_2000)		0.133** (0.064)		0.027 (0.076)
省会城市×(2001_2010)		0.141*** (0.049)		0.222** (0.100)
副省级市×(1990_2000)		0.260 (0.182)		0.202 (0.149)
副省级市×(2001_2010)		0.141** (0.062)		0.196* (0.118)
区域差别	是	是	是	是
自然条件	是	是	是	是
历史因素	是	是	是	是
经济因素	是	是	是	是

续表

解释变量	被解释变量：$\ln(y_{2000}/y_{1990})$；$\ln(y_{2010}/y_{2000})$			
	常住人口		户籍人口	
	[5.7]	[5.8]	[5.9]	[5.10]
基期因素	是	是	是	是
观测值	526	526	455	455
R^2	0.276	0.281	0.196	0.197
R^2_a	0.254	0.250	0.167	0.156

注：(1) * 表示 $p<0.1$，** 表示 $p<0.05$，*** 表示 $p<0.01$，括号内的数字是估计系数稳健的标准误；(2) 采用混合回归。

资料来源：Stata 统计输出。

在控制区域差别、自然条件、历史因素、经济因素的情况下，1990~2000 年，高行政等级城市的市辖区常住人口增长率高出平均水平 14.454%，年平均增长率高 1.359%；2001~2010 年，高行政等级城市的市辖区常住人口增长率则高出平均水平 19.006%，年平均增长率高 1.755%。进入 21 世纪以来，随着大城市落户限制放松，高行政等级城市市辖区常住人口增长率获得显著提升，结果如列 [5.7] 所示。F 检验也表明，各类城市人口增长率在这两个阶段存在显著不同。除此之外，我们使用市辖区户籍人口增长率也能验证上述结论。

根据上述回归结果，进行反事实分析，估算没有城市行政等级的情况下，不同类型城市人口的净增长率是多少。本书将该增长率定义为净人口增长率，计算公式如下：

净人口增长率 = 实际人口增长率 - 行政等级优势带来的人口增长率

(5-3)

此外，我们在估算城市人口净增长率的同时，需要考虑回归系数存在一个最小置信区间范围。估算结果如图 5-2 所示，其具体数值见附录表 5。以直辖市——北京市为例，1990~2010 年，北京市市辖区常住人口规模由 1011.9 万人增加至 1187.1 万人，年均人口增长率达 3.153%。剔除城市行政等级的影响后，同期北京市市辖区常住人口净增长率下降至 2.025%，下降了 1.128 个百分点，表明行政等级确实在产生作用。如果按照 95% 的置信区间，则北京市市辖区常住人口增长率则处于 1.418%~2.636%。因此，在剔除其直辖市行政地位的影响下，同期北京市的市辖区常住人口规模将减少 329 万~690 万人。从全国层面来看，1990~2010 年，1826 万~5495 万人基于政治因素推动的规模经济，流入高行政等级城市，这部分人口占全部高行政等级人口的 9.57%~28.78%。

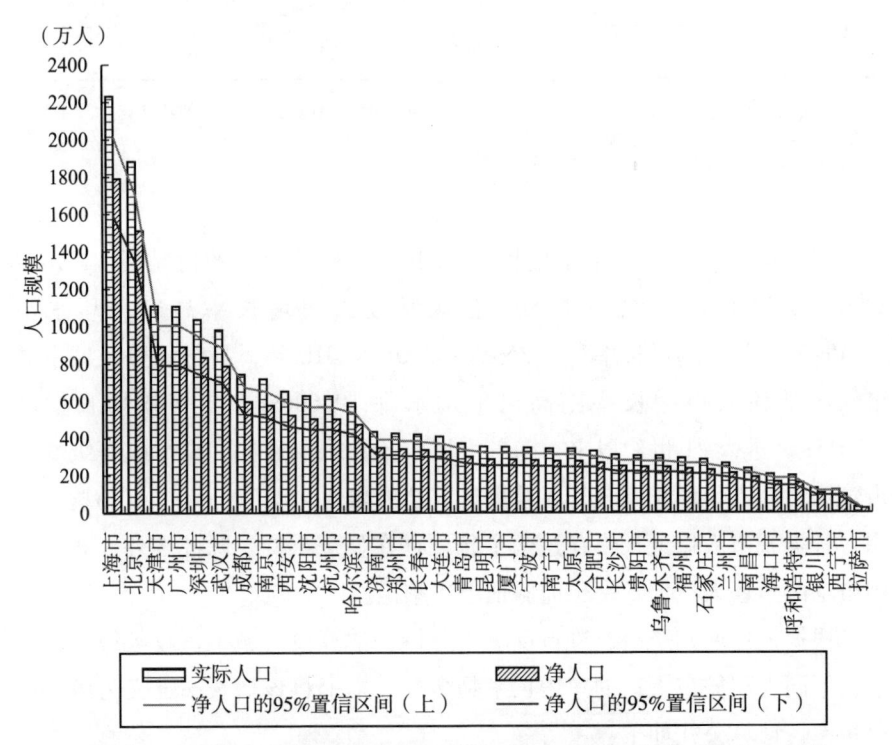

图 5-2 2010 年部分城市实际人口规模与剔除行政等级优势后净人口规模

注：具体数值见附录表 5。
资料来源：根据 Stata 统计输出统计结果整理。

除此之外，我们进一步将高行政等级城市继续细分为直辖市、副省级省会城市、省会城市和副省级市（计划单列市），来分析不同等级城市不同时期人口增长率的差别。在控制区域差别、自然条件、历史因素、经济因素的情况下：1990~2000 年，直辖市市辖区常住人口增长率高出全国水平 3.562%，年平均增长率高 0.351%；副省级省会城市高出

33.242%，年平均增长率高2.912%；省会城市高出14.225%，年平均增长率高1.339%；副省级市高出29.693%，年平均增长率高2.634%。2000~2010年，直辖市市辖区常住人口增长率高出全国水平33.242%，年平均增长率高2.912%；副省级省会城市高出15.142%，年平均增长率高1.420%；省会城市高出15.142%，年平均增长率高1.420%；副省级市高出15.142%，年平均增长率高1.420%。高行政等级城市市辖区常住人口增长率，普遍高于1990~2000年。结果如列［5.8］所示。使用户籍人口作为稳健性检验，结果如列［5.9］至列［5.10］所示，与常住人口的结果基本一致。

（三）行政等级、区域差异与城市人口增长率

中国各区域在历史人文、资源禀赋、产业结构、气候条件、地理区位等方面都存在显著差异，在城市发展方面也应该存在区域差别。为进一步分析行政等级对不同区域的城市人口增长率是否存在显著差别，本部分将区域因素纳入原有分析框架。

实证结果见表5-7。在控制区域差别、自然条件、历史因素、经济因素的情况下，1990~2000年，东部地区高行政等级城市市辖区常住人口增长率高出平均水平27.379%，年平均增长率高2.450%；中部地区高出17.234%，年平均增长率高1.603%；西部地区则高出22.998%，年平均增长率高2.092%。2001~2010年，东部地区高行政等级城市市辖区常住人口增长率高出平均水平22.385%，年平均增长率高2.041%；中部地区高出25.986%，年平均增长率高2.337%；西部地区则高出21.896%，年平均增长率高2.000%，具体结果如列［5.11］所示。使用户籍人口作为稳健性检验，结果如列［5.12］所示。总体来看，无论是东部、中部还是西部，高行政等级城市市辖区常住人口增长率都要高于其他城市，并且与1990~2000年相比，2001~2010年，东部与中西部高行政等级市辖区常住人口增长率呈现趋同趋势。

表 5-7　　　　区域差异、行政等级与城市人口增长
　　　　　　　（1990~2000 年；2000~2010 年）

解释变量	被解释变量：$\ln(y_{2000}/y_{1990})$；$\ln(y_{2010}/y_{2000})$					
	常住人口 [5.11]			户籍人口 [5.12]		
	东部城市	中部城市	西部城市	东部城市	中部城市	西部城市
行政等级						
高行政等级×(1990_2000)	0.242*** ① (0.080)	0.159*** (0.047)	0.207*** (0.051)	0.235** (0.091)	0.213* (0.120)	0.210** (0.087)
高行政等级×(2001_2010)	0.202*** (0.052)	0.231*** (0.075)	0.198*** (0.054)	0.337*** (0.099)	0.192 (0.150)	0.354*** (0.113)
自然条件		是			是	
历史因素		是			是	
经济因素		是			是	
基期因素		是			是	
观测值		526			455	
R^2		0.233			0.178	
R^2_a		0.205			0.142	

注：* 表示 $p<0.1$，** 表示 $p<0.05$，*** 表示 $p<0.01$，括号内的数字是估计系数稳健的标准误；采用混合回归；虚线框内为交叉项；①表示高行政等级、1990~2000 年与东部城市的交叉项，其他交叉项的含义以此类推。

资料来源：Stata 统计输出。

第二节　城市治理之困：冲破户籍限制的人口增长

一、城市行政等级、城市规模与户籍限制的逻辑关系

（一）城市行政等级与城市规模

中国的城市规模与行政等级高度相关，行政等级越高的城市往往人口规模越大，主要表现在：高行政等级城市以大城市和特大城市为主，人口

规模则集中在 300 万~500 万人；低行政等级城市以中小城市为主，人口规模集中在 50 万~300 万人，如表 5-2 所示。

(二) 城市行政等级与户籍限制

1958 年 1 月 9 日，全国人大常委会第 91 次会议通过了《中华人民共和国户口登记条例》，将城乡居民户口区分为"农业"和"非农业"两类，并确立了户口迁移审批制度和凭证落户制度，首次以法律法规的形式限制城乡人口自由迁移，为中国户籍管理的制度化奠定了基础。户籍制度一经确立就成为政府治理城市的重要的制度性安排。一方面，该制度逐步将户籍管理与城市居民的养老、医疗、教育、就业等基本权益挂钩（Zhu，2003），将城市居民各种权益限制在户口所在城市内，以此来控制城市之间的人口迁移；另一方面，该制度将农民与农村、农业、土地牢牢地捆绑在一起，限制农村人口向城市流动。因此，采用户籍制度来限制城市人口规模，尤其是用来提高行政等级城市或大城市的落户门槛，成为政府进行城市治理的一种有效工具（王垚和年猛，2014）。例如，上海市和北京市是中国城市人口规模最大、行政等级最高的两个城市，同时也是落户门槛最高的两个城市（汪立鑫、王彬彬和黄文佳，2010）。

本书参考邹一南和李爱民（2014）的研究采取"户籍率"这一指标，来衡量户籍限制程度。户籍率越小，户籍限制程度就越严格，计算式如下：

$$户籍率 = \frac{户籍人口}{常住人口} \times 100\% \qquad (5-4)$$

此外，为保证实证结果的可靠性和稳健性，本章分别使用全市和市辖区两种口径的人口数据来计算户籍率。无论是全市口径还是市辖区口径得到的结果，全部表明高行政等级城市的户口限制程度高于一般地级城市。从市辖区范围观察，2000~2010 年，高行政等级城市户籍率从 0.791% 下降到 0.720%，一般地级市户籍率从 0.953% 下降到 0.933%，说明高行政等级城市的户籍限制程度高于一般地级市。除此之外，两类城市的户籍限制差异也在扩大，高行政等级城市户籍限制程度上升 0.071%，一般地级市仅上升 0.020%。从全市范围观察，一般地级市的户籍率甚至大于 1，户籍人口规模大于常住人口规模，即出现了人口净流出的现象，户籍率计算结果如表 5-8 所示。因此，本书将高行政等级城市定义为"户籍限制城市"，并将高行政等级城市作为户籍限制城市的代理变量进行实证分析。

表 5-8　　　　　　　城市行政等级与户籍限制程度　　　　　　单位：%

变量	年份	高行政等级城市					其他地级市
		全部	直辖市	副省级+省会城市	副省级城市※	省会	
观测值个数	—	36	4	10	5	17	251
户籍限制程度Ⅰ（市辖区口径）	2000	0.791	0.875	0.861	0.661	0.769	0.953
	2010	0.720	0.741	0.778	0.574	0.723	0.933
	变动	0.071	0.134	0.083	0.087	0.046	0.020
户籍限制程度Ⅱ（全市口径）	2000	0.865	0.894	0.916	0.720	0.871	1.018
	2010	0.822	0.793	0.850	0.651	0.862	1.051
	变动	0.043	0.101	0.066	0.069	0.009	-0.033

　　注：(1) 户籍限制程度的计算使用户籍人口与常住人口之比，该指标用两种口径进行计算：Ⅰ表示使用市辖区的户籍人口之比与常住人口，Ⅱ表示使用全市的户籍人口之比与常住人口之比；
(2) ※由于深圳市从一个小渔村到副省级城市发展的特殊性，外来人口远远大于本地户籍人口，从而导致副省级城市的平均户籍率较低。
资料来源：根据相关年份《中国人口普查分县资料》整理。

（三）突破户籍限制的人口增长

在城市行政等级管理体制下，户籍制度难以控制人口的流向，尽管高行政等级城市户籍限制严格，仍然无法控制高人口增长率和大规模的外来人口流入。低行政等级城市即使放开落户条件，也无法吸引人口流入。

1. 户籍限制城市的常住人口规模不断扩大

第一，户籍限制城市人口增长率不断加快。1990~2000 年，高行政等级城市人口年均增长率为 2.70%，2001~2010 年上升至 2.97%。1990~2000 年，其他地级市人口年均增长率为 1.82%，2001~2010 年下降至 1.53%。1990~2000 年，高行政等级城市与其他地级市人口年均增长率的差别为 0.87 个百分点，2001~2010 年上升至 1.44 个百分点。[①]

---

① 根据历年《人口普查分县资料》统计得出。

第二，户籍限制城市人口占全国城市人口的比重不断扩大。1990年，高行政等级城市市辖区常住人口占全国总市辖区常住人口比重为37.99%，2000年上升至30.03%，2010年上升至43.45%。与此相比，其他地级市这一比重则不断下降，从1990~2010年，从62.01%下降到56.55%。[①]

户籍限制城市迁入人口规模扩大。为了促进城市人口规模的合理分布，国家实行了有差别的落户政策：控制大城市人口落户的同时，放开中小城市人口落户限制。存在落户限制的城市往往是高行政等级城市。然而，聚集着大量优势资源的大城市无论是公共服务，还是就业机会都远胜于其他地级市，尽管高行政等级城市的户籍限制严格，仍吸引了大批流动人口，面临"突破户籍限制的人口增长"问题。在现有城市行政管理体制下，城市人口调控政策呈现出无效的状态。2001~2010年，高行政等级城市的流动人口从82.08万人上升到166.70万人，增长了103.09%，年均增长率7.34%。[②] 大规模的人口迁入给高行政等级城市的政府治理带来了巨大挑战，如表5-1所示。

2. 非户籍限制城市迁出人口规模扩大

2019年，国家发展和改革委员会发布了《2019年新型城镇化建设重点任务》，[③] 第一次提到了"收缩型城市"。这是城市发展的必然结果，一些城市外来人口增加的同时，另一些城市则存在人口流失问题，这里将外来人口小于0的城市定义为收缩城市。收缩城市呈现出如下特点：第一，高行政等级城市不存在城市收缩问题；第二，2010年较2020年出现了更多的收缩城市，并且人口流出规模呈现扩大趋势，这些收缩城市主要位于东北部、中部和西部地区。

综合上述分析，可以梳理出行政等级、户籍限制、城市规模三者之间的内在联系机制（见图5-3）：城市行政等级越高，配置资源的优势就越明显。然而，人口向高行政等级城市的不断聚集，就会造成高行政等级城市规模太大、低行政等级城市规模太小的不合理城市规模体系结构。为缓解高行政等级城市过度拥挤问题，户籍制度改革被赋予解决高行政等级城

---

①② 根据历年《人口普查分县资料》统计得出。
③ 国家发展改革委，2019年新型城镇化建设重点任务［R］.中华人民共和国国家发展和改革委员会网站，2019-04-08.

市"大城市病"的使命，成为引导人口合理有序流动的重要手段。但从现实情况来看，户籍制度并未达到预期目标。

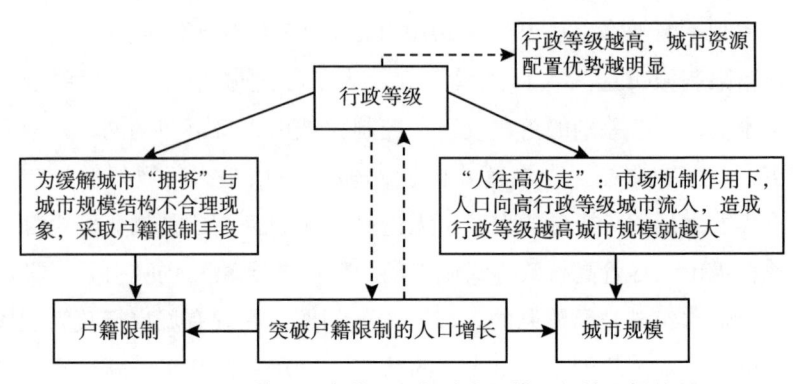

图 5-3 行政等级、户籍限制与城市规模之间的逻辑关系

资料来源：笔者自行绘制。

二、城市治理之困

户籍制度设立的初衷是为了控制人口城乡流动。在等级化的城市行政管理体制下，市场机制进一步加深了城市发展的两极分化。因此，户籍制度成为限制大城市规模的一种手段。

户籍制度曾经对重工业发展、缓解城市压力起到过一定的积极作用。改革开放以来，在进一步推进市场经济体制改革和加大对外开放的同时，中国政府确立了以制造业为主的工业化和城市化发展战略，城市作为制造业发展的主要载体开始快速发展。特别是沿海地区凭借着地理优势，充分利用外资，劳动密集型制造业得到了发展。在外资的推动下，沿海地区劳动力市场短缺，而中国的农村及中西部欠发达地区则存在大量剩余劳动力。基于社会公平与经济效率的双重考虑，大量学者及社会人士不断呼吁政府推进户籍制度改革（孙文凯等，2011）。

邓曲恒和古斯塔夫森（2007）认为，户籍制度改革促使大量永久性移民的形成，加快了城市化进程。由于中国城市化推动力与西方发达国家主要依靠市场推动不同，中国政府力量占据很大主导地位（李强、陈宇琳和刘精明，2010）。在城市发展方面，中国城市发展存在显著行政等级化的特征，即行政等级越高，城市增长越快，规模越大，行政等级与大城市存在显著正向关联。户籍制度松动以后，高行政等级城市在政府与市场两种力量的共同作用下，城市规模越来越大，造成城市拥挤以及基本公共服务供给不足等现象。与此同时，中小城市却因为行政等级比较低，难以与高行政等级的大城市进行竞争，导致人口、资本等要素流失严重，呈现出规模不足的现象。针对这种大城市太大、中小城市发展不充分的现象，1998年，政府明确提出"严格控制大城市规模、合理发展中等城市和小城市"的城市化发展目标。同年，政府出台《关于解决当前户口管理工作中几个突出问题的意见》，提出"在继续坚持严格控制大城市规模、合理发展中等城市和小城市的原则下，逐步改革现行户口管理制度"。寄希望于通过户籍制度改革来调控当前城市规模体系不合理的格局。然而，户籍制度改革是否实现了引导人口流动来优化城市规模结构这一目标，则有待于进一步评估。

根据2014年出台的《国家新型城镇化规划（2014~2020）》，明确指出"部分特大城市主城区人口压力偏大，与综合承载能力之间的矛盾加剧；中小城市集聚产业和人口不足，潜力没有得到充分发挥；小城镇数量多、规模小、服务功能弱"是中国城市规模结构不合理的主要表现，并进一步提出"实施差别化落户政策"，[①]再次希望通过继续实施户籍制度改革举措，来破解"大城市太大、小城市太小、中等城市规模不足"的城市规模体系分布合理的格局。

李铁（2001）认为，许多学者在研究中国城市发展或城市化相关问题时，往往忽视了中国城市行政管理体制的等级化特征。户籍制度是中国城市治理尤其是进行城市规模调控的一个重要手段。然而，从户籍制度改革目标与城市发展规模现状来看，似乎效果不佳。一方面，落户门槛不断提高并未显著阻止大城市尤其是特大城市人口规模的持续扩张。另一方面，尽管中小城市、小城镇基本全面放开了落户门槛的限制，但大部分中小城市人口规模却呈现出持续萎缩的态势。

---

① 即：全面放开建制镇和小城市落户限制，有序放开城区人口50万~100万人的城市落户限制，合理放开城区人口100万~300万人的大城市落户限制，合理确定城区人口300万~500万人的大城市落户条件，严格控制城区人口500万人以上的特大城市人口规模。

综上所述，本节从中国城市行政管理体制特征出发，在实证检验户籍制度与城市规模之间关系的基础上，指出户籍制度改革作为治理城市人口规模失灵原因所在。

三、计量模型

中国城市的规模与其行政等级具有高度关联性，城市行政等级越高、城市规模也往往越大。这是户籍制度无法控制大城市人口规模的原因所在。以下通过构建计量模型进行分析。

（一）行政等级与外来人口

首先，建立计量模型来分析城市行政等级与外来常住人口规模之间的关系：

$$\ln\left(\frac{y_{it} - \tilde{y}_{it}}{y_{is} - \tilde{y}_{is}}\right) = \beta_0 + \beta_1 XZ_i + \beta_2 Region_i + \beta_3 Natural_i + \beta_4 X_{is} + \varepsilon_i \quad (5-5)$$

式（5-5）中，y_{it}表示i城市在t时期的常住人口；$\tilde{y}_{it}$表示i城市在t时期户籍人口；y_{is}表示i城市在s时期的常住人口；$\tilde{y}_{is}$表示i城市在s时期户籍人口，$t>s$。被解释变量$\ln[(y_{it} - \tilde{y}_{it})/(y_{is} - \tilde{y}_{is})]$表示外来人口增长率[①]。$XZ_i$表示$i$城市的行政等级；$Region_i$为$i$城市所在区域，是虚拟变量；$Natural_i$代表城市$i$的自然条件变量；$X_{is}$为影响$i$城市人口增长的其他因素，如产业结构、知识溢出、人均财政支出、市场潜力（Au and Henderson，2006a；Zheng，Kahn and Liu，2010）等。

由于收缩城市的存在，出现常住人口小于户籍人口，导致外来人口出现负值，无法计算外来人口增长率。这些人口增长率为负的城市并不是随机出现的，而是某些原因造成的，因此直接使用 OLS 回归方法对方程进行估计会产生样本选择性偏误。为了避免样本偏差造成的偏差，本节使用希克曼选择模型（Heckman Selection Model）处理数据，并且采用极大似然法

[①] 确切来讲，户籍人口增长率为$e^{\ln[(y_{it} - \tilde{y}_{it})/(y_{is} - \tilde{y}_{is})]} - 1$，回归结果经过简单变形即可得到。

（Maximum Likelihood Estimates）进行估计①，设定回归方程为：

$$\ln\left(\frac{y_{it}-\tilde{y}_{it}}{y_{is}-\tilde{y}_{is}}\right)=\beta_0+\beta_1 XZ_i+\beta_2 Region_i+\beta_3 Natural_i+\beta_4 X_{is}+\varepsilon_i \quad (5-6)$$

$$D=\gamma_0+\gamma_1 Z_{is}+\varepsilon_i \quad (5-7)$$

其中，D 为虚拟变量，如果一个城市外来常住人口为负，则取值为 0，否则取值为 1；Z_{is} 影响城市人口增长的各类因素。

（二）户籍限制与外来人口

本节城市增长模型基础上，加入户籍限制因素，分析户籍限制对城市规模的影响，设定回归方程为：

$$\ln\left(\frac{y_{it}}{y_{is}}\right)=\beta_0+\beta_1 Restriction_{is}+\beta_2 Region_i+\beta_3 Natural_i+\delta\ln(y_{is})+\beta_4 X_{is}+\varepsilon_i \quad (5-8)$$

其中，$Restriction_{is}$ 表示 i 城市在 s 时期的户籍限制程度，y_{is} 表示 i 城市在 s 时期人口规模。

四、实证分析

（一）行政等级与城市外来常住人口增长

通过控制区域差别、自然条件、经济因素的情况下，城市行政等级对外来常住人口规模的影响如表 5-9 所示。列［5.13］至列［5.16］使用普通的 OLS 估计，被解释变量可能会因为负数而受到限制，估计结果也会产生样本选择性偏误。因此，列［5.17］至列［5.20］使用 Heckman 选择法估计。回归结果显示：2000~2010 年，高行政等级城市的外来常住人口增长率要显著高于平均水平。列［5.20］表明，直辖市的外来常住人口增长率较其他城市高 178.15%，回归系数统计显著；副省级省会城市较其他城市高 61.45%，回归系数统计显著；副省级市和省会城市分别高出平

---

① 详细的过程可以参见格林的《计量经济分析》（英文版·第七版），中国人民大学出版社 2013 年版。

均水平39.51%和34.31%。由上述分析我们可以得知,高行政等级城市外来常住人口的增长率要显著高于城市平均水平;表明高行政等级城市对外来常住人口的吸引力要高于低行政等级的城市,随着城市行政等级越高,对外来人口的吸引力就越大。

表5–9 户籍限制、行政等级与人口流入增长率(2000~2010年)

解释变量	被解释变量:ln[(总人口$_{2010}$ – 户籍人口$_{2010}$)/(总人口$_{2000}$ – 户籍人口$_{2000}$)]							
	[5.13]	[5.14]	[5.15]	[5.16]	[5.17]	[5.18]	[5.19]	[5.20]
行政等级								
直辖市	0.799*** (0.307)	0.730** (0.308)	1.458*** (0.448)	1.168** (0.485)	0.662** (0.275)	0.621** (0.303)	1.001*** (0.387)	1.023** (0.406)
副省级省会城市	0.315 (0.235)	0.392 (0.253)	0.812*** (0.307)	0.760** (0.322)	0.249 (0.215)	0.261 (0.227)	0.506* (0.264)	0.479* (0.268)
省会城市	0.065 (0.196)	0.033 (0.203)	0.506* (0.281)	0.408 (0.300)	0.048 (0.213)	0.037 (0.207)	0.336 (0.234)	0.333 (0.238)
副省级市	0.091 (0.177)	-0.077 (0.212)	0.416* (0.248)	0.205 (0.287)	0.069 (0.192)	0.050 (0.194)	0.217 (0.226)	0.295 (0.259)
区域差别	是	是	是	是	是	是	是	是
自然条件	否	是	否	是	否	是	否	是
经济因素	否	否	是	是	否	否	是	是
观测值	192	192	184	184	255	255	255	255
R^2[Ⅱ]	0.068	0.090	0.103	0.121	-286.6	-286.4	-282.2	-281.8
Adjusted R^2 [chi2_c]	0.0321	0.0339	0.0402	0.0366	1.889	3.041	1.160	1.263
方法	OLS				[Heckman]			

注:(1)* 表示 $p<0.1$,** 表示 $p<0.05$,*** 表示 $p<0.01$,括号内的数字是估计系数稳健的标准误;(2)为了令结果呈现更为简洁,本表格省略了部分控制变量,其中区域差别包括中部地区和西部地区的虚拟变量;自然条件包括沿海地区虚拟变量、一月份最低气温、七月份最高气温和平均降水量;经济因素包括产业结构、人均财政支出、市场潜力指数、万人拥有大学生数。

资料来源:Stata 统计输出。

(二) 户籍限制、行政等级与城市常住人口增长率

使用户籍限制城市虚拟变量[①]和户籍率两个指标来分别考察户籍限制对城市人口增长率的影响。回归结果表明（见表5-10），其中：列[5.21]至列[5.24]用行政等级虚拟变量来代表户籍限制程度；列[5.25]至列[5.28]用户籍率来代表户籍限制程度：在控制区域差别、自然条件、经济因素的影响下，户籍限制城市（即高行政等级城市）的人口增长率比一般地级城市高16.53%；同时户籍率每降低一个单位（即户籍限制越严格），城市人口增长率增加7%。以上实证研究表明：提高落户门槛、加大户籍限制不仅没有限制城市人口规模的扩张，反而呈现出"户籍制度越严格、城市人口规模越扩张"的悖论。

表5-10　　户籍限制与人口增长（2000~2010年）

解释变量	被解释变量：$\ln(总人口_{2010}/总人口_{2000})$							
	[5.21]	[5.22]	[5.23]	[5.24]	[5.25]	[5.26]	[5.27]	[5.28]
户籍限制								
户籍限制城市	0.256*** (0.032)	0.251*** (0.030)	0.198*** (0.042)	0.153*** (0.040)				
户籍率					-0.127** (0.054)	-0.113** (0.052)	-0.093*** (0.032)	-0.070*** (0.027)
区域差异	是	是	是	是	是	是	是	是
自然条件	否	是	否	是	否	是	否	是
经济因素	否	否	是	是	否	否	是	是
观测值	287	287	275	275	287	287	275	275
R^2	0.192	0.290	0.284	0.376	0.097	0.192	0.259	0.361
R^2_a	0.181	0.270	0.259	0.345	0.0840	0.168	0.234	0.329

注：(1) ** 表示 $p<0.05$，*** 表示 $p<0.01$，括号内的数字是估计系数稳健的标准误；(2) 为了令结果呈现更为简洁，本表格省略了部分控制变量，其中区域差别包括中部地区和西部地区的虚拟变量；自然条件包括沿海地区虚拟变量、一月份最低气温、七月份最高气温和平均降水量；经济因素包括产业结构、人均财政支出、市场潜力指数、万人拥有大学生数。
资料来源：Stata 统计输出。

[①] 这里的行政等级虚拟变量仅划分为高行政等级城市和一般地级城市两个层次。

第三节 结 论

本章的研究证实了等级化的行政体系对城市的影响。行政等级越高，城市人口增长率越快，外来流入人口就越多。即便是实施严厉的户籍制度也无法改变高行政等级城市对外来人口的吸引力。在现有制度安排下，一是不利于高行政等级城市发展。高行政等级城市人口规模不断增加，出现"大城市病"，给城市治理带来巨大挑战。二是不利于低行政等级城市发展。低行政等级城市的发展存在抑制效应，既影响总体资源配置的效率，也违背公平与正义。

在城市化的快速进程中，户籍制度长期作为中国城市治理的一种重要手段，在治理大城市病、引导城市向中小城市流动等方面，呈现失灵的状态。通过分析行政等级、户籍限制与城市规模之间的内在联系，得出以下主要结论。

第一，户籍制度改革引导人口流动的作用有限。自20世纪末以来，政府寄希望于通过户籍制度改革来引导人口在大中小城市之间有序流动。通过提高大城市尤其是特大城市的落户门槛，降低或者取消中小城市、小城镇的落户限制，来引导人口流向中小城市，缓解大城市人口过度拥挤问题。然而，这种政策实施效果并不理想。

第二，户籍制度改革失灵的内在原因在于中国行政等级化的城市行政管理制度安排。例如，高行政等级城市基本公共服务水平高、市政设施功能完善、提供就业岗位多等，必然引发外来人口的大量流入，即便是严格的落户限制，也难以阻挡人口流入的步伐。

由此可见，户籍制度改革失灵的根本原因在于，高行政等级城市聚集了大量优质的社会及市场资源，并且资源配置能力显著高于其他低行政等级的城市，在市场机制和规模经济的作用下，高行政等级城市配置资源的能力会得到进一步强化。

第六章 城市行政等级体系下的城市最优规模问题

安妮兹和巴克利（Annez and Buckley，2009）认为，城市化与经济增长是不可分割的，一个国家或地区的城市如果无法吸引足够多的人口流入，在经济上就很难达到中等国家收入水平。加快推进城市化也成为诸多发展中国家推进本国实现经济快速增长的重要手段，但从当前发展中国家在快速的城市化过程中面临的各种困境来看，如何科学判断以及合理选择高效、可持续的城市化路径以避免各类生产要素资源的低效或无效配置，是这些国家面临的共同难题（王垚、年猛和王春华，2017）。

在本书前述章节中，分析了城市行政等级与城市形成、增长的相互关系，从城市行政等级的视角来阐释了以户籍制度改革来引导人口流向的政策之所以会失灵。在前述研究的基础上，本章通过构建一个城市最优理论模型，以此来估计不同行政等级城市的最优规模，并从城市聚集收益最大化的角度提出中国最优的城市发展路径。

第一节 城市最优规模的界定

城市是人类及其相关经济社会活动在地理空间上聚集的结果。由于人口、资本等各类要素在空间上聚集会产生正的外部性，为了追求外部规模经济，各种市场主体开始在空间上逐渐聚集，从而使外部性进一步增强吸引更多的要素聚集，从而推动城市规模不断扩大（年猛，2018）。

集聚经济的产生主要来自三个方面，即可利用的专业化劳动力市场（a pooled labor force with special skills）、中间产品市场和专业化的服务（facilities for the development of specialized inputs and services）和知识溢出（knowledge spillovers）（Marshall，2013），被称作"马歇尔外部性"（Mashallian externalities）。(1) 可利用的专业化劳动力市场。同一类型行业的企业聚集会形成一个专业化的劳动力市场，这个劳动力市场通过风险共担和供需匹配两种机制，从而促进企业用工成本进一步降低（Diamond and Simon，1990；Krugman，1992；Rosenthal and Strange，2001）和搜寻劳动力成本（Helsley and William，1990；Costa and Kahn，2000）。(2) 中间产品市场和专业化的服务，即产业链上下游联系紧密的企业更加倾向于聚集。一些学者经过实证研究发现，中间投入品需求比重比较高的行业更加倾向于聚集（Holmes，1999；Rosenthal and Strange，2001）。(3) 知识溢出，即企业聚集会促使知识技术更加容易扩散（Jaffe，Trajtenberg and Henderson，1993），每个企业都会从中受益，有助于创新（Audretsch and Feldman，2004；Jacobs，2016）。此外，本地市场效应也是聚集形成的原因（Davis and Weinstein，1999）。

聚集会带来正外部性，促进经济的增长。然而，也有研究表明，城市聚集程度的提高，人口规模的扩张，住房困难、交通拥堵和环境污染等问题也会出现，聚集的负外部会随着人口规模的扩大而逐渐显现。一是工人生活成本的上升，包括房价、教育和通勤的成本上升。米尔斯（Mills，1967）构建了单中心模型，假定经济活动集中于城市中心，工人居住在周围。随着城市人口规模的扩张，居住区域扩大，通勤时间和距离的增加会导致通勤成本的上升。人口增加带来的交通拥堵，会进一步增加通勤成本。二是地方政府治理成本的增加，需要为更多的居民提供公共服务。蒙哥马利（Montgomery，1988）认为城市人口规模过大可能造成基本公共服务供给不足、失业率上升、噪音增加、环境污染以及犯罪率上升等。

聚集经济正外部性与负外部性同时存在，抑制了城市的无限扩张，一些学者利用聚集经济的这项特征构建理论模型探索城市的最优规模。根据模型的差异，主要分为三类。(1) 利用城市实际增加值与城市规模之间的倒"U"型关系，选择增加值最高的点为城市的最优规模（Henderson，1974；Helsley and Strange，1990；Fujita and Krugman，1999；Black and Henderson，1999；Duranton and Puga，2001）。(2) 对聚集外部性的程度进行测度，将城市的最优规模选择为成本最低点（Rosenthal and Strange，

2004；Moretti，2004）。（3）将聚集正负外部性结合在一起考虑，选择城市的最优规模（王小鲁和夏小林，1999；Au and Henderson，2006a）。本章主要借鉴奥和亨德森（Au and Henderson，2006a）的模型设定方式，建立城市最优规模的理论模型。

第二节　城市最优规模的理论模型

一、模型设定

市场中只有两类产品：中间投入品和最终产品。其中，中间投入品是生产性服务业，只能在本地市场内部流通，服务于本地最终产品的生产厂商不能跨城市流通；最终产品为工业品，可以在城市之间进行流通贸易，工业品在城市之间流通存在运输成本，模型以冰山运输成本表示。中间投入品市场为服务业市场，最终产品市场为制造业市场，都属于垄断竞争市场。

（一）消费

1. 消费者效用最大化

在分析消费者效用问题前，对消费者的偏好做如下假定。

第一，消费者对最终产品的替代弹性相同，用 σ_y 表示，$\sigma_y \in [1, +\infty]$。$\sigma_y$ 越高，消费者对最终产品的替代弹性越大。

第二，消费者对最终产品的多样性偏好相同，用 ρ_y 表示，$\rho_y \in (0, 1)$。若 ρ_y 趋近于1，表示消费者对不同最终产品之间的替代弹性 σ_y 高，消费者对最终产品多样性的偏好程度低；ρ_y 趋近于0，表示消费者对不同最终产品之间的替代弹性 σ_y 低，消费者对最终产品多样性的偏好程度高。

第三，最终产品的替代弹性 σ_y 与多样化偏好 ρ_y 之间存在固定关系，始终满足以下方程：

$$\rho_y \equiv \frac{\sigma_y - 1}{\sigma_y} \qquad (6-1)$$

消费者的支出全部用于最终产品的消费，商品需求偏好多样化，效用函数形式如下：

$$\max U = \left[\int_0^{s_y} \tilde{y}(i)^{\rho_y} \mathrm{d}i\right]^{\frac{1}{\rho_y}}$$

$$\mathrm{s.t.} \int_0^{s_y} p(i)\tilde{y}(i)\mathrm{d}i = I \qquad (6-2)$$

其中，下标 y 表示最终产品；s_y 表示最终产品种类的数量；$\tilde{y}(i)$ 表示商品 i 的净产出量；$\tilde{p}(i)$ 表示商品 i 的市场价格；I 表示消费者的收入；ρ_y 表示消费者对最终产品的偏好程度。

将式（6-2）进行效用最大化一阶条件求解，可以得到下面方程：

$$\tilde{y}(i) = \tilde{y}(j)\left[\frac{p(i)}{p(j)}\right]^{-\sigma_y} \qquad (6-3)$$

将求解得到的式（6-3）代入式（6-2）的收入约束方程中，可以得到如下代表性消费者对最终产品 i 的补偿需求函数：

$$\tilde{y}(i) = \frac{p(i)^{-\sigma_y}}{\int_0^{s_y} p(j)^{1-\sigma_y}\mathrm{d}j} I \qquad (6-4)$$

为了使结果更为简洁，定义消费者价格指数 G：

$$G \equiv \left[\int_0^{s_y} p(j)^{1-\sigma_y}\mathrm{d}j\right]^{\frac{1}{1-\sigma_y}} \qquad (6-5)$$

价格指数方程 G 表示消费者每消费 1 单位最终产品所需要支付的金额。将式（6-4）代入式（6-5），得到消费者对产品 i 的非补偿需求函数为：

$$\tilde{y}(i) = p(i)^{-\sigma_y} G^{\sigma_y - 1} I \qquad (6-6)$$

将式（6-6）代入式（6-2），得到代表性消费者的最大效用水平为：

$$U = \frac{I}{G} \qquad (6-7)$$

2. 最终产品的需求

在计算消费者最终产品需求函数前进行如下假定。

第一，冰山运输成本假定。在垄断竞争的情况下，专业化生产一种产品是厂商利润最大化的选择，所以每个城市只生产一种差异化最终产品（Fujita, Krugman and Venables, 1999; Duranton and Puga, 2004）。最终产品可以在城市之间进行流通贸易且存在交通运输成本，运输成本以冰山成本形式表示。经济体中的城市数量为 R，呈离散分布。代表性城市 r 生产的最终产品数量为 s_r^y，消费产品种类为 n_r，$r \in [1, R]$。同一个城市的最终产品有相同的出厂价格（Free On Board，FOB）p_r。采用冰山运输成本方法，城市 r 最终产品在城市 s 的价格（Cost Insurance and Freight，CIF）为：

$$p_{rs} = p_r T_{rs} \tag{6-8}$$

在城市 r 生产的 1 单位最终产品运输到城市 s 时，所剩余的最终产品量为 $1/T_{rs}$。

第二，假定所有城市最终产品替代弹性 σ_y 都相等，所有城市生产的最终产品运输成本也相等，根据式（6-5）可以得到城市 s 的消费者价格指数 G_s：

$$G_s = \left\{ \sum_{r=1}^{R} \left[n_r (p_r T_{rs})^{1-\sigma_y} \right] \right\}^{\frac{1}{1-\sigma_y}}$$
$$s = 1, 2, \cdots, R \tag{6-9}$$

根据式（6-6），计算城市 s 的消费者对城市 r 生产的最终产品 i 的需求量为：

$$d_r^y(i) = (p_r T_{rs})^{-\sigma_y} G_s^{\sigma_y - 1} I_s \tag{6-10}$$

将所有城市的消费者需求进行加总，计算城市 r 对最终产品 i 的总需求量 $D_r^y(i)$ 为：

$$D_r^y(i) = \sum_{s=1}^{R} \left[(p_r T_{rs})^{-\sigma_y} G_s^{\sigma_y - 1} I_s T_{rs} \right]$$
$$i = 1, 2, \cdots, s_r^y \tag{6-11}$$

根据式（6-11），计算最终产品的需求价格弹性：

$$\frac{\Delta \tilde{y}_r}{\Delta p_r} \frac{p_r}{\tilde{y}_r} = -\sigma_y \tag{6-12}$$

由于城市之间单位产品运输成本 T_{rs} 相等，所有城市最终产品出厂价格 p_r 相等。由此可以得出，相同城市生产的所有最终产品的需求 D_r^y 也是相等的，即：

$$D_r^y(i) = D_r^y(j)$$
$$i, j = 1, 2, \cdots, s_r^y \tag{6-13}$$

(二) 最终产品生产

在分析最终产品生产问题前,对最终产品厂商做如下假定。

第一,最终产品厂商对中间投入品的替代弹性相同,用 σ_x 表示,$\sigma_x \in [1, +\infty)$。$\sigma_x$ 越高,厂商对中间投入品的替代弹性越大。

第二,最终产品厂商对中间投入品的多样性偏好相同,用 ρ_x 表示,$\rho_x \in (0, 1)$。若 ρ_x 趋近于1,表示最终产品厂商对不同中间产品之间的替代弹性 σ_x 高,最终产品厂商对中间投入品多样性的偏好程度低;ρ_x 趋近于0,表示最终产品厂商对不同中间投入品的替代弹性 σ_x 低,最终产品厂商对中间投入品多样性的偏好程度高。

第三,中间产品的替代弹性 σ_x 与多样化偏好 ρ_x 之间存在固定关系,始终满足以下方程:

$$\rho_x \equiv \frac{\sigma_x - 1}{\sigma_x} \qquad (6-14)$$

1. 中间产品的需求

在垄断竞争市场条件下,最终产品厂商的生产取决于消费者对最终产品的需求,并依据市场需求制订生产计划。最终产品厂商根据最终产品的需求,以最低的生产成本购入中间产品,城市 r 的某种最终产品生产者的中间产品需求可以通过求解如下成本最小化问题实现,即:

$$\min V_r = \int_0^{s_r^x} p_r^x(j) x_r(j) \, dj$$

$$\text{s.t.} \left[\int_0^{s_r^x} x_r(j)^{\rho_x} dj \right]^{\frac{1}{\rho_x}} = M_r \qquad (6-15)$$

其中,x 代表中间投入产品;s_r^x 表示中间投入产品种类的数量;$x_r(j)$ 表示对中间投入品的需求量。$p_r^x(j)$ 表示中间产品的价格。M_r 表示中间产品需求量。ρ_x 表示对中间产品多样性的偏好程度。

根据式 (6-15),求解中间投入产品生产者的成本最小化问题的一阶条件,得出以下方程:

$$x_r(i) = x_r(j) \left[\frac{p_r^x(i)}{p_r^x(j)} \right]^{\frac{1}{\rho_x - 1}} \qquad (6-16)$$

将式 (6-16) 代入式 (6-15) 中的约束条件中,可以计算出城市 r

的最终产品厂商对中间投入产品 j 的需求函数,具体如下:

$$x_r(j) = \frac{p_r^x(j)^{\frac{1}{\rho_x-1}}}{\int_0^{s_r^x} p_r^x(i)^{\frac{\rho_x}{\rho_x-1}} \mathrm{d}i} M_r \qquad (6-17)$$

根据式 (6-17),得到中间投入产品的需求价格弹性函数为:

$$\frac{\Delta x_r(j) p_r^x(j)}{\Delta p_r^x(j) x_r(j)} = \frac{1}{\rho_x - 1} \qquad (6-18)$$

为了使结果更为简洁,定义中间投入商品生产者的价格指数为 H_r:

$$H_r \equiv \Big[\int_0^{s_r^x} p_r^x(i)^{\frac{\rho_x}{\rho_x-1}} \mathrm{d}i\Big]^{\frac{\rho_x-1}{\rho_x}} \qquad (6-19)$$

中间投入商品生产者价格指数 H_r 表示,生产每单位中间投入产品所需要花费的成本。将式 (6-17) 代入式 (6-15),求解最小化问题,可以得到某最终产品厂商的中间产品支出:

$$V_r = M_r \qquad (6-20)$$

2. 生产函数

最终产品生产者的总产出取决于中间产品投入、劳动力、资本、知识技术等因素。将城市 r 中生产最终产品 i 的厂商的生产函数设定为:

$$y_r(i) = AL_r^\varepsilon k_r^\alpha l_r^\beta \Big[\int_0^{s_r^x} x_r(j)^{\rho_x} \mathrm{d}j\Big]^{\frac{\gamma}{\rho_x}} \qquad (6-21)$$

首先,方程中包括的变量有: $y_r(i)$ 表示城市 r 最终产品 i 的产出水平; A 表示厂商的总体技术水平; L_r 表示城市 r 所有企业雇佣的全部有效劳动总量,一个城市有效劳动越多,表明潜在聚集经济效应就会越强; k_r^y 表示厂商投入的资本量; l_r^y 表示厂商雇佣的有效劳动。其次方程中包括的系数: ε 表示聚集的重要性, ε 越高表示聚集效应对产出的影响大 α、β、$\gamma \in (0, 1)$,且满足 $\alpha + \beta + \gamma = 1$,其中 α 表示资本回报水平且基本稳定, β 表示劳动力重要性的程度, γ 表示中间投入产品重要性的程度。最终产品生产者可以通过调节中间投入产品的重要性程度 γ 和劳动力的重要性程度 β 来改变生产函数,例如,减少企业自身劳动力的投入,将部分业务外包。

由于不同城市最终产品生产者对中间产品的替代弹性 σ_x 相同,式 (6-21) 变为:

$$y_r(i) = AL_r^e k_r^{y\alpha} l_r^{y\beta} (x_r s_r^x)^{\gamma} s_r^{x\frac{\gamma(1-\rho_x)}{\rho_x}} \qquad (6-22)$$

产品生产过程中需要基期、设备等固定资产，这些资产的使用会产生折旧费用，扣除这部分费用可以得到净产出水平：

$$\tilde{y}_r(i) = y_r(i) - c_r^y \qquad (6-23)$$

其中，$\tilde{y}_r(i)$ 表示净产出水平，由总产出水平 $y_r(i)$ 扣除固定资产折旧 c_r^y 得到。

3. 利润函数

厂商的利润取决于销售收入和生产成本，其中销售收入由产品价格与净产出决定，生产成本由中间产品成本、劳动力成本以及资本成本决定，则利润函数表达式为：

$$\pi_r^y(i) = p_r \tilde{y}_r(i) - \int_0^{s_r^x} p_r^x(j) x_r(j) \mathrm{d}j - \omega_r l_r^y - r_r k_r^y \qquad (6-24)$$

其中，$\pi_r^y(i)$ 表示城市 r 的生产最终产品 y 厂商 i 的最终利润；p_r 表示最终产品价格；$\tilde{y}_r(i)$ 表示厂商 i 的净产出水平；$p_r^x(j)$ 表示中间投入产品 j 的价格；$x_r(j)$ 表示城市 r 对中间投入产品 j 的总需求量；s_r^x 表示中间投入产品种类的数量；ω_r 表示工人工资水平；l_r^y 表示厂商 i 使用的有效劳动投入量；r_r 表示城市 r 的资本价格水平；k_r^y 表示资本投入量。

（1）生产成本。生产成本由中间产品成本、劳动力成本以及资本成本决定。

首先，计算中间产品成本。根据前文假定中间产品对称可知：

$$x_r(i) = x_r(j)$$
$$i, j = 1, 2, \cdots, s_r^x \qquad (6-25)$$

根据式（6-24），中间产品成本为 $\int_0^{s_r^x} p_r^x(j) x_r(j) \mathrm{d}j$，将对称假定条件式（6-25）代入该表达式中，得到代表性厂商的中间产品成本：

$$\int_0^{s_r^x} p_r^x(j) x_r(j) \mathrm{d}i = s_r^x p_r^x x_r \qquad (6-26)$$

其中，$s_r^x x_r$ 为代表性厂商的中间产品投入量。城市 r 共有 s_r^y 个最终产品生产厂商则该城市中间产品总需求量 D_r^x 为：

$$D_r^x = s_r^y s_r^x x_r \qquad (6-27)$$

第六章 城市行政等级体系下的城市最优规模问题

其次，劳动力成本表达式为 $\omega_r l_r^y$。假定所有最终产品生产商的劳动力固定成本和劳动边际生产率相等，有效劳动投入量 l_r^y 表示为：

$$l_r^y = f_r^y + \vartheta_r^y \tilde{y}_r \qquad (6-28)$$

其中，f_r^y 表示劳动力的固定成本，ϑ_r^y 表示劳动边际生产率，$\tilde{y}_r$ 表示最终产品的净产出。

最后，资本成本表达式为 $r_r k_r^y$。

（2）销售价格。在垄断竞争市场条件下，厂商具有一定的最终产品定价能力，可以通过调整最终产品价格 p_r 来实现利润最大化。但消费者的需求行为会显著影响最终产品厂商的生产行为。根据式（6-13）可知，相同城市生产的所有最终产品的需求 D_r^y 相等，即城市 r 所有最终产品的产出水平相等：

$$\tilde{y}_r(\cdot) = D_r^y(\cdot) = \sum_{s=1}^{R} \left[(p_r T_{rs})^{-\sigma_y} G_s^{\sigma_y - 1} I_s T_{rs} \right] \qquad (6-29)$$

将式（6-29）、式（6-26）和式（6-28）代入式（6-24）中，得到最终产品厂商的目标利润函数为：

$$\pi_r^y(i) = p_r \left\{ \sum_{s=1}^{R} \left[(p_r T_{rs})^{-\sigma_y} G_s^{\sigma_y - 1} I_s T_{rs} \right] \right\} - s_r^x p_r^x x_r - \omega_r (f_r^y + \vartheta_r^y \tilde{y}_r) - r_r k_r^y$$
$$(6-30)$$

求解式（6-30）中最终产品生产者的利润最大化问题，对价格 p_r 求导，结合式（6-12）得到：

$$p_r = \frac{\sigma_y}{\sigma_y - 1} \vartheta_r^y \omega_r \qquad (6-31)$$

根据式（6-31），厂商最终产品的价格 p_r 取决于产品替代弹性 σ_y、边际生产率 ϑ_r^y 以及工资水平 ω_r。其中，边际生产率 ϑ_r^y 和产品替代弹性 σ_y 属于外生变量。

进一步地，需要求解工资水平 ω_r，将式（6-29）变形有：

$$p_r = \left\{ [\tilde{y}_r(\cdot)]^{-1} \sum_{s=1}^{R} \left[T_{rs}^{1-\sigma_y} G_s^{\sigma_y - 1} I_s \right] \right\}^{\frac{1}{\sigma_y}} \qquad (6-32)$$

将式（6-31）代入式（6-32）进行整理，得到工资水平 ω_r 为：

$$\omega_r = \frac{\sigma_y - 1}{\sigma_y \vartheta_r^y} \tilde{y}_r^{-\frac{1}{\sigma_y}} \left[\sum_{s=1}^{R} (T_{rs}^{1-\sigma_y} G_s^{\sigma_y - 1} I_s) \right]^{\frac{1}{\sigma_y}} \qquad (6-33)$$

为了使结果更为简洁，定义市场潜力指数：

$$MP_r \equiv \sum_{s=1}^{R} (T_{rs}^{1-\sigma_y} G_s^{\sigma_y-1} I_s) \qquad (6-34)$$

将式（6-9）代入式（6-34）中，整理得到：

$$MP_r = \sum_{s=1}^{R} \left(\frac{E_s I_s}{T_{rs}^{\sigma_y-1}} \right) \qquad (6-35)$$

$$E_s = \{ \sum_{r=1}^{R} [n_r(p_r T_{rs})^{1-\sigma_y}] \}^{-1} \qquad (6-36)$$

其中，E_s 表示城市 s 的最终产品的支出水平，I_s 表示城市 s 的最终产品价格指数。依据上述方程我们可以由此可知：一个城市的市场潜力水平与其他城市对最终产品的消费、其他城市的收入水平呈正相关，而与最终产品的运输成本呈负相关。

将式（6-33）代入式（6-31）中，可以得到最终产品生产厂商的价格 p_r：

$$p_r = MP_r^{\frac{1}{\sigma_y}} \tilde{y}_r^{-\frac{1}{\sigma_y}} \qquad (6-37)$$

由此可以得到销售收入，$MP_r^{\frac{1}{\sigma_y}}(y_r - c_r^y)^{1-\frac{1}{\sigma_y}}$。

（3）产品产量。将式（6-37）代入式（6-24）中，最终产品生产者利润方程变为：

$$\pi_r^y = MP_r^{\frac{1}{\sigma_y}}(y_r - c_r^y)^{1-\frac{1}{\sigma_y}} - s_r^x p_r^x x_r - \omega_r l_r^y - r_r k_r^y \qquad (6-38)$$

当利润为 0 时，市场不会有新的进入者，最终产品市场达到均衡，即：

$$MP_r^{\frac{1}{\sigma_y}}(y_r - c_r^y)^{1-\frac{1}{\sigma_y}} - s_r^x p_r^x x_r - \omega_r l_r^y - r_r k_r^y = 0 \qquad (6-39)$$

分别对 l_r^y、k_r^y、x_r 求导，最终产品生产者利润最大化的一阶条件求解得到：

$$r_r = \frac{\sigma_y - 1}{\sigma_y k_r^y} MP_r^{\frac{1}{\sigma_y}}(y_r - c_r^y)^{-\frac{1}{\sigma_y}} \alpha y_r \qquad (6-40)$$

$$\omega_r = \frac{\sigma_y - 1}{\sigma_y l_r^y} MP_r^{\frac{1}{\sigma_y}}(y_r - c_r^y)^{-\frac{1}{\sigma_y}} \beta y_r \qquad (6-41)$$

$$p_r^x = \frac{\sigma_y - 1}{\sigma_y (s_r^x x_r)} MP_r^{\frac{1}{\sigma_y}}(y_r - c_r^y)^{-\frac{1}{\sigma_y}} \gamma y_r \qquad (6-42)$$

其中，r_r、ω_r 以及 p_r^x 分别表示利润最大化时的资本成本、劳动力价格和产品价格。

将式（6-40）、式（6-41）、式（6-42）分别代入式（6-38），可

以得到城市 r 最终产品代表厂商的总产出水平 y_r 以及净产出水平 $\tilde{y}_r$,具体如下:

$$y_r = \sigma_y c_r^y \tag{6-43}$$

$$\tilde{y}_r = (\sigma_y - 1) c_r^y \tag{6-44}$$

(三) 中间产品生产

中间投入产品是最终消费的引致需求,厂商根据市场需求确定生产活动。而城市 r 代表性中间投入产品生产商 j 的利润,取决于总体销售收入和总生产成本。假设每一类中间投入产品的生产成本函数都是相同的,并且唯一的生产成本来自劳动者的工资,工资水平也是相同的。每种中间产品的销售价格相同,那么代表性的中间产品生产商的利润 $\pi_r^x(j)$ 表示为:

$$\pi_r^x(j) = p_r^x X_r(j) - \omega_r l_r^x \tag{6-45}$$

其中,p_r^x 表示中间投入产品的价格;$X_r(j)$ 表示中间投入产品生产厂商 j 的产量;ω_r 表示中间投入生产产品劳动者的工资水平,l_r^x 表示有效劳动。

1. 生产成本

由于中间产品生产的投入要素只有劳动,因此劳动力成本为 $\omega_r l_r^x$。所有中间产品生产厂商雇佣劳动力的成本和劳动边际生产率相等,有效劳动投入量 l_r^x 为:

$$l_r^x = f_r^x + \vartheta_r^x X_r(j) \tag{6-46}$$

其中,f_r^x 表示劳动力的固定成本,ϑ_r^x 表示劳动边际生产率,$X_r(j)$ 表示中间产品产出。

2. 销售价格

在垄断竞争市场条件下,与最终产品生产厂商一样,中间投入产品厂商也有一定程度的定价能力,同样可以通过调整销售价格以获得最大利润。下面计算中间产品生产商的销售价格。

中间产品厂商 j 的产量 $X_r(j)$ 取决于其需求量 $x_r(j)$,即:

$$X_r(j) = x_r(j) = \frac{p_r^x(j)^{\frac{1}{\rho_x-1}}}{\int_0^{s_r^x} p_r^x(i)^{\frac{\rho_x}{\rho_x-1}} \mathrm{d}i} M_r \tag{6-47}$$

将式 (6-46) 和式 (6-47) 代入式 (6-45),整理得到利润函数:

$$\pi_r^x(j) = p_r^x \frac{p_r^x(j)^{\frac{1}{\rho_x-1}}}{\int_0^{s_r^x} p_r^x(i)^{\frac{\rho_x}{\rho_x-1}} \mathrm{d}i} M_r - \omega_r[f_r^x + \vartheta_r^x x_r(j)] \quad (6-48)$$

当利润为 0 时，市场不会有新的进入者，中间产品市场达到均衡，即：

$$p_r^x \frac{p_r^x(j)^{\frac{1}{\rho_x-1}}}{\int_0^{s_r^x} p_r^x(i)^{\frac{\rho_x}{\rho_x-1}} \mathrm{d}i} M_r - \omega_r[f_r^x + \vartheta_r^x x_r(j)] = 0 \quad (6-49)$$

求解中间产品生产者的利润最大化问题，式（6-49）对价格 p_r^x 求导，结合式（6-18）得到中间产品生产者的价格 p_r^x：

$$p_r^x = \frac{\omega_r \vartheta_r^x}{\rho_x} \quad (6-50)$$

3. 产品产量

将式（6-50）代入式（6-45）中，可以得到城市 r 代表性中间投入产品生产商 j 利润最大化时的产量：

$$x_r(j) = \frac{\rho_x}{1-\rho_x} \frac{f_r^x}{\vartheta_r^x} \quad (6-51)$$

最终产品生产厂商的需求决定中间投入产品的产出，根据前文中间产品的对称假定，即最终产品厂商对每种中间产品的需求相等，因此不同中间产品产量也是相等的，即：

$$X_r(i) = X_r(j)$$
$$i, j = 1, 2, \cdots, s_r^x \quad (6-52)$$

由式（6-52）得到如下中间投入产品的总产出方程：

$$D_r^x = \sum_{j=1}^{s_r^x} X_r(j) = s_r^x X_r \quad (6-53)$$

在市场均衡状态下，中间投入产品的总产出等于所有最终产品生产厂商对中间产品的总需求。结合式（6-27）和式（6-53）可以得到：

$$X_r = s_r^y x_r \quad (6-54)$$

（四）外部性

城市规模的扩大，一方面会因为共享劳动力市场、中间产品投入以及知识溢出产生规模经济，带来聚集收益；另一方面会因为拥堵、污染、犯罪率上升等问题出现，增加聚集成本，因此在研究城市发展问题时需要将外部性纳入模型考虑。

假定城市为单中心，圆形均质区域，厂商集中在城市中心，住宅则均匀分布在城市中心周围。由此，劳动者在就业在城市中心，生活在城市中心周围，由于职住分离，随着城市地理空间扩大和人口规模扩张，劳动者的通勤时间会由于距离增加和交通拥挤而显著增加，最终会导致有效劳动下降。将外部性纳入模型的步骤方法如下。

第一，建立城市人口与劳动人口之间的关系为：

$$P_r = \lambda_r N_r$$
$$\lambda_r \geq 1 \quad (6-55)$$

其中，P_r 表示城市 r 的总人口，N_r 表示城市 r 的总劳动人口，λ_r 表示城市 r 劳动人口占总人口的比重。

第二，构建人口空间分布状况。假定城市 r 的市区面积 S_r 等于人口数量 P_r：

$$S_r = P_r \quad (6-56)$$

城市 r 的半径 τ_r 为：

$$\tau_r = \left(\frac{S_r}{\pi}\right)^{\frac{1}{2}} = \left(\frac{P_r}{\pi}\right)^{\frac{1}{2}} \quad (6-57)$$

城市总通勤成本为：

$$\int_0^{(\frac{P_r}{\pi})^{\frac{1}{2}}} 2\pi b_r (tb_r) \mathrm{d}b_r = \frac{2}{3}\pi^{-\frac{1}{2}} t P_r^{\frac{3}{2}} \quad (6-58)$$

其中，b_r 表示住宅距离城市中心的直线距离，t 表示单位距离的时间成本，代表性劳动者的通勤时间为 tb_r。为了使结果更为简洁，定义总通勤成本：

$$a_0 \equiv \frac{2}{3}\pi^{-\frac{1}{2}} t \lambda_r^{\frac{3}{2}} \quad (6-59)$$

第三，计算有效劳动供给水平。有效劳动供给水平等于劳动力数量减去劳动者通勤的时间成本，具体方程如下：

$$L_r = N_r - \frac{2}{3}\pi^{-\frac{1}{2}} t \lambda_r^{\frac{3}{2}} N_r^{\frac{3}{2}} = N_r - a_0 \quad (6-60)$$

其中，L_r 表示城市 r 的有效劳动。

第四，有效劳动与总人口之间的关系。将式（6-55）代入式（6-60）

中得到：

$$L_r = \lambda_r^{-1} P_r - \frac{2}{3}\pi^{-\frac{1}{2}} t P_r^{\frac{3}{2}} = \left(\frac{a_1}{a_0}\right)^2 (P_r - a_1 P_r^{\frac{3}{2}}) \quad (6-61)$$

$$a_1 \equiv a_0 \lambda_r^{-\frac{1}{2}} \quad (6-62)$$

随着城市拥挤程度的增加，劳动者单位距离的通勤时间成本 t 会随着 N 而上升，所以有效劳动供给量变为：

$$L_r = N_r - \frac{2}{3}\pi^{-\frac{1}{2}} \tilde{t} \lambda_r^z N_r^z$$

$$z > \frac{3}{2} \quad (6-63)$$

二、市场均衡

（一）有效劳动数量

在均衡状态下，城市总的有效劳动供给等于中间投入产品生产厂商和最终产品生产厂商所使用的有效劳动之和：

$$s_r^x l_r^x + s_r^y l_r^y = L_r \quad (6-64)$$

1. 中间产品厂商

将式（6-51）代入式（6-46），中间产品厂商的有效劳动为：

$$l_r^x = \frac{f_r^x}{1-\rho_x} \quad (6-65)$$

2. 最终产品厂商

将式（6-50）变形，得到：

$$\frac{p_r^x}{\omega_r} = \frac{\vartheta_r^x}{\rho_x} \quad (6-66)$$

用式（6-42）比式（6-41），得到：

$$\frac{p_r^x}{\omega_r} = \frac{l_r^y}{x_r s_r^x} \frac{\gamma}{\beta} \quad (6-67)$$

根据式（6-54）和式（6-51）可得：

$$x_r = \frac{\rho_x}{1-\rho_x} \frac{f_r^x}{\vartheta_r^x} \frac{1}{s_r^y} \quad (6-68)$$

将式 (6-68) 和式 (6-66) 代入式 (6-67) 中, 最终产品厂商的有效劳动为:

$$l_r^y = \frac{\beta}{\gamma} \frac{f_r^x}{1-\rho_x} \frac{s_r^x}{s_r^y} \qquad (6-69)$$

(二) 厂商数量

1. 中间产品厂商

将式 (6-65) 和式 (6-69) 代入式 (6-64) 中, 中间产品厂商数量为:

$$s_r^x = \frac{\gamma}{\beta+\gamma} \frac{1-\rho_x}{f_r^x} L_r \qquad (6-70)$$

根据式 (6-51) 和式 (6-54), 得到:

$$s_r^x = \frac{\rho_x}{1-\rho_x} \frac{f_r^x}{\vartheta_r^x} \frac{1}{s_r^y} \qquad (6-71)$$

2. 最终产品厂商

将式 (6-70) 代入式 (6-69) 中, 得到最终产品厂商有效劳动为:

$$l_r^y = \frac{\beta}{\beta+\gamma} \frac{L_r}{s_r^y} \qquad (6-72)$$

将式 (6-43) 代入式 (6-40) 中进行整理, 得到最终产品厂商资本投入量为:

$$k_r^y = MP_r^{\frac{1}{\sigma_y}} [c_r^y(\sigma_y-1)]^{\frac{\sigma_y-1}{\sigma_y}} \alpha r_r^{-1} \qquad (6-73)$$

根据式 (6-71) 和式 (6-70), 得到:

$$x_r s_r^x = \frac{\gamma}{\beta+\gamma} \frac{\rho_x}{\vartheta_r^x} \frac{L_r}{s_r^y} \qquad (6-74)$$

将式 (6-73)、式 (6-72)、式 (6-71) 和式 (6-74) 代入式 (6-22) 中, 整理得到:

$$s_r^y = Q_0^{\frac{1}{1-\alpha}} A^{\frac{1}{1-\alpha}} L_r^{\frac{\varepsilon+\beta+\gamma/\rho_x}{1-\alpha}} r_r^{-\frac{\alpha}{1-\alpha}} MP^{\frac{\alpha}{\sigma_y(1-\alpha)}} \qquad (6-75)$$

为了结果简洁, 定义

$$Q_0 \equiv \sigma_y^{-1} [c_r^y(\sigma_y-1)]^{\alpha\left(1-\frac{1}{\sigma_y}\right)} c_r^{y-1} \alpha^\alpha \beta^\beta \gamma^{\frac{\gamma}{\rho_x}} \rho_x^\gamma \vartheta_r^{x-\gamma}$$

$$(\gamma+\beta)^{-\left(\beta+\frac{\gamma}{\rho_x}\right)} \left(\frac{f_r^x}{1-\rho_x}\right)^{\gamma\left(1-\frac{1}{\rho_x}\right)} \qquad (6-76)$$

(三) 净产出

城市 r 的总净产出为：

$$\tilde{Y}_r = (p_r \tilde{y}_r - r_r k_r^y) s_r^y \qquad (6-77)$$

将式（6-23）、式（6-37）和式（6-73）代入式（6-77）中得到：

$$\tilde{Y}_r = Q_2 M P^{\frac{1}{\sigma_y(1-\alpha)}} A^{\frac{1}{1-\alpha}} (N_r - a_0 N_r^{\frac{3}{2}})^{\frac{\varepsilon+\beta+\gamma/\rho_x}{1-\alpha}} r_r^{-\frac{\alpha}{1-\alpha}} \qquad (6-78)$$

为了结果简洁，定义

$$Q_2 \equiv (1-\alpha) \left[c_r^y (\sigma_y - 1) \right]^{\frac{\sigma_y - 1}{\sigma_y}} Q_0^{\frac{1}{1-\alpha}} = Q_1 Q_0^{\frac{1}{1-\alpha}} \qquad (6-79)$$

根据式（6-79），城市 r 的净产出为：

$$\frac{\tilde{Y}_r}{N_r} = Q_2 M P^{\frac{1}{\sigma_y(1-\alpha)}} A^{\frac{1}{1-\alpha}} (N_r - a_0 N_r^{\frac{3}{2}})^{\frac{\varepsilon+\beta+\gamma/\rho_x}{1-\alpha}} r_r^{-\frac{\alpha}{1-\alpha}} N_r^{-1} \qquad (6-80)$$

根据人均产出水平最大化的一阶条件，可以计算城市最优规模 N_r^*：

$$N_r^* = \left\{ \frac{\varepsilon + \gamma(1-\rho_x)/\rho_x}{a_0 [\varepsilon + \gamma(1-\rho_x)/\rho_x + (\varepsilon+\beta+\gamma/\rho_x)/2]} \right\}^2 \qquad (6-81)$$

将上述城市最优规模方程 N_r^*，分别对规模经济程度 ε、中间投入产品的替代弹性 ρ_x 以及中间投入产品的重要性程度 γ 进行求导，可以得到以下方程：

$$\frac{\partial N_r^*}{\partial \varepsilon} = \frac{\sqrt{N^*}(\beta+\gamma)}{a_0 [\varepsilon + \gamma(1-\rho_x)/\rho_x + (\varepsilon+\beta+\gamma/\rho_x)/2]^2} \qquad (6-82)$$

$$\frac{\partial N_r^*}{\partial \rho_x} = \frac{-\sqrt{N^*}\gamma(\beta+\gamma)/\rho_x^2}{a_0 [\varepsilon + \gamma(1-\rho_x)/\rho_x + (\varepsilon+\beta+\gamma/\rho_x)/2]^2} \qquad (6-83)$$

$$\frac{\partial N_r^*}{\partial \gamma} = \frac{\sqrt{N^*}[\beta(1-\rho_x) - \varepsilon\rho_x]}{a_0 [\varepsilon + \gamma(1-\rho_x)/\rho_x + (\varepsilon+\beta+\gamma/\rho_x)/2]^2} \qquad (6-84)$$

可以得到如下三个结论：第一，根据式（6-82），$\partial N_r^*/\partial \varepsilon > 0$，城市聚集的重要性 ε 越高，城市最优规模越大；第二，根据式（6-83），$\partial N_r^*/\partial \rho_x < 0$，得出，最终产品生产厂商对中间投入产品的替代弹性越高，城市的最优规模就会越小；第三，根据式（6-84），这里对劳动力回报与外部性水平之间的关系进行约束，假定 $\beta(1-\rho_x) > \varepsilon\rho_x$，则 $\partial N_r^*/\partial \gamma > 0$，中间投入品的多样性水平上升,城市最优规模越小。

第三节　城市最优规模的理论应用

理论模型的应用需要对相关的变量进行替代,并且对理论模型的方程进行线性化,以便设定计量模型。

一、变量替代

先对理论模型中的一些变量进行替代,确保其与现实数据相匹配。理论模型中的一些变量,如中间投入产品的重要程度 γ、厂商的净产出 $\tilde{Y}_r$、城市的有效劳动 L_r 以及资本的真实利率 r_r 等,现实中都是很难或无法观测。因此在建立计量模型之前,需要对这些变量进行预处理。

(一) 增加值替代净产出

1. 计算步骤

现实中,净产出水平无法观测,因此,本书使用增加值替代净产出,具体步骤如下。

第一,替代真实利率 r_r。城市 r 的真实利率 r_r 无法获知,本书使用资本存量 K_r 替换该变量。城市 r 的资本存量 K_r 由代表性最终产品厂商的资本存量 k_r^y 和厂商数量 s_r^y 决定:

$$K_r \equiv k_r^y s_r^y \qquad (6-85)$$

第二,替代最终产品增加值 VA_r^y。城市 r 的净产出 $\tilde{Y}_r$ 无法获知,本书使用最终产品增加值 VA_r^y 替换该变量。根据前文分析,最终产品生产厂商的数量 s_r^y、代表性最终产品生产厂商的净产出 $\tilde{y}_r$ 以及最终产品的价格 p_r^y 决定着城市 r 的最终产品增加值 VA_r^y。具体方程如下:

$$VA_r^y = p_r^y \tilde{y}_r s_r^y \qquad (6-86)$$

第三,求解最终产品增加值 VA_r^y。将式 (6-37)、式 (6-23) 和式 (6-75) 代入式 (6-86) 中整理,得到:

$$VA_r^y = MP^{\frac{1}{\sigma_y}+\frac{\alpha}{\sigma_y(1-\alpha)}} [c_r^y(\sigma_y - 1)]^{\frac{\sigma_y-1}{\sigma_y}} Q_0^{\frac{1}{1-\alpha}} A^{\frac{1}{1-\alpha}} L_r^{\frac{\varepsilon+\beta+\gamma/\rho_x}{1-\alpha}} r^{-\frac{\alpha}{1-\alpha}} \quad (6-87)$$

将式 (6-75) 代入式 (6-85) 中得到 k_r^y 的表达式, 代入式 (6-40) 整理, 得到:

$$r_r^{-\frac{\alpha}{1-\alpha}} = \{MP[c_r^y(\sigma_y-1)]\}^{-\frac{\alpha(\sigma_y-1)}{\sigma_y}} \alpha^{-\alpha} Q_0^{-\frac{\alpha}{1-\alpha}} A^{-\frac{\alpha}{1-\alpha}} L_r^{-\frac{\alpha(\varepsilon+\beta+\gamma/\rho_x)}{1-\alpha}} K_r^\alpha$$
$$(6-88)$$

将式 (6-88) 代入式 (6-87) 整理, 得到增加值 VA_r^y 的函数:

$$VA_r^y = Q_3 MP^{\frac{1}{\sigma_y}} A K_r^\alpha L_r^{\varepsilon+\beta+\gamma/\rho_x} \quad (6-89)$$

$$Q_3 \equiv Q_0 \alpha^{-\alpha} [c_r^y(\sigma_y-1)]^{\frac{(1-\alpha)(\sigma_y-1)}{\sigma_y}} \quad (6-90)$$

2. 增加值与净产出的关系

(1) 增加值与净产出的关系。

将式 (6-60) 分别代入式 (6-78) 和式 (6-89), 整理后取对数得到:

$$\ln \tilde{Y}_r = \ln Q_2 + \frac{1}{\sigma_y(1-\alpha)} \ln MP + \frac{1}{1-\alpha} \ln A + \frac{\varepsilon+\beta+\frac{\gamma}{\rho_x}}{1-\alpha} \ln(N_r - a_0 N_r^{\frac{3}{2}}) - \frac{\alpha}{1-\alpha} \ln r_r$$
$$(6-91)$$

$$\ln VA_r^y = \ln Q_3 + \frac{1}{\sigma_y} \ln MP + \ln A + \alpha \ln K_r + \left(\varepsilon + \beta + \frac{\gamma}{\rho_x}\right) \ln(N_r - a_0 N_r^{\frac{3}{2}})$$
$$(6-92)$$

将式 (6-91) 和式 (6-92) 分别对劳动力 N_r 求导, 得到:

$$\frac{\partial \ln(\tilde{Y}_r)}{\partial N_r} = \frac{\varepsilon+\beta+\gamma/\rho_x}{1-\alpha}(N_r - a_0 N_r^{\frac{3}{2}})^{-1}\left(1 - \frac{3}{2}a_0 N_r^{\frac{1}{2}}\right) \quad (6-93)$$

$$\frac{\partial \ln(VA_r^y)}{\partial N_r} = (\varepsilon+\beta+\gamma/\rho_x)(N_r - a_0 N_r^{\frac{3}{2}})^{-1}\left(1 - \frac{3}{2}a_0 N_r^{\frac{1}{2}}\right) \quad (6-94)$$

根据式 (6-93) 与式 (6-94), 两者的边际产出存在关系如下:

$$\frac{\partial \ln \tilde{Y}_r}{\partial N_r} = \frac{1}{1-\alpha} \frac{\partial \ln(VA_r^y)}{\partial N_r} \quad (6-95)$$

同理, 将式 (6-55) 分别代入式 (6-78) 和式 (6-89), 整理后取对数, 然后对人口 P_r 求导, 两者的边际产出存在关系如下:

$$\frac{\partial \ln \widetilde{Y}_r}{\partial P_r} = \frac{1}{1-\alpha} \frac{\partial \ln(VA_r^y)}{\partial P_r} \qquad (6-96)$$

(2) 劳均净产出与劳均增加值的关系。

将式 (6-91) 和式 (6-92) 分别两边除以劳动力 N_r,分别得到劳均净产出和劳均增加值,具体如下:

$$\ln \frac{\widetilde{Y}_r}{N_r} = \ln Q_2 + \frac{1}{\sigma_y(1-\alpha)} \ln MP + \frac{1}{1-\alpha} \ln A$$
$$+ \frac{\varepsilon + \beta + \frac{\gamma}{\rho_x}}{1-\alpha} \ln(N_r - a_0 N_r^{\frac{3}{2}}) - \frac{\alpha}{1-\alpha} \ln r_r - \ln N_r \qquad (6-97)$$

$$\ln \frac{VA_r^y}{N_r} = \ln Q_3 + \frac{1}{\sigma_y} \ln MP + \ln A + \alpha \ln \frac{K_r}{N_r}$$
$$+ \left(\varepsilon + \beta + \frac{\gamma}{\rho_x}\right) \ln(N_r - a_0 N_r^{\frac{3}{2}}) - (1-\alpha) \ln N_r \qquad (6-98)$$

在长期,劳均资本存量是相对固定的,因此将 $\widetilde{Y}_r/N_r$、VA_r^y/N_r 为整体,K_r/N_r 为常数,对 N_r 求导数:

$$\frac{\partial \ln(\widetilde{Y}_r/N_r)}{\partial N_r} = \frac{\varepsilon + \beta + \gamma/\rho_x}{1-\alpha} \left[\frac{1 - a_0 N_r^{\frac{1}{2}}}{N_r - a_0 N_r^{\frac{3}{2}}}\right] - \frac{1}{N_r} \qquad (6-99)$$

$$\frac{\partial \ln(VA_r^y/N_r)}{\partial N_r} = (1-\alpha) \left\{\frac{\varepsilon + \beta + \gamma/\rho_x}{1-\alpha} \left[\frac{1 - a_0 N_r^{\frac{1}{2}}}{N_r - a_0 N_r^{\frac{3}{2}}}\right] - \frac{1}{N_r}\right\} \qquad (6-100)$$

根据式 (6-99) 和式 (6-100),两者的边际产出存在关系如下:

$$\frac{\partial \ln(\widetilde{Y}_r/N_r)}{\partial N_r} = \frac{1}{1-\alpha} \frac{\partial \ln(VA_r^y/N_r)}{\partial N_r} \qquad (6-101)$$

同理,式 (6-91) 和式 (6-92) 分别两边除以劳动力 P_r,得到人均净产出和人均增加值,两者的边际产出存在关系如下:

$$\frac{\partial \ln(\widetilde{Y}_r/P_r)}{\partial P_r} = \frac{1}{1-\alpha} \frac{\partial \ln(VA_r^y/P_r)}{\partial P_r} \qquad (6-102)$$

(二) 制造业服务业比替代中间产品重要程度

现实中,中间产品重要程度 γ 无法被观测到。本书使用制造业服务业比（Manufacturer to Service Ratio，MS）替代该变量。选择该变量的合理性在于：中间产品一般属于生产性服务业，包括金融、法律等服务，较少跨区进行。最终产品一般属于制造业，产品可以跨区域流动。

根据前面分析，制造业增加值 VA_r^y 就是最终产品增加值，具体方程如下：

$$VA_r^y = [p_r^y(y_r - c_r^y) - p_r^x(s_r^x x_r)]s_r^y \qquad (6-103)$$

同样，服务业增加值 VA_r^x 就是中间投入产品增加值，具体方程如下：

$$VA_r^x = p_r^y X_r s_r^x = p_r^y(s_r^x x_r)s_r^y \qquad (6-104)$$

中间产品重要程度由 MS 比替代，用式（6-103）比式（6-104），得到：

$$MS_r = \frac{VA_r^y}{VA_r^x} = \frac{p_r^y(y_r - c_r^y) - p_r^x(s_r^x x_r)}{p_r^y(s_r^x x_r)} \qquad (6-105)$$

将式（6-23）、式（6-37）代入式（6-105），对式（6-42）变形得到制造业服务业比：

$$MS_r = \frac{1-\gamma}{\gamma} \qquad (6-106)$$

或

$$\gamma = \frac{1}{1 + MS_r} \qquad (6-107)$$

将式（6-107）和 $\beta = 1 - \alpha - \gamma$ 代入式（6-89），得到：

$$VA_r^y = Q_3 MP_r^{\frac{1}{\sigma_y\gamma}} A(K_r)^\alpha L_r^{1+\varepsilon-\alpha+\frac{1-\rho_x}{\rho_x(1+MS_r)}} \qquad (6-108)$$

其中，

$$Q_3 \equiv \{\sigma_y^{-1}[c_r^y(\sigma_y - 1)]^{\frac{(\sigma_y-1)}{\sigma_y}} c_r^{y-1}\} \left(\frac{MS_r}{1+MS_r} - \alpha\right)^{\frac{MS_r}{1+MS_r} - \alpha}$$

$$(1+MS_r)^{-\frac{1}{\rho_x(1+MS_r)}} \rho_x^{\frac{1}{1+MS_r}} \vartheta_r^{x-\frac{1}{1+MS_r}} (1-\alpha)^{\alpha + \frac{\rho_x-1}{\rho_x(1+MS_r)} - 1} \left(\frac{f_r^x}{1-\rho_x}\right)^{\frac{\rho_x-1}{\rho_x(1+MS_r)}}$$

$$(6-109)$$

（三）人口替代有效劳动

现实中，有效劳动 L_r 无法被观测到。可以使用城市的劳动人口或总人口作为替代变量。在《中国城市统计年鉴》中，虽然记录了单位从业人员数，但是该指标并未对私营部门就业人员进行统计，因此本书避免使用劳动人口带来的问题，本书使用市辖区总人口作为有效劳动的替代变量。式(6-108)进行调整转换，以城市市辖区总人口替代有效劳动数量。

将式(6-60)代入式(6-108)：

$$VA_r^y = Q_3 MP_r^{\frac{1}{\sigma_y}} A(K_r)^\alpha (N_r - a_0 N_r^{\frac{3}{2}})^{1+\varepsilon-\alpha+\frac{1-\rho_x}{\rho_x(1+MS_r)}} \qquad (6-110)$$

$$Q_4 \equiv Q_3 \left(\frac{a_1}{a_0}\right)^{2\left[1+\varepsilon-\alpha+\frac{1-\rho_x}{\rho_x(1+MS_r)}\right]} \qquad (6-111)$$

式(6-110)取对数，得到增加值：

$$\ln(VA_r^y) = \ln Q_3 + \frac{1}{\sigma_y}\ln MP_r + \ln A + \alpha \ln K_r$$
$$+ \left[(1+\varepsilon-\alpha) + \frac{1-\rho_x}{\rho_x(1+MS_r)}\right]\ln(N_r - a_0 N_r^{\frac{3}{2}}) \qquad (6-112)$$

根据式(6-112)，得到劳均增加值：

$$\ln\left(\frac{VA_r^y}{N_r}\right) = \ln Q_3 + \frac{1}{\sigma_y}\ln MP_r + \ln A + \alpha \ln \frac{K_r}{N_r} + \left[\varepsilon + \frac{1-\rho_x}{\rho_x(1+MS_r)}\right]$$
$$\ln(N_r - a_0 N_r^{\frac{3}{2}}) + (\alpha - 1)\ln(1 - a_0 N_r^{\frac{1}{2}}) \qquad (6-113)$$

因为劳均资本存量 K_r/N_r 固定不变，人均产出 VA_r^y/N_r 最高时人口数量为城市最优规模。

同理，计算人均增加值：

$$\ln\left(\frac{VA_r^y}{P_r}\right) = \ln Q_4 + \frac{1}{\sigma_y}\ln MP_r + \ln A + \alpha \ln \frac{K_r}{P_r} + \left[\varepsilon + \frac{1-\rho_x}{\rho_x(1+MS_r)}\right]$$
$$\ln(N_r - a_1 P_r^{\frac{3}{2}}) + (\alpha - 1)\ln(1 - a_0 P_r^{\frac{1}{2}}) \qquad (6-114)$$

因为劳均资本存量 K_r/N_r 固定不变，人均产出 VA_r^y/P_r 最高时人口数量为城市最优规模。

二、计量模型设定

这里对理论模型得到的方程进行系数线性化处理，得到计量模型。本书选择使用产业结构划分城市类型，对制造业服务业比以及人口展开，分别使用泰勒（Taylor）展开和列昂惕夫（Leontief）标准化两种方式进行线性化处理。这两种展开形式都刻画了产出与人口之间的倒"U"型关系，不同的是前者为对称的倒"U"型关系,而后者是不对称的倒"U"型关系。

奥和亨德森(2006a)认为,人口高于最优规模的损失要比低于人口最优规模的损失要小,即非对称的倒"U"型关系。因此列昂惕夫标准化可能更符合现实情形,因此本书虽然提供了两种展开的结果,但是更多地偏向于列昂惕夫标准化模型的解释。

(1) 劳均增加值。

对式(6-113)进行二阶泰勒展开,得到线性回归方程:

$$\ln\left(\frac{VA}{N}\right) = \frac{1}{\sigma_y}\ln MP + \ln A + \alpha\ln k_N + [b_1 N + b_2 N^2 + b_3 N \cdot MS + b_4 MS + b_5 MS^2] \quad (6-115)$$

对式(6-115)进行列昂惕夫标准化,得到线性回归方程:

$$\ln\left(\frac{VA}{N}\right) = \frac{1}{\sigma_y}\ln MP + \ln A + \alpha\ln k_N \ln(va_N) + [c_1 N^{\frac{1}{2}} + c_2 N + c_3 N^{\frac{1}{2}} \cdot MS^{\frac{1}{2}} + c_4 MS^{\frac{1}{2}} + c_5 MS] \quad (6-116)$$

现实中,人均资本存量并不会随着人口的增加而产生变化,因此这里假定 k_N 和 k_P 不随 N 变动。求解式(6-115),得到二阶泰勒展开形式下的最优劳动规模关于劳动力 N 的一阶条件:

$$N^* = -\frac{b_1 + b_3 MS}{2b_2} \quad (6-117)$$

确保结果为最大值的二阶条件:

$$b_2 < 0 \quad (6-118)$$

求解式(6-116),得到列昂惕夫标准化形式下的最优劳动规模关于劳动力 N 的一阶条件:

$$\tilde{N}^* = \left(-\frac{c_1 + c_3 MS^{\frac{1}{2}}}{2c_2}\right)^2 \quad (6-119)$$

确保结果为最大值的二阶条件:

$$c_1 + c_3 MS^{\frac{1}{2}} > 0 \quad (6-120)$$

(2) 人均增加值。

对式(6-114)进行二阶泰勒展开,得到线性回归方程:

$$\ln\left(\frac{VA}{P}\right) = \frac{1}{\sigma_y}\ln MP + \ln A + \alpha\ln k_P + [b_1 P + b_2 P^2 + b_3 P \cdot MS$$
$$+ b_4 MS + b_5 MS^2] \quad (6-121)$$

对式(6-121)进行列昂惕夫标准化,得到线性回归方程:

$$\ln\left(\frac{VA}{P}\right) = \frac{1}{\sigma_y}\ln MP + \ln A + \alpha\ln k_P + [c_1 P^{\frac{1}{2}} + c_2 P + c_3 P^{\frac{1}{2}} \cdot MS^{\frac{1}{2}}$$
$$+ c_4 MS^{\frac{1}{2}} + c_5 MS] \quad (6-122)$$

现实中,人均资本存量并不会随着人口的增加而产生变化,因此这里假定 k_N 和 k_P 不随 P 变动。求解式(6-121),得到二阶泰勒展开形式下的最优劳动规模关于劳动力 P 的一阶条件:

$$P^* = -\frac{b_1' + b_3' MS_r}{2b_2'} \quad (6-123)$$

确保结果为最大值的二阶条件:

$$b_2 < 0 \quad (6-124)$$

求解式(6-122),得到列昂惕夫标准化形式下的最优劳动规模关于劳动力 P 的一阶条件:

$$\tilde{P}^* = \left(-\frac{c_1' + c_3' MS^{\frac{1}{2}}}{2c_2'}\right)^2 \quad (6-125)$$

确保结果为最大值的二阶条件:

$$c_1 + c_3 MS^{\frac{1}{2}} > 0 \quad (6-126)$$

以上方程分析表明:产业结构 MS(即制造业与服务业之比)对城市最优规模产生影响,劳动力数量 N 与产业结构 MS 共同决定了城市劳动力人均增加值与人口规模之间的倒"U"型曲线关系的形状;而其他因素,如资本存量 k_N、市场潜力 MP、技术水平 A 等因素则会影响城市最优规模时的产出水平,并不会改变曲线的形状。

三、效率估算

根据计量模型,可以对城市由于偏离最优规模造成的效率损失。
(1)劳均增加值。
在二阶泰勒展开形式下,根据式(6-101)和式(6-115),计算净产出的效率损失：

$$\ln\left(\frac{\tilde{Y}}{N}\right)^* - \ln\left(\frac{\tilde{Y}}{N}\right) = \frac{N^* - N}{1-\hat{\alpha}}[\hat{b}_1 + \hat{b}_2(N^* - N) + \hat{b}_3 MS] \quad (6-127)$$

二阶泰勒展开形式下的效率损失率为：

$$\frac{(\tilde{Y}/N)^* - (\tilde{Y}/N)}{(\tilde{Y}/N)} \times 100\% = \{e^{\frac{N^*-N}{1-\hat{\alpha}}[\hat{b}_1+\hat{b}_2(N^*-N)+\hat{b}_3 MS]} - 1\} \times 100\%$$

$$(6-128)$$

在列昂惕夫标准化形式下，根据式（6-102）和式（6-116），计算净产出的效率损失：

$$\ln\left(\frac{\tilde{Y}}{N}\right)^* - \ln\left(\frac{\tilde{Y}}{N}\right) = \frac{1}{1-\hat{\alpha}}\{(\hat{c}_1 + \hat{c}_3 MS^{\frac{1}{2}})$$

$$[(N^*)^{\frac{1}{2}} - N^{\frac{1}{2}}] + \hat{c}_2(N^* - N)\} \quad (6-129)$$

列昂惕夫标准化下的效率损失率：

$$\frac{(\tilde{Y}/N)^* - (\tilde{Y}/N)}{(\tilde{Y}/N)} \times 100\% = \{e^{\frac{1}{1-\hat{\alpha}}\{(\hat{c}_1+\hat{c}_3 MS^{\frac{1}{2}})[(N^*)^{\frac{1}{2}}-N^{\frac{1}{2}}]+\hat{c}_2(N^*-N)\}} - 1\} \times 100\%$$

$$(6-130)$$

（2）人均增加值。

在二阶泰勒展开形式下，根据式（6-101）和式（6-115），计算净产出的效率损失：

$$\ln\left(\frac{\tilde{Y}}{P}\right)^* - \ln\left(\frac{\tilde{Y}}{P}\right) = \frac{N^* - N}{1-\hat{\alpha}}[\hat{b}_1 + \hat{b}_2(P^* - P) + \hat{b}_3 MS] \quad (6-131)$$

二阶泰勒展开形式下的效率损失率为：

$$\frac{(\tilde{Y}/P)^* - (\tilde{Y}/P)}{(\tilde{Y}/P)} \times 100\% = \{e^{\frac{P^*-P}{1-\hat{\alpha}}[\hat{b}_1+\hat{b}_2(P^*-P)+\hat{b}_3 MS]} - 1\} \times 100\%$$

$$(6-132)$$

采用列昂惕夫标准化形式，根据式（6-102）和式（6-116），计算净产出的效率损失：

$$\ln\left(\frac{\tilde{Y}}{P}\right)^* - \ln\left(\frac{\tilde{Y}}{P}\right) = \frac{1}{1-\hat{\alpha}}\{(\hat{c}_1 + \hat{c}_3 MS^{\frac{1}{2}})[(P^*)^{\frac{1}{2}} - P^{\frac{1}{2}}] + \hat{c}_2(P^* - P)\}$$

$$(6-133)$$

列昂惕夫标准化下的效率损失率：

$$\frac{(\tilde{Y}/P)^* - (\tilde{Y}/P)}{(\tilde{Y}/P)} \times 100\% = \left\{ e^{\frac{1}{1-\hat{a}}\{(\hat{c}_1 + \hat{c}_3 MS\frac{1}{2})[(P^*)\frac{1}{2} - P\frac{1}{2}] + \hat{c}_2(P^* - P)\}} - 1 \right\} \times 100\%$$

(6 – 134)

第四节　城市行政等级与中国城市最优规模

关于城市发展路径选择，中国学术界一直存在中小城市还是大城市优先发展的争议（王小鲁，2010）。改革开放之前，中国实施重工业优先发展战略，由于重工业对城市就业吸纳有限且需要有充足的农业剩余支撑，此时国家采取了限制城市规模的策略，制定了严格的户籍制度。改革开放之后，为了实现城市化与工业化同步发展，中国开始逐步放开对城市发展的限制。1980年，国家提出"严格控制大城市规模，合理发展中小城市，积极发展小城镇"的城镇化策略。进入21世纪，国家提出"大中小城市和小城镇协调发展"，对大城市规模的限制开始逐步放开，加速了城市化推进的速度。

尽管国家出台政策的初衷是希望大中小城市协调发展，但在规模经济的影响下，城市之间发展不平衡现象开始突出，出现大城市太大、小城市太小、中等城市规模不足的问题。大城市尤其是特大城市人口过度聚集，导致规模不经济的出现，出现了城市拥挤现象突出、居民生活成本加大、基本公共服务供给不足、基础设施建设滞后等问题。而一些中小城市、小城镇等则由于人口规模过小、聚集程度低，无法形成规模经济，达不到一个城市有效运行的最低人口规模，出现基础设施超前建设、住房供给过多等问题。城市规模分布不合理造成了资源错配，经济效率损失。

为了促进中国城市发展合理且有序，2013年，国家提出"全面放开建制镇和小城市落户限制，有序放开中等城市落户限制，合理确定大城市落户条件，严格控制特大城市人口规模"，希望通过实施分类的户籍制度改革政策来引导人口向中小城市、小城镇流动，减少向大城市尤其是特大市流动人口的规模,以此来实现资源在城市之间的有效配置。然而,在现有的中国城市行政体制之下,城市之间的行政等级化关系导致了资源过度集中于高行政等级城市,户籍制度对人口流动的约束程度越来越低,因此这些城市的人口规模难以通过户籍制度进行调节。本节使用城市最优规模理论模型估计不同行政等级城市的最优规模,并从城市聚集收益最大化的角度提出中国最优的城市发展路径。

一、变量说明

根据本章第三节计量模型的设定,本节使用二阶泰勒展开以及列昂惕夫标准化后的方程对中国城市产出水平与人口之间的关系进行分析,本节安排如下:首先,以常住人口口径对城市产出水平与人口之间的关系进行回归分析;其次,使用户籍人口与劳动人口口径对城市产出水平与人口之间的关系进行回归分析,观察结果的稳健性;最后,使用常住人口口径的结论估算偏离城市最优规模时,城市的效率损失。

本节的数据主要来源于《中国统计年鉴》《中国城市统计年鉴》《中国人口普查分县资料》等。人口数据采用两种统计口径:一是人口普查数据提供的常住人口数据;二是《中国城市统计年鉴》提供的户籍人口数据。由于人口普查数据能够更真实地反映人口状况,因此在解释、分析和估算结果时,本书以人口普查数据为主。由于前面章节已经给出人口普查数据的处理方式和统计描述,本部分不再冗述。对于涉及价格因素的变量,本部分以2001年为不变价格进行统计,并且对异常值进行了处理。主要变量的详细说明如下。

(一)总产出

最终产品产出VA_i^y的代理变量,本书使用人均GDP进行代理。同时,为了去除价格指数的影响,我们使用GDP平减指数进行缩减。

(二)市场潜力指数

市场潜力指数根据式(6-35)计算,即:

$$MP_r = \sum_{s=1}^{R} \left(\frac{E_s I_s}{T_{rs}^{\sigma_y - 1}} \right) \qquad (6-135)$$

其中，城市 s 的支出水平 E_s，我们采用城市市辖区的 GDP 进行计算；将价格指数 I_s 标准化为 1。关于城市之间的交通运输成本，根据公式 $T_{rs} = \zeta_r d_{rs}^{\kappa}$。$d_{rs}$ 采用 r 城市中心到 s 城市中心之间的距离表示，本地商品运输的距离 $d_{rr} = 2/3\pi^{-0.5} area^{0.5}$。我们将本地商品的运输成本标准化为 1，计算出商品运输成本与距离之间的关系，$\zeta_r = d_{rr}^{-\kappa}$。最后，依据蓬切特（2005）、奥和亨德森（2006a）等的研究成果，我们将 σ_y 取值为 2、κ 取值为 0.82。

（三）技术进步

技术进步 A 采用万人拥有大学生人数和人均外商直接投资作为代理变量。

（四）资本存量

参考张军（2004）的方法，本书用永续盘存法对资本存量进行估算，具体计算方法如下：

$$k_{rt} = k_{rt-1}(1-\delta) + I_{rt} \qquad (6-136)$$

其中，k_{rt} 表示 r 城市 t 时期的固定资产存量，该变量取决于 $t-1$ 时期的固定资产存量 k_{rt-1} 扣除折旧部分，其中折旧率 δ 取值 9.6%，加上 r 城市 t 时期新增固定资产投资 I_{rt}。

（五）人口规模

人口规模的代理变量有三种：一是人口普查数据中的市辖区人口；二是《中国城市统计年鉴》中的市辖区人口；三是《中国城市统计年鉴》中第二产业与第三产业从业人员数的加总。

（六）中间产品重要程度

中间产品重要程度的代理变量为制造业与服务业之比，计算时采用第二产业与第三产业的比值。具体数据统计描述见表 6-1。

表 6 - 1　　　　　　　　　　数据描述

变量	单位	观测值	均值	标准差	最小值	最大值
市辖区总人口	万人	2832	126.18	155.81	14.08	1542.77
实际人均 GDP +	元	2774	24793.22	23096.74	189.67	261388.60
实际劳均 GDP +	元	2782	151667.90	130032.00	685.00	4343299.00
市场潜力指数 +	—	2817	370.76	327.00	58.20	3451.31
人均外商直接投资累计额 +	美元	2825	756892.10	735407.30	399.68	5589777.00
万人拥有高等教师数	人	2623	20.73	18.94	0.28	137.61
人均资本存量 +	万元	2600	69516.74	55463.39	4005.73	489770.80
人口	万人	2825	125.90	155.74	14.00	1542.77
第二、第三产业从业人员数	万人	2829	24.51	53.83	0.47	1363.84
第二、第三产业比	—	2812	1.407	0.979	0.174	11.377
人均财政支出 +	元	2775	2737.91	2619.51	18.35	34517.23
全市农业人员数	万人	2823	379.54	3832.99	0.93	176854.90
医生人数	人	2826	3466.53	5236.65	112	62533

注：(1) 涉及价格变量以 2001 年为不变价格对相关变量（+表示的变量）进行价格指数缩减；(2) 使用市辖区数据进行计算。
资料来源：根据相关年份《人口普查分县市资料》《中国城市统计年鉴》《中华人民共和国行政区划手册》整理。

二、实证分析

(一) 产出、常住人口与城市最优规模

我们首先采用城市市辖区常住人口口径来分析城市的最优规模，使用实际人均 GDP 作为因变量。根据本章第三节设定的固定效应模型进行回归分析。回归结果如表 6 - 2 所示：列 [6.1] 和列 [6.2] 使用二阶泰勒展开形式，即式 (6 - 121)；列 [6.3] 和列 [6.4] 使用列昂惕夫标准化形式，即式 (6 - 122)。下面对两个结果分别进行说明。

第一，使用泰勒展开形式的结果如列 [6.1] 和列 [6.2] 所示，二者的区别在于前者未控制时间因素，后者控制了时间因素。常住人口变量的系数显著为正，而常住人口平方项系数则显著为负，表明随着常住人口规模的增加，人均 GDP 先上升后下降，常住人口规模与人均 GDP 产出之间

呈现出对称的倒"U"型关系。

第二，使用列昂惕夫标准化形式的结果如列[6.3]和列[6.4]所示，二者的区别在于前者未控制时间因素，后者控制了时间因素。常住人口平方根项的系数显著为正，而常住人口系数显著为负。表明随着常住人口的增加，人均 GDP 先上升后下降，常住人口与产出之间呈现出非对称的倒"U"型关系。

在其他变量方面，市场潜力回归系数为 0.358，根据式（6-122），产品需求弹性 σ_y 为 2.793，表明市场潜力增加 1%，人均产出提高 0.358%，市场规模能够推动城市的发展。万人拥有大学生数作为技术进步的代理变量，回归系数为 0.052，表明万人拥有大学生数每增加 1%，人均 GDP 将提高 0.052%。人均资本存量的回归系数为 0.000858，表明资本存量增加 1%，人均产出提高 0.000858%。

表 6-2　　产出、常住人口与最优规模

解释变量	被解释变量：人均 GDP			
	Taylor 展开		Leontief 展开	
	[6.1]	[6.2]	[6.3]	[6.4]
ln 市场潜力	0.205 *** (0.00967)	0.371 (0.246)	0.206 *** (0.0107)	0.358 (0.246)
ln 万人拥有大学生数	0.118 *** (0.0159)	0.0517 *** (0.0157)	0.117 *** (0.0141)	0.0517 *** (0.0158)
ln 人均财政支出	0.689 *** (0.0298)	0.678 *** (0.0317)	0.691 *** (0.0299)	0.680 *** (0.0322)
ln 人均资本存量	0.121 * (0.0648)	0.0241 (0.0441)	0.100 (0.0683)	0.000858 (0.0475)
人口 [人口$^{1/2}$]	0.000891 *** (0.000166)	0.000482 *** (0.000136)	0.0390 *** (0.00108)	0.0224 *** (0.00162)
人口^2 [人口]	-0.000000249 *** (0.0000000117)	-0.000000162 *** (0.0000000139)	-0.000286 ** (0.000120)	-0.000221 (0.000141)
人口 × 产业结构 [人口$^{1/2}$ × 产业结构$^{1/2}$]	-0.000068 ** (0.0000331)	-0.0000579 * (0.0000322)	-0.00997 *** (0.00281)	-0.00830 *** (0.00241)

续表

解释变量	被解释变量：人均 GDP			
	Taylor 展开		Leontief 展开	
	[6.1]	[6.2]	[6.3]	[6.4]
产业结构 [产业结构$^{1/2}$]	0.0265*** (0.00332)	0.0423*** (0.00662)	0.0906*** (0.0268)	0.134*** (0.0401)
产业结构^2 [产业结构]	0.000350 (0.000342)	-0.000472 (0.000848)	0.0229*** (0.00480)	0.0160* (0.00956)
R^2	0.970	0.971	0.970	0.971
控制个体	是	是	是	是
控制时间	否	是	否	是
观测值个数	681	681	681	681
方法	固定效应	固定效应	固定效应	固定效应

注：(1) * 表示 $p<0.1$，** 表示 $p<0.05$，*** 表示 $p<0.01$，括号内的数字是考虑了异方差与自相关问题（Driscoll-Kraay standard errors）稳健的标准误；(2) 由于本章的回归结果涉及小数点后三位的情形，因此采用保留三位有效数字的方式；(3) R^2 表示拟合优度；(4) 回归结果列 [6.1] 和列 [6.2] 使用 Taylor 展开，回归结果列 [6.3] 和列 [6.4] 使用 Leontief 展开；(5) 使用 1990 年、2000 年和 2010 年的人口普查数据，数据经过区划调整。

资料来源：Stata 统计输出。

（二）稳健性检验：户籍人口与劳动力

值得注意的是，实证模型可能存在着内生性问题。首先，城市的产出水平与人口规模之间可能存在因果关系。具体而言，一方面人口聚集可能带来产出增加；另一方面产出增加可能吸引外来迁入人口。其次，城市发展会受到多个因素的共同影响，因此模型中可能存在关键遗漏变量而产生内生性问题。

本书采用广义矩估计（Generalized Method of Moments，GMM）的估计方法，选择工具变量处理上述问题。在工具变量选择方面，选择医生数量、农业劳动力作为人口规模的工具变量（Michaels，Rauch and Redding，2012）。因为医生数量与人口数量高度相关，与国内生产总值关联度低；农业人口与城市人口两者存在互补关系，农业劳动力与市辖区产出关系微弱。除此之外，资本存量与产出之间也有一定的内生性问题，这里采用资本存量一阶滞后值作为工具变量。

需要说明的是，由于常住人口口径的数据仅有 3 期，户籍人口口径以及劳动力人口口径时期较长。因此，仅对户籍人口口径以及劳动力人口口径使用工具变量。① 下面分别对这两个口径的结果进行分析，结果如表 6-3 所示。

表 6-3　　　　　　　　　　产出、户籍人口与最优规模

解释变量	被解释变量：人均 GDP			
	Taylor		[Leontief]	
	[6.5]	[6.6]	[6.7]	[6.8]
ln 市场潜力	0.251*** (0.0422)	0.294*** (0.0435)	0.237*** (0.0508)	0.258*** (0.0467)
ln 人均累计 FDI	0.168*** (0.0500)	0.507*** (0.0987)	0.266*** (0.0212)	1.248*** (0.368)
ln 万人拥有教师数	0.0321** (0.0127)	0.0182 (0.0122)	0.0345** (0.0142)	0.0289** (0.0147)
ln 人均财政支出	0.386*** (0.0766)	0.315*** (0.0136)	0.386*** (0.0765)	0.310*** (0.0143)
ln 人均资本存量	0.213*** (0.0179)	0.185*** (0.0268)	0.223*** (0.0163)	0.225*** (0.0331)
人口 [人口$^{1/2}$]	0.000767* (0.000393)	0.00344*** (0.00114)	0.0578** (0.0250)	0.393*** (0.141)
人口^2 [人口]	−0.000000203 (0.000000224)	−0.00000122*** (0.000000468)	−0.000516 (0.000519)	−0.00661*** (0.00250)
人口 × 产业结构 [人口$^{1/2}$ × 产业结构$^{1/2}$]	−0.00003 (0.0000921)	−0.000195* (0.000113)	−0.00518 (0.00750)	0.00205 (0.00890)
产业结构 [产业结构$^{1/2}$]	0.0697*** (0.0184)	0.111*** (0.0200)	0.198* (0.117)	0.202 (0.126)

---

① 虽然户籍人口和劳动人口数据不能确定反映城市的人口规模，会出现偏差，但是这里的目的主要是进行稳健性检验，不用于人口规模的估算。

续表

解释变量	被解释变量：人均GDP			
	Taylor		[Leontief]	
	[6.5]	[6.6]	[6.7]	[6.8]
产业结构² [产业结构]	-0.00389*** (0.00121)	-0.00643*** (0.00193)	-0.0111 (0.0204)	-0.0232 (0.0293)
R^2	0.858	0.862	0.858	0.846
sargan 统计量	—	2.594	—	3.564
sargan_p	—	0.458	—	0.313
idstat 统计量	—	218.3	—	52.10
idstat_p	—	0.000	—	0.000
控制个体	是	是	是	是
控制时间	是	是	是	是
观测值个数	2451	2191	2451	2191
工具变量	是	是	是	是

注：(1) * 表示 $p<0.1$，** 表示 $p<0.05$，*** 表示 $p<0.01$，括号内的数字是考虑了异方差与自相关问题（Driscoll-Kraay standard errors）稳健的标准误。(2) R^2 表示拟合优度。(3) 工具变量回归采用 GMM，并进行相关的检验。首先，过度识别检验：用于检验工具变量的合理性。H_0：工具变量与内生变量相关，与干扰项不相关。sargan_p 给出统计量的 P 值。其次，识别不足检验，用于检验工具变量的合理性。H_0：工具变量与内生变量相关。idstat_p 给出 Anderson canon 统计量的 P 值。

资料来源：使用《中国城市统计年鉴》数据（包括2001年到2010年），Stata 统计输出。

1. 户籍人口

使用常住人口口径进行分析，得到的回归结果如表6-3所示：列[6.5]和列[6.6]使用二阶泰勒展开形式，即式（6-121）；列[6.7]和列[6.8]使用列昂惕夫标准化形式，即式（6-122）。下面对两个结果分别进行说明。

第一，使用泰勒展开形式的结果如列[6.5]和列[6.6]所示，其中列[6.5]未使用工具变量，列[6.6]使用了工具变量。户籍人口的系数符号为正且统计显著，户籍人口平方项系数显著为负。表示随着户籍人口的增加，人均GDP呈先上升后下降。户籍人口与产出之间呈现出对称的倒"U"型关系，与采用常住人口进行回归的结论，基本保持一致。

第二，使用列昂惕夫标准化形式的结果如列[6.7]和列[6.8]所示，其中列［6.7］未使用工具变量，列［6.8］使用了工具变量。户籍人口平方根项的系数符号显著为正，而户籍人口系数显著为负。说明随着户籍人口的增加，人均 GDP 先上升后下降。户籍人口与产出之间呈现出非对称的倒"U"型关系，同样与采用常住人口进行分析的结果保持一致。总体来看，无论采用常住人口还是户籍人口，人口规模与城市人均产出之间的形状，基本保持不变。

2. 劳动人口

使用劳动人口口径进行分析，得到的回归结果如表 6 - 4 所示：列［6.9］和列［6.10］使用二阶泰勒展开形式，即式（6 - 115）；列［6.11］和列［6.12］使用列昂惕夫标准化形式，即式（6 - 116）。下面对两个结果分别进行说明。

表 6 - 4　　　　　　　　产出、劳动人口与最优规模

解释变量	被解释变量：人均 GDP			
	Taylor		Leontief	
	[6.9]	[6.10]	[6.11]	[6.12]
ln 市场潜力	0.180 *** (0.0359)	0.213 *** (0.0484)	0.237 *** (0.0389)	0.295 *** (0.0445)
ln 人均累计 FDI	-0.204 *** (0.0245)	-0.119 *** (0.0379)	-0.250 *** (0.0214)	-0.274 *** (0.0362)
ln 万人拥有教师数	0.0110 (0.00848)	-0.000846 (0.0132)	0.0175 ** (0.00850)	0.00950 (0.0122)
ln 人均财政支出	0.360 *** (0.0435)	0.302 *** (0.0329)	0.269 *** (0.0271)	0.156 *** (0.0329)
ln 人均资本存量	0.404 *** (0.0652)	0.423 *** (0.0184)	0.391 *** (0.0741)	0.315 *** (0.0156)
人口 [人口$^{1/2}$]	-0.000357 (0.000960)	0.0112 *** (0.00344)	-0.136 *** (0.0462)	-0.413 *** (0.0620)
人口^2 [人口]	0.00000282 ** (0.00000113)	-0.0000105 *** (0.00000404)	0.00518 *** (0.00143)	0.0138 *** (0.00199)
人口 × 产业结构 [人口$^{1/2}$ × 产业结构$^{1/2}$]	-0.00209 *** (0.000329)	-0.00618 *** (0.00110)	-0.0458 *** (0.00979)	-0.00189 (0.0176)

续表

解释变量	被解释变量：人均 GDP			
	Taylor		Leontief	
	[6.9]	[6.10]	[6.11]	[6.12]
产业结构 [产业结构$^{1/2}$]	0.0838 *** (0.0115)	0.170 *** (0.0245)	0.256 *** (0.0415)	0.227 ** (0.0943)
产业结构^2 [产业结构]	-0.00176 * (0.00104)	-0.00195 (0.00217)	0.00939 (0.0181)	-0.0217 (0.0285)
R^2	0.871	0.852	0.876	0.877
sargan 统计量	—	2.719	—	12.04
sargan_p	—	0.437	—	0.00724
idstat 统计量	—	153.9	—	258.5
idstat_p	—	0.000	—	0.000
控制个体	是	是	是	是
控制时间	是	是	是	是
观测值个数	2451	2196	2451	2196
工具变量	否	是	否	是

注：(1) * 表示 $p<0.1$，** 表示 $p<0.05$，*** 表示 $p<0.01$，括号内的数字是考虑了异方差与自相关问题（Driscoll-Kraay standard errors）稳健的标准误。(2) R^2 表示拟合优度。(3) 工具变量回归采用 GMM，并进行相关的检验。首先，过度识别检验，用于检验工具变量的合理性，H_0：工具变量与内生变量相关，与干扰项不相关。sargan_p 给出统计量的 P 值。其次，识别不足检验，用于检验工具变量的合理性，H_0：工具变量与内生变量相关。idstat_p 给出 Anderson canon 统计量的 P 值。

资料来源：使用《中国城市统计年鉴》数据（包括 2001 年到 2010 年），Stata 统计输出。

第一，使用泰勒展开形式的结果如列[6.9]和列[6.10]所示，其中列[6.9]未使用工具变量，列[6.10]使用了工具变量。未使用工具变量的情形下，劳动人口的系数符号为负且统计显著，劳动人口平方项系数为负且统计显著。使用工具变量的情况下，劳动人口的系数符号显著为正，劳动人口平方项系数则显著为负。表明随着劳动人口的增加，人均 GDP 先上升后下降。劳动人口与产出之间呈现出对称的倒"U"型关系。

第二，使用列昂惕夫标准化形式的结果如列[6.11]和列[6.12]所示，其中列[6.11]未使用工具变量，列[6.12]使用了工具变量。劳动人口平方根项的系数符号显著为正，而劳动人口系数变量显著为负。说明随着劳动人口的增加，人均 GDP 先上升后下降。劳动人口与产出之间呈现出非对称的倒"U"型关系。

上述结果与常住人口、户籍人口分析的结论保持一致。综上所述，本节第一部分得到的结论是稳健的。

三、数值模拟

（一）产出与城市常住人口之间的倒"U"型关系

通过前文的计量分析，证实了常住人口与城市产出之间存在着倒"U"型关系。根据现有一些学者的研究，使用列昂惕夫标准化形式的展开更加符合现实状况。因此，本部分对表 6-2 中列 [6.4] 的结果进行数值模拟，描述城市人口规模变动对产出的影响，分析城市的最优规模。

在进行数值模拟前，需要确定式（6-122）中，资本存量、市场潜力与技术水平等因素只影响曲线在纵轴上的位置，并不会改变曲线本身的形状。本书只是为了寻求城市最优规模，因此在数值模拟中忽略这一项。中间产品重要程度影响城市人口规模，即曲线在横轴的位置，因此在研究时，必须纳入分析范畴。因此，设定中间产品重要程度的代理变量为制造业服务业比，平均值为 1.4；产出代理变量为人均 GDP，平均值为 25000，模拟出代表性城市产出与人口之间的倒"U"型关系（见图 6-1）。其中横轴代表城市常住人口，纵轴代表产出水平，随着城市常住人口规模的增加，城市产出先上升后下降。曲线的顶点为城市的最优规模，在该点城市的人口规模为 E，能获得到最高产出。当 $P < E$ 时，促进人口聚集的政策能够提高城市产出；当 $P > E$ 时，促进人口疏解的政策能够提高城市产出。

从曲线的形状来看，呈现出"左陡右缓"的情况，说明人口低于最优规模带来的损失大于人口高于最优规模的损失，因此中小城市和小城镇的发展应当引起重视。该情况反映在图 6-1 中。若代表性城市的人口数量 OA，低于最优规模 OE，距离最优规模的人口缺口为 AE，该城市产出为 A'；若代表性城市的人口数量 OB，低于最优规模 OE，距离最优规模的人口盈余为 EB，该城市产出为 $B'O$。$AE = EB$，$A'O < OB'$。

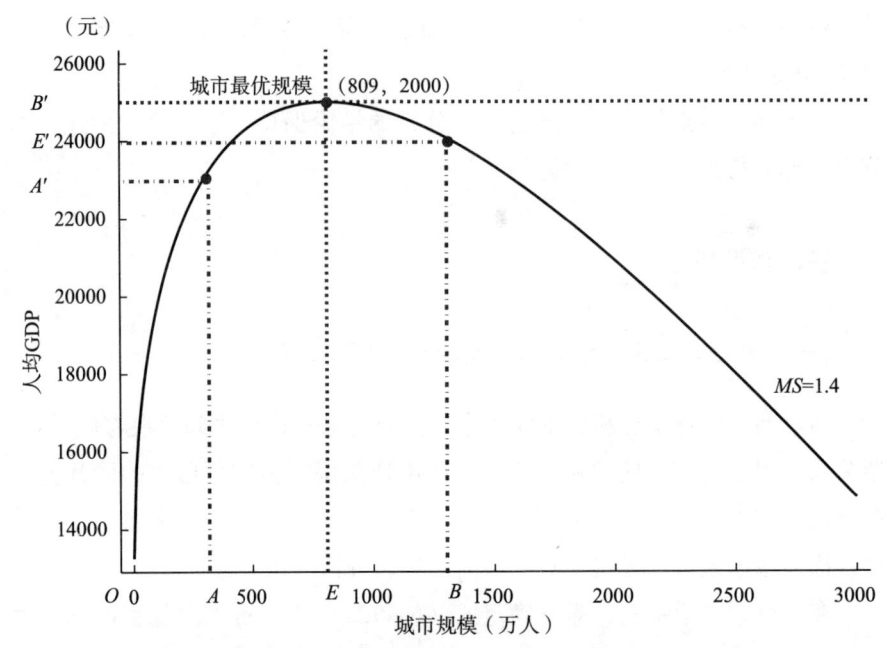

图 6-1　产出与城市常住人口之间非对称倒"U"型关系

资料来源：Stata 统计输出。

（二）最优规模的偏离：城市效率损失

式（6-134）计算了城市偏离最优规模时效率的损失，图 6-2 下半部分描述了数值模拟的结果，其中横轴代表城市的常住人口，纵轴代表效率损失情况。效率损失曲线呈现出不对称的"U"型，城市低于最优规模的效率损失大于城市高于最优规模的效率损失。城市最优规模为曲线与横轴相切的点，根据图形我们可以看出在城市最优规模这一点的效率损失为 0。

表 6-5 计算了代表性城市（制造业服务业比平均值 1.4 的城市）的城市规模与效率损失的关系：在产业结构等于 1.4 的情况下，最优常住人口规模为 809 万人；当低于最优规模 400 万人口时，城市的效率会损失 1.51%；当高于最优规模 400 万人口时，城市会损失 1.1% 的效率。说明常住人口低于最优规模时的效率损失较高于最优规模时的效率损失会更大。

表 6-5　　　　　　　　　　城市规模与效率损失

变量	常住人口数量（万人）								
	9	59	109	159	209	259	309	359	409	459
$popc/popc^* \times 100\%$	1.11	7.29	13.47	19.65	25.83	32.01	38.19	44.37	50.55	56.73
$\tilde{y}_r^*/\tilde{y}_r \times 100\%$	115.42	110.02	107.44	105.71	104.43	103.43	102.65	102.02	101.51	101.10
	509	559	609	809*	1009	1059	1109	1159	1209	1259
$popc/popc^* \times 100\%$	62.91	69.10	75.28	100.00	124.72	130.90	137.09	143.27	149.45	155.63
$\tilde{y}_r^*/\tilde{y}_r \times 100\%$	100.77	100.51	100.31	100.00	100.24	100.37	100.52	100.70	100.89	101.10

注：在产业结构比为 1.4，最优人口规模为 809 万人的情形下计算。
资料来源：Stata 统计输出。

（三）制造业服务业比对倒"U"型关系的影响

中间产品重要程度影响城市人口规模，前一部分取制造业服务业比平均值 1.4 分析了代表性城市产出与城市常住人口的关系，这部分将模拟制造业服务业比变动对曲线的影响，如图 6-2（a）所示：中间产品重要性程度高的城市，人口规模高于最终产品重要程度高的城市。如前文所述，中间产品指的是服务业，而最终产品指的是制造业，说明服务业对城市规模扩张有推动作用。其背后的原因可能在于：一方面，服务业部门吸纳就业的能力更强；另一方面，服务业的发展能够为制造业发展提供多样化服务，促进了经济活动的聚集。

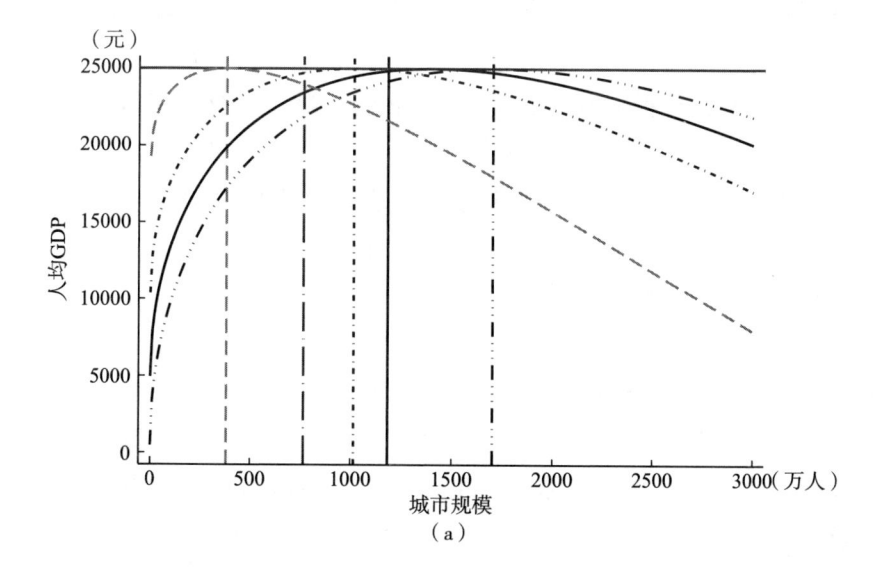

（a）

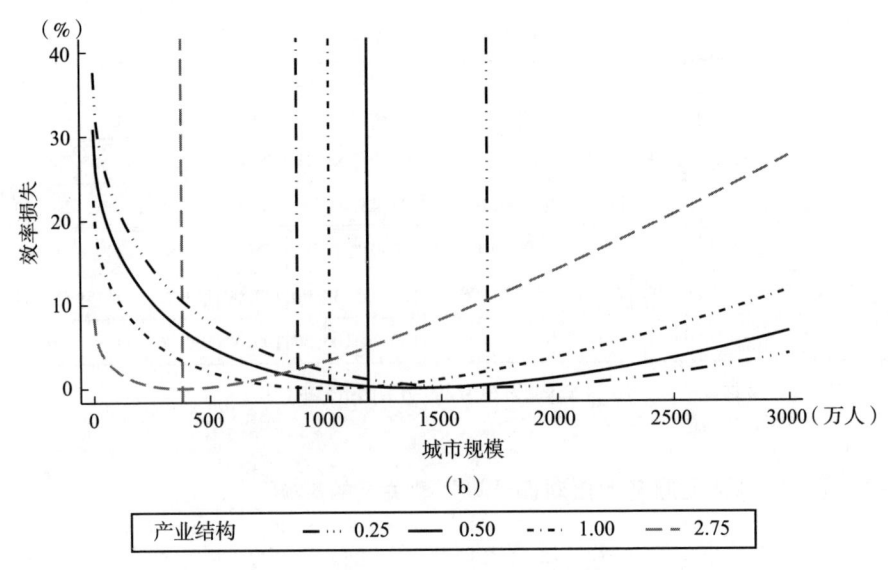

（图表）

图6-2 最优规模的偏离与城市效率损失

资料来源：Stata 统计输出。

四、中国城市最优规模分布

综合以上分析可知，只要城市偏离最优规模，无论是城市规模不足还是城市规模过度，都会带来效率损失，而且城市规模不足带来的损失比城市规模过度要大。在现有中国城市行政体制下，高行政等级城市规模过大，低行政等级城市规模过小，城市规模体系不合理。通过前文设定的模型，数值模拟中国城市最优规模的分布状况，分析中国城市规模分布的合理性。

首先根据中国各城市的产业结构计算出城市的最优规模，随后对比城市最优规模的常住人口与实际常住人口，得到的结论如表6-6所示。1990年，达到最优规模的城市比重为51.57%；2000年，达到最优规模的城市比例仅为33.80%；2010年，50.17%的城市达到了最优规模。2000年出现最优规模波动的原因在于该阶段，服务业发展速度加快，最优规模上升。2000~2010年，随着人口向城市的流动，使城市又逐步恢复到最优规模水平。下面不同类型城市达到城市最优规模的状况进行分析。

表 6-6　　　　　　　　中国最优城市规模的分布　　　　　　　单位：%

年份	整体	行政等级					产业结构（MS）	
		高行政等级					其他地级市	>1	≤1
		全部	直辖市	省会+副省级市	副省级市	省会			
1990	51.57	68.57	100.00	100.00	80.00	41.18	49.21	56.98	3.45
2000	33.80	62.86	100.00	100.00	100.00	23.53	29.76	42.29	13.95
2010	50.17	47.10	100.00	100.00	100.00	35.29	50.04	62.69	20.93

年份	区域位置			人口规模（万人）				
	东部	中部	西部	<50	50~100	100~500	500~1000	>1000
1990	66.94	53.09	28.24	35.05	51.09	65.93	100.00	100.00
2000	44.63	28.40	23.53	16.22	26.21	46.39	100.00	100.00
2010	59.50	44.44	42.35	29.79	34.95	64.46	100.00	100.00

注：最优城市规模水平根据每个城市自身特征计算得出。
资料来源：根据 Stata 统计输出分类整理。

（一）按行政等级分类

不同行政等级城市达到最优规模的情况存在显著差异。从表6-6记录的计算结果来看：1990年，68.57%的高行政等级城市达到了最优规模；2000年，62.86%的高行政等级城市达到了最优规模；2010年，47.10%的高行政等级城市达到了最优规模。该比重呈现出逐年下降的趋势，其原因主要在于：随着城市的不断发展，其产业结构也在发生显著改变，由工业占主导阶段转向以服务业为主的发展阶段，与工业相比，服务业对就业的吸纳能力更高且占地空间相对较小。因此，从产业结构演进的角度来说，随着服务业的发展并逐渐占据主导地位，由此增强了城市尤其是高行政等级城市吸纳人口的能力。

对高行政等级城市进行细分，我们可以进一步发现：直辖市和为省会的副省级市已经全部达到了最优规模；其他副省级市从2010年开始达到了最优规模。而其他省会城市与地级城市达到最优城市规模的比例相对较小。说明行政等级越高，城市越容易达到最优规模。1990年，41.18%的省会城市达到了最优规模；2000年，23.53%的省会城市达到了最优规模；2010年，35.29%的省会城市达到了最优规模。

(二) 按产业分类

中间产品重要程度不同的城市达到最优规模的情况存在显著差异。在研究之前，首先定义 $MS>1$ 的城市为制造业主导型城市；$MS\leq1$ 的城市为服务业主导型城市。从表6-6记录的计算结果来看：1990年，56.98%的制造业主导型城市达到了最优规模；2000年，42.29%的制造业主导型城市达到了最优规模；2010年，62.69%的制造业主导型城市达到了最优规模。说明制造业主导型城市正在逐渐趋于饱和。相比之下，服务业主导型城市达到最优规模的比重则较低，虽然1990~2010年达到最优规模的服务业主导型城市从3.45%上升到20.93%，但是仍有将近80%的服务业主导型城市低于城市最优规模的状态。其原因主要在于制造业与服务业对城市就业吸纳的能力存在显著差别。一般情况下，制造业对就业的贡献要显著低于服务业，因此，以制造业为主的城市对人口的承载力必然小于以服务业为主的城市，城市最优规模水平也就相对较低。从产业结构演进视角来看，一般经历由农业主导、工业主导到服务业主导的过程，与发展服务业相比，中国率先开始的是工业化进程，因此制造业发展的程度要显著高于服务业，导致以制造业为主导的城市发展程度及总体水平也高于以服务业为主的城市。

(三) 按区域分类

不同区域的城市达到最优规模的情况存在显著差异。城市最优规模的差异也呈现出区域梯度特点，这与中国区域经济发展不平衡是一致的。由表6-6可知：东部城市达到最优规模的比重最高，1990年为66.94%，2000年为44.63%，2010年为59.50%；中部城市次之，1990年为53.09%，2000年为28.40%，2010年为44.44%；西部城市达到最优规模城市的比重最低，1990年为28.24%，2000年为23.53%，2010年为42.35%。

(四) 按规模分类[①]

不同规模的城市达到最优规模的情况存在显著差异。由表6-6可知，

[①] 中小城市普遍处于规模不足状态，大部分大城市已达到最优规模，特大城市均已达到最优规模。根据"国家新型城镇化规划"和《中国中小城市绿皮书》的划分标准对城市规模进行分类：市区常住人口50万人以下的为小城市，50万~100万人的为中等城市，100万~500万人的为大城市，500万~1000万人的为特大城市，1000万人以上的为超大城市。

中国500万人口以上的超大城市和大城市均已达到最优规模。100万~500万人口的大城市约65%达到最优规模，且在1990~2010年保持稳定水平。50万~100万人口的中等城市在1990年超过50%的城市达到最优规模，但是2010年降至34.95%。与中等城市情况相似，小城市达到最优规模的比重也在下降，从1990年的35.05%降至2010年的29.79%。这一结果表明，与高行政等级的大城市相比，低行政等级的中小城市规模普遍不足，人口聚集程度较低，在一定程度上制约了中小城市的发展，造成规模体系不合理。同时，从时间序列上来看，中小城市规模不足的情况逐年递增，这主要在于大城市基于聚集作用对人口等要素吸引能力加强，造成中小城市因吸引力不足，而不断陷入发展困境。

五、政策含义

在新经济地理学基本理论框架的基础上，构建一个城市最优规模理论模型，以此来估计中国城市的最优规模水平，得到城市最优规模分布状况，以此来为中国城市化路径提供参考。实证研究主要结论如下。

第一，中国城市最优规模水平，具有显著的行政等级差异。实证结果表明，城市行政等级越高，达到最优规模水平城市所占比重越高；副省级省会及以上的高行政等级城市达到最优的比例要显著高于一般地级城市。根据本书前述章节的分析，一个城市的行政等级越高，其获取中央支持以及聚集人口等资源的能力就越强，教育、医疗等基本公共服务水平也相对较高和完善，创造的就业岗位也就相对越多，由此吸引大量外来人口的涌入，这种情况下随着户籍等限制人口流动政策的制度一旦放松，向高行政城市涌入人口数量的增加就十分显著。因此，高行政等级城市与大城市是基本呈正相关的、一致的，在这种情况下，高行政等级城市达到最优规模的比例显著高于低行政等级的城市也就不足为奇了。

第二，产业结构状况对一个城市的最优规模水平产生显著影响。本章实证结果显示，以制造业为主导的城市达到最优规模的比例要显著高于以服务业为主导的城市。其原因主要在于：制造业与服务业对城市就业吸纳的能力存在显著差别，一般情况下，制造业对就业的贡献要显著低于服务业。在这种情况下，从就业的角度来说，以制造业为主的城市对人口的承载力必然小于以服务业为主的城市,城市最优规模水平也就相对较低;此外,从产业结构演进视角来看,一般经历由农业主导、工业主导到服务业主导的过程,与充分发展服务业相比,中国率先开始的工业化进程,因此制造业发展的程度要显著高于服务业发展水平,导致以制造业为主导的城市发展程度及总体水平也要高于以服务业为主的城市。

第三,城市最优规模水平存在显著的区域差异。中国各区域之间城市最优规模水平差异较为显著,东部城市最优规模水平比例最高,其次是中部地区和西部地区。主要原因来自以下两个方面:一方面,东部沿海地区在中央政策支持、率先开放的条件下,经济发展水平普遍高于中西部地区,由此吸引大量的中西部劳动力向东部沿海地区进行迁移,由此提高了东部城市规模的同时,中西部地区面临劳动力大量流失情况;另一方面,从城市行政等级的角度来说,东部沿海地区副省级以上城市的数量要高于中西部地区,而城市行政等级越高,城市达到最优规模的水平也就越高。

第四,从最优规模水平来看,大中小城市之间发展并不协调。大城市达到最优规模的比例要显著高于中小城市,主要原因在于:中国的大城市与其行政等级密切相关,城市行政等级越高、城市规模也往往越大,高行政等级的大城市在政府力量与市场机制的共同作用下,聚集经济效应得到显著强化,对人口的吸引力也就增加,中小城市在政府与市场两种力量都不占优势的情况下,规模不足也就是一个常态化的现象。

第五,城市规模体系分布不合理,造成产出效率损失。根据本章的研究,城市规模与产出水平之间呈现倒"U"型关系,如果偏离最优城市规模,无论是规模不足还是规模过度,都会对城市产出造成效率损失。从本书的实证结果来看,高行政等级大城市的达到最优规模的水平要远远高于低行政等级的中小城市,总产出效率损失的重灾区在于中小城市,这种城市规模体系分布不合理的现象最终会影响中国宏观经济产出。

第六,城市人口聚集不足产生的效率损失要高于城市人口过度聚集。根据本章的实证分析,人口规模与城市人均产出之间呈非对称的倒"U"型关系,即城市规模不足所损失的效率要显著高于城市人口规模过大。由此引申一个问题,从人口资源配置的角度来说,由于中国大城市人口规模已经基本达到或超过最优状态,人口向规模不足的中小城市聚集,更有利于宏观效率的提升。此外,从城市微观个体来说,人口过多比人口过少要好。

第五节 结 论

本书在前面几个章节已经证明了行政等级对于城市形成、城市增长的主要作用，并且与自然条件、市场作用等其他因素相比，行政等级的作用更加突出，这也是中国政府利用户籍制度改革来引导人口流向的政策效果基本失灵的重要原因。本章则从最优城市规模的视角，分析不同行政等级城市之间最优规模的不同及其内在原因，并指出当前的城市规模体系严重不合理，中小城市严重偏离最优规模水平，造成宏观总产出效率损失。

总体来看，本章的研究进一步证实了行政等级化的城市管理制度是造成城市规模体系分布不合理的重要原因，为了促进中国大中小城市之间协调发展，减少宏观效率损失，从政策角度来说，本章具有三点启示。

第一，城市等级化的行政管理体制是造成当前大中小城市不协调的重要原因，行政等级越高、城市规模越大，行政等级越低、城市规模越小。从政策角度来说，应减少政府对城市资源配置的行政干预，让市场力量发挥主导作用，减少行政等级的层数，实施扁平化的管理方式或者是将行政等级与政府干预行为进行"脱钩"，让各城市回归为平等的市场主体。

第二，加快发展中小城市有助于宏观总产出的提升。本书研究表明，中小城市偏离最优规模水平的比例最大、效率损失也相对较高。从另一角度也说明了中小城市进一步发展的潜力也相对较大，即中小城市要素配置的边际产出水平会显著高于大城市，从要素资源配置的角度来说，加大对中小城市的配置可能会显著提高宏观资源配置效率、提高总产出水平。

第三，可以通过产业结构调整来调节城市最优规模水平，从而达到宏观资源配置效率最优。本书研究已经证实，以制造业为主导的城市在吸纳人口能力方面要显著低于以服务业为主导的城市。因此，从制造业与服务业的产业特征来看，我们可以通过产业结构调整来让各类城市规模达到最优水平。具体思路如下：针对人口规模不足的中小城市，可以重点发展制造业，以制造业发展来平衡人口规模的不足，促使中小城市达到与产业结构相匹配情况下的最优规模水平；针对人口规模偏多的大城市，应以服务业发展为重点，充分利用服务业吸纳人口能力强的特点，吸纳过多剩余人口，实现产业结构与人口规模相匹配，从而重新达到一个最优规模状态。

第七章 中国城市行政管理体制改革的方向与路径

城市行政等级体系不合理将影响城市的运行效率，不利于生产要素在各等级城市之间的有效配置，由此可能加剧城市规模体系的不合理程度，固化"核心—边缘"城市空间结构，造成城市财权事权错配等。综合考虑新中国成立以来各类发展实践带来的经验与教训，尤其是改革开放时期的成功经验，赋予各类城市平等发展权、构建公平合理的城市发展格局是破解当前中小城市发展困局的关键。城市行政管理体制改革应以兼顾公平与效率、实施渐进式改革、坚持差异化分类为基本原则，以建立扁平化城市行政管理体制、平衡政府与市场之间的关系、走高质量的新型城镇化道路为主要路径。

第一节 城市管理体制行政等级化产生的主要问题

在中国，一个城市的规模大小和增长速度都与其所在城市行政等级体系中的位置高低有关（王垚和年猛，2014、2015）。行政等级越高，城市规模越大、增长越快（年猛和王垚，2016）。政府为维持大城市居民的福利水平、减少拥挤，通常采用提高落户门槛，将非户籍人口排除在基本公共服务之外等方式来限制人口流入，以此降低本地居民的生活成本和提高本地居民的就业机会（汪立鑫等，2010）。这也在一定程度上解释了小城镇最先放开户籍限制，中小城市逐步放开户籍限制，省会城市户籍改革的力度最小，北京市、上海市等超大城市户籍至今也未能松动的原因（王美艳和蔡昉，2008）。等级化的城市行政管理体系导致市场的行政分割，在一定程度上阻碍了资源要素的最优配置，各级城市之间无法形成合理的分工与合作体系，全国统一大市场难以形成（陆铭、向宽虎和陈钊，2011；黄新飞、舒元和郑华懋，2013）。

行政等级化的城市管理体制引发三个方面的问题：一是加剧城市规模体系分布的不合理；二是固化"核心—边缘"城市空间结构；三是造成城市财权事权不匹配。

一、加剧城市规模体系分布的不合理

城市规模体系分布是指一个国家或区域内不同规模城市的分布情况，也称城市规模分布体系。许多学者都证实了城市规模分布不同会对该国家或地区的资源配置、经济增长以及居民收入等产生不同的影响（Henderson，2003；谢小平和王贤彬，2012）。因此，构建一个合理的城市规模体系就成为政府制定城市政策的一个主要目标。总体来看，行政等级化对中国城市规模体系分布造成的影响主要体现在以下两个方面。

（一）大城市太大

在中国，城市规模往往与其政治地位、行政等级高度相关。一个城市的行政等级越高，其所获得中央财政支持等政治资源也越多（王垚和年猛，2015）。在市场机制作用下，由于规模效应的存在，劳动力、资本和技术等生产要素向高行政等级城市不断聚集，由此产生以下两大现象。

第一，人往高处走。"高"即高行政等级城市。从微观个体角度出发，一个城市行政等级越高，其所配置的教育、医疗等基本公共服务资源越优越，就业及创业机会也往往越多，对劳动者的吸引力自然也就越大。已有研究表明，中国的直辖市、计划单列市以及各省省会等高行政等级城市吸引了全国近54.1%的流动人口，而依据国家统计局2015年的抽样调查，流入地级及以上城市的农民工占全部外出农民工占比达66.3%（年猛，2017）。

第二，大城市膨胀。大城市集聚了大量的优势资源，吸引了大量的外来人口，必然会造成膨胀问题。中国大城市的拥挤一般涵盖两个层面：一方面，由于历史原因，中国城市对居民公共服务资源的配置，往往根据户籍人口规模进行分配。由于大城市获得户籍的门槛比较高，导致基本公共服务的供给远远小于人口需求。另一方面，大城市外来人口涌入的速度过快、数量过多，往往超过本地在住房、交通等方面建设的速度，造成交通基础设施承载过量、住房供给不足，从而造成城市膨胀问题。

（二）中小城市规模不足

中国新型城镇化战略强调促进"大中小城市协调发展"，在"严格控制大城市规模"的基础上，合理发展中等城市和小城市。20世纪80～90年代，为加快城镇化进程，增强城市对农村的带动作用，中国实施了以"撤县设市"为主要手段的小城镇优先发展战略，但效果并未达到预期（孙宁，2019）。随后国家开始鼓励发展以地级市为主的中等城市，这些城市往往通过"撤县并区"的方式来扩大城市规模，但由于这些中等城市对人口的吸引力远不如大城市，结果造成"土地城镇化"快于"人口城镇化"，导致大量城市"新区"变"鬼城"（范进和赵定，2012）。

为进一步发展中小城市，2014年出台的《国家新型城镇化规划（2014～2020）》提出"全面放开建制镇和小城市落户限制，有序放开城区人口50万～100万人口的城市落户限制"，寄希望于户籍制度改革来引导人口向中小城市聚集。尽管城区常住人口在100万人口以下的中小城市及小城镇的落户限制已经陆续取消，但从实际效果来看，中小城市规模不足问题仍然存在，主要原因在于两个方面。

第一，经济基础薄弱。一个城市的就业情况、工资水平、基本公共服务、生活成本是劳动者进行迁移决策所要综合考虑的因素。与大城市相比，中小城市在生活成本、自然条件、悠闲程度等方面较优越，但就业岗位有限、工资水平不高、基本公共服务也不完善、生活娱乐设施等较为缺乏。因此，中小城市对高技能、高素质的人才以及年轻劳动力的吸引力较小。同时，在医疗、教育、交通等基本公共服务及基础设施方面，中小城市不仅难以吸引外来人口，本地人才也不断流失，一些中小城市甚至开始出现收缩现象。

第二，政策调控失灵。虽然国家希望通过放松中小城市的落户门槛来引导人口流向。但是由于中小城市各方面都缺乏吸引力，即使取消落户限制，仍然难以吸引到人口。《国家新型城镇化规划（2014～2020）》提出"有序放开城区人口 50 万～100 万人的城市落户限制"的同时，也进一步提出"合理确定城区人口 300 万～500 万人的大城市落户条件"。在《2019 年新型城镇化建设重点任务》又进一步提出全面取消城区常住人口 100 万～300 万人的Ⅱ型大城市的落户限制，全面放宽城区常住人口 300 万～500 万人的Ⅰ型大城市的落户条件，以及全面取消重点群体落户限制。尽管特大城市户籍限制仍未完全放松，但其他大城市落户限制的取消或放宽在一定程度上抵消了中小城市落户限制政策的效果。

二、固化"核心—边缘"城市空间结构

"中心—外围"理论（模式）并非新鲜事物，马克思主义经典作家早在对"三个世界""帝国主义"的论述中就阐述过此意（殷剑峰，2013）。最为人熟知的"中心—外围"理论是由发展经济学家劳尔·普雷维什提出的，是以发达国家为中心、广大发展中国家为外围的一种结构，其中发达国家以生产工业制成品为主，而发展中国家以生产农产品或工业初级品为主（Prebisch，1962）。总体而言，发展经济学是基于国际分工体系对"中心—外围"模式进行阐述，而马克思主义经典作家着重从经济依附、资本剥削、政治关系不平等的角度进行阐释。此后，克鲁格曼（1991a；1991b）从经济活动空间聚集的角度，对原有"中心—外围"理论进行重新阐释，建立了"C-P 模型"①，成为新经济地理学的基础模型。改革开放以来，随着人口流动的限制逐步放开，大量人口在东部沿海城市、省会城市以及北上广等大城市的聚集，为中国城市空间布局带来了巨大的变化。许政、陈钊和陆铭（2010）认为，这种变化为新经济地理学的"中心—外围"理论提供了中国经验证据。

新经济地理学认为城市的形成主要来源于聚集经济，即市场机制作用

---

① 英文为 Core-Periphery Model，也译为"中心—外围模式"或"核心—边缘模式"。

下的规模经济，或言之规模报酬递增效应。中国城市的形成不仅单纯依靠聚集经济，而且受到等级化的城市行政管理体制的影响。在市场机制和政治力量共同作用下，中国城市发展的"中心—外围"空间呈现出三个特征。

（一）沿海地区城市聚集能力较强①

早在新中国成立之初，中国区域经济发展差距就主要表现为发达的沿海地区与落后的内地之间的发展差距。从新中国成立一直到改革开放前夕，由于中国实施的是区域平衡发展战略，甚至在个别时期实施的是内地优先发展战略，这一时期沿海与内地之间的发展差距相对较小，城市规模相对较小。改革开放以后，基于效率优先的考虑，中国开始实施沿海优先发展战略，一是在税收优惠、外资引进等方面给予沿海地区特殊政策；二是提升沿海地区一些城市的行政等级，如设立计划单列市等，目前中国现有的5个计划单列市，除大连属于东北地区以外，其余四个城市，即青岛市、宁波市、厦门市和深圳市均属于东部沿海地区。东部沿海地区在投资优先、开放先行等政策扶持下，依托自身的区位优势，在对外开放进程中经济迅速增长。沿海与内地之间的发展差距拉大的同时，城市之间的发展差距也随之扩大，从而形成以沿海地区城市为中心，其他地区城市为边缘的"中心—外围"结构。主要表现以下几个方面。

第一，大量外来人口向沿海城市聚集。国家卫生健康委员会发布的2015年和2018年《中国流动人口发展报告》显示：改革开放以来人口区域流向呈现出"人往东部走"的特点。2015年，东部地区的流动人口占全部流动人口的比重为74.7%；东部地区的跨省流动人口占全部跨省流动人口的比重为54.8%。尽管近些年来，东部沿海地区吸引外来人口的数量有所下降，但是比重依然较大。在外来人口大量涌入的情况下，东部沿海地区，尤其是东部地区的三大城市群（即京津冀、长三角和珠三角）以2.8%的国土面积集中了全国

---

① 这里的沿海主要是指东部沿海发达地区，内地主要指中西部、东北等地区。

18%的人口,① 导致沿海地区城市人口密度也普遍高于其他地区的城市。

此外,根据第五、第六次全国人口普查数据,从人口净流入量来看,② 2000~2010年,珠三角城市群净流入人口由1719.94万人增加至2587.53万人,长三角城市群净流入人口由551.9万人增加至2033.77万人,京津冀城市群净流入人口由391.39万人增加至1002.12万人,长江中游城市群净流入人口则由182.58万人增加至710.9万人,成渝城市群净流入人口则由208.79万人增加至1246.37万人。从中国五大城市群对外来人口的吸引力来看,作为东部沿海地区的珠三角、长三角和京津冀属于人口流入、扩张型城市群,对外来人口的吸引力也逐年增强;作为中西部地区代表的两大城市群,长江中游城市群和成渝城市群则属于人口流失、收缩型城市群,与2000年相比,2010年长江中游城市群人口流失数量增加3.89倍,同期成渝城市群人口流失数量增加5.96倍。五大城市群人口变动情况在一定程度上反映了沿海与内地城市之间的发展差异。

第二,中西部城市聚集人口能力较弱。③ 城市收缩是指一个城市人口持续流失的现象。近年来,随着人口不断向大城市聚集,中小城市收缩成为一个普遍现象,尤其是以中小城市为主的边疆地区,城市收缩④更加严峻。2007~2019年,在281个地级以上城市样本中,总共有44个城市处于收缩状态,占城市总数量的15.66%。其中属于边疆地区的城市达25个,占比达50%以上;在收缩的边疆城市主要集中在东北和西北地区,黑龙江省9个,辽宁省6个、吉林省5个、内蒙古自治区2个、新疆维吾尔自治区2个、甘肃省1个,如表7-1所示。

---

① 国务院. 国务院关于城镇化建设工作情况的报告 [R]. 中国人大网, 2013-06-26.
② 人口净流入量=常住人口-户籍人口。
③ 本书研究的边疆地区是指陆地边境区域,包括东北三省、内蒙古、新疆、西藏、云南省、广西和甘肃。
④ 本书以城市市辖区常住人口规模是否减少来测度该城市是否处于收缩状态。

表 7-1　　2007~2019 年城市市辖区人口变动与城市收缩

地区	人口变动（万人）	人口增长（%）	城市收缩（个）	城市总量（个）	占比（%）
全国	45.91	34.82	44	281	15.66
非陆地边疆城市	56.90	39.26	19	203	9.36
陆地边疆城市	17.30	17.69	25	78	32.05
内蒙古自治区	7.56	10.66	2	9	22.22
辽宁省	19.08	14.46	6	14	42.86
吉林省	9.74	9.08	5	8	62.50
黑龙江省	1.82	1.61	9	12	75.00
广西壮族自治区	37.02	39.94	0	14	0.00
云南省	28.69	39.88	0	8	0.00
西藏自治区	—	—	0	2	0.00
甘肃省	3.47	4.94	1	11	9.09
新疆维吾尔自治区	-2.32	-1.80	2	2	100.00

资料来源：根据 2008 年和 2020 年《中国城市统计年鉴》整理而成。

边疆地区的人口流失严重。根据中国第五、第六次全国人口普查数据，1990 年，边疆城市平均吸引外来人口的规模仅为 0.05 万人，而其他城市平均吸引外来人口的规模达 2.09 万人；2000 年，边疆城市平均吸引外来人口增加至 6.61 万人，其他城市则增加至 17.14 万人；2010 年，边疆城市平均吸引外来人口的规模达到 12.34 万人，其他城市增加至 32.76 万人。总体来看，边疆城市吸引外来人口数量远不及其他地区的城市，且两者之间的差距呈现出逐年扩大的趋势，从而造成边疆地区城市规模低于其他城市。1990~2010 年，其他地区平均城市规模与边疆城市之比，由 3 倍上升至 3.6 倍，表明边疆地区无论是城市规模还是人口增速，都低于其他地区。表 7-2 展示了边疆地级市的人口变动状况。

表 7-2　　　　2007～2019 年中国边疆城市市辖区人口变动情况

城市	规模变动（万人）	增长率（%）	城市	规模变动（万人）	增长率（%）	城市	规模变动（万人）	增长率（%）
南宁市	138.23	53.21	大庆市	8.81	6.87	定西市	0.5	1.08
大连市	111.57	38.02	天水市	7.59	6.10	乌鲁木齐市	-0.31	-0.14
沈阳市	108.14	21.42	保山市	6.75	7.74	金昌市	-0.39	-1.82
昆明市	91.57	39.23	营口市	6.68	7.65	葫芦岛市	-0.59	-0.60
长春市	86.87	24.26	鄂尔多斯市	6.66	27.36	黑河市	-1.14	-5.96
柳州市	83.16	81.66	四平市	6.41	10.58	鞍山市	-1.35	-0.92
哈尔滨市	77.52	16.30	牡丹江市	5.9	7.37	吉林市	-2.3	-1.26
曲靖市	74.05	108.98	庆阳市	5.9	17.30	通化市	-2.43	-5.35
河池市	69.83	217.07	陇南市	5.59	10.27	铁岭市	-2.5	-5.62
桂林市	58.31	77.04	酒泉市	5.03	13.98	辽源市	-2.75	-5.76
盘锦市	43.56	73.28	临沧市	4.17	14.46	巴彦淖尔市	-3.05	-5.54
玉溪市	33.84	82.22	武威市	4.15	4.16	白城市	-3.26	-6.36
梧州市	31.77	64.53	兰州市	3.97	1.91	乌海市	-3.7	-7.76
呼和浩特市	26.58	23.23	平凉市	3.7	7.51	双鸭山市	-3.95	-7.91
贺州市	26.28	27.17	崇左市	3.47	10.05	阜新市	-4.04	-5.18
钦州市	25.98	20.29	百色市	3.3	9.79	克拉玛依市	-4.34	-12.28
贵港市	22.73	12.47	锦州市	3.25	3.54	抚顺市	-5.07	-3.62
玉林市	21.54	23.05	普洱市	2.7	12.68	七台河市	-5.75	-10.90
包头市	17.89	12.86	松原市	2.69	5.05	佳木斯市	-6.51	-7.89
昭通市	15.73	19.60	朝阳市	2.39	4.08	白山市	-7.28	-12.28
来宾市	12.69	12.40	乌兰察布市	2.11	7.06	本溪市	-7.88	-8.22
辽阳市	12.49	17.23	通辽市	1.79	2.18	鹤岗市	-7.94	-11.69
北海市	11.86	20.40	白银市	1.4	2.88	绥化市	-8.2	-9.19
呼伦贝尔市	10.7	40.68	张掖市	0.75	1.46	伊春市	-10.26	-12.63
防城港市	9.15	18.36	丽江市	0.7	4.58	齐齐哈尔市	-11.72	-8.21
赤峰市	9.02	7.58	丹东市	0.52	0.68	鸡西市	-14.87	-16.36

资料来源：根据 2008 年和 2020 年《中国城市统计年鉴》整理。

（二）省域行政区内"省城独大"

省会城市（或自治区首府）作为一个省（或自治区）的政治中心，除具有一般城市职能之外，省级政府及其相关管理机构也往往位于省会城市当中。因此，一些省份的省会城市行政级别也往往高于省内其他城市。

除四大直辖市以外，依据其他省份省会城市的行政等级来看，大致分为四类。第一类，省会城市是副省级市且行政等级全省最高。如湖北省的武汉市、四川省的成都市、江苏省的南京市、陕西省的西安市、黑龙江省的哈尔滨市以及吉林省的长春市等，都属于副省级城市且是全省行政级别最高的城市。第二类，省会是副省级市，但省内还有其他行政级别相同的城市，俗称"双城驱动"模式。这主要基于改革开放前期扩大对外开放的需要，在其省域内同时设立了一个与省会城市行政级别相同的城市（即计划单列市），如广东省的广州市和深圳市、浙江省的杭州市和宁波市、山东省的济南市和青岛市、辽宁省的沈阳市和大连市。第三类，省会城市不是全省行政级别最高的城市。这类省会城市只有一个，福建省的省会福州市行政级别属于一般地级市，但省内的厦门市却属于计划单列市，行政级别为副省级市，高福州市半个行政级别。第四类，省会城市行政级别与省内城市一样，都属于一般地级市。如山西省、内蒙古自治区、河北省、河南省、安徽省、江西省、湖南省、甘肃、青海省、宁夏回族自治区、新疆维吾尔自治区、云南省、贵州省、西藏自治区、广西壮族自治区和海南省。

总体来看，尽管有一些省会城市的行政级别属于一般地级市，但因其作为省政府驻地，在全省资源配置方面，往往具有绝对优势。同时，省会城市作为一省的"门面"或者"门户"，省级政府也有将其做大做强的内在动力。综合来看，政治力量与市场机制共同作用下，省会一省独大主要体现在以下两个方面。

第一，人口规模一般最大。根据2020年《中国城市统计年鉴》可知，2019年，在上述省、自治区当中，仅内蒙古自治区的省会呼和浩特市市辖区年平均人口位居全省第二名，人口规模为139万人，低于包头市的157万人，其他省份的省会城市均为全省人口规模最大的城市。

第二，经济实力一般最强。根据2020年各省公开发布的统计数据显示，上述省、市、自治区中，除江苏省、广东省、山东省、福建省、河北省、辽宁省、内蒙古自治区7个省（自治区）的省会（首府）城市GDP不是省（自治区）第一以外，其余20个省、自治区的省会城市GDP均为省（自治区）第一。而江苏省的南京市、广东省的广州、山东省的济南市、福建省的福州市、河北省的石家庄市、辽宁省的沈阳市、内蒙古自治区的呼和浩特市，虽然GDP排名不是省（自治区）第一，但也是省（自治区）第二名，并且差距与第一较小。

（三）城乡发展不均衡

中国城市行政管理体制不仅包含城市行政等级上的差别，而且包含城乡地位上的差别。从城乡关系的角度来说，城市与农村在行政地位上并不平等，存在城市管理农村、农村依附于城市的制度安排。

自工业革命以来，城市作为国家或地区的政治中心与经济中心，核心地位逐步加强，而农村地区的经济地位则显著下降。改革开放初期，我国农村地区作为改革的发轫之地，获得了短暂的改革红利。之后随着改革的重心由农村转向城市，城市依靠政策倾斜、市场规模优势，吸引了大量农村优质劳动力、资本甚至廉价的土地要素，实现了快速发展，城乡发展差距越来越大。因此，从空间结构上来说，中国城乡发展格局更加接近于新经济地理学中的"中心—外围"结构，这主要表现两个方面。

第一，城乡居民收入差距较大。由于城乡行政地位不平等，城市一方面可以通过行政手段廉价获得农村各种生产要素资源；另一方面，在规模经济效应下，市场机制本身也会吸引农村优质资源向城市聚集，由此导致城乡发展差距较大。1949~1978年，城乡居民收入比由2.26小幅增至2.57。改革开放初期，由于农村地区率先推进家庭联产承包责任制等改革，农村地区经济发展快于城市，1978~1983年，城乡居民收入比从2.57下降至1.82，[①] 1983年是新中国成立以来至2020年城乡居民收入差距最小的一年。此后，随着改革开放的重心由农村转向城市，在"城市偏向"政策与市场机制下的规模经济效应共同作用下，1983~2009年，城乡居民收入

---

① 根据历年《中国统计年鉴》计算得出。

比由 1.82 增加至 3.33，严重超过国际警戒线（李爱民，2019）。此后，城乡发展差距的扩大引起了中央政府的高度关注，制定了脱贫目标，加大对农村地区支持力度，2009~2020 年，城乡居民收入比由最高的 3.33 迅速降至 2.56。[①]

第二，城乡二元分割。从 1953 年开始，国家先后颁布《关于劝阻农民盲目流入城市的指示》《关于防止农村人口盲目外流的指示》《关于防止农村人口盲目外流的补充指示》《关于制止农村人口盲目外流的指示》等文件来防止农村人口盲目向城市流动。1958 年，《中华人民共和国户口登记条例》正式通过，该条例将居民户口区分为"农业"和"非农业"两类，确立了户籍管理制度的法律基础。随着社会的发展，户籍管理与城乡居民的医疗、养老等基本公共服务权益逐渐挂钩，城乡居民福利差异也随之扩大（Zhu，2003）。

三、造成城市财权事权不匹配

城市间财权与事权关系也是中国城市行政管理体制的重要部分，中央管直辖市和计划单列市、省管市（有些省份试点省直管县）、市管县、县管乡镇等。总体来看，城市间财权和事权关系之间的矛盾更多体现在省级以下城市层级之间，这主要体现在两个方面。

（一）财权上移与事权下放现象普遍

财权与事权不匹配不仅体现在中央与地方政府之间、各级地方政府之间，也同样体现在各级城市之间，主要原因在于各级城市之间的财权与事权划分并不明确，从而形成财权上移、事权下放的不合理现象。

第一，城市间财权关系不明确。与中央和地方财政关系不同，城市间财政关系更类似于地方政府间财政关系，尤其是省级以下政府间财政关系。但分税制财政管理体制仅明确规定中央和各省之间的财权划分，并没有明确省以下各级政府财政制度的安排（侯一麟，2009）。2020 年，修订后的《中华人民共和国预算法实施条例》第八条规定："县级以上地方各

[①] 根据相关年份《中国统计年鉴》整理得到。

级政府应当根据中央和地方分税制的原则和上级政府的有关规定，确定本级政府对下级政府的财政管理体制"，但并未出台相关细则。由此可见，中央政府仅对省级以下的财政制度安排提出原则性、方向性要求，由此造成省级以下分税制财政管理体制不完善，地方各级政府之间也很少按照事权与财权相匹配原则制定财政管理体制。

第二，城市间事权关系不明晰。与城市间财政关系类似，城市间事权关系更多体现在省级以下政府间的事权关系。但由于省级以下各级政府之间的事权缺乏明确的立法规范，上级政府往往将本级政府的事权下放下一级政府，下一级政府再将事权进一步下放。事权层层下放导致各级政府之间事权错位，最终加重了基层政府的事务负担。

（二）低行政等级城市基础服务供给不足

由于行政等级低的城市，财权小、事权大，直接导致基层城市基础设施建设滞后和基本公共服务供给严重不足（宏观经济研究院课题组，2005）。

基于上级的考核压力，行政等级较低的城市为了完成层层下放的事权，在自身财权有限的情况下，往往会采取一些举措。一是向市场进行寻租，通过增加罚没收入、乱收费等形式来增加收入。这种干扰市场的行为，从长期来看会破坏本地市场环境，造成营商环境恶化。二是增加负债。地方政府财政失衡问题由来已久，但承担公共事务的支出却连年增长，造成地方债务飙升。三是积极寻求中央及上级政府转移支付。这种依赖上级转移支付的行为，一方面会造成上级政府事权的进一步下放，加剧下级政府的事权负担；另一方面，下级政府向上级政府寻求支持可能导致腐败。四是过度依赖土地财政。土地财政是指地方政府通过出让土地使用权获得收入来维持本地财政支出的一种方式。土地财政属于地方财政收入，被列入地方基金预算收入，不用按比例上交，收入基本都留在地方，是地方政府基本上可以完全掌控的一种收入，但过度依赖土地财政，对居民消费、创新创业等已经形成了较大的抑制作用。

第二节 中国城市行政管理体制改革的思路与方向

虽然通过行政手段能够加速城市的发展，但是过度依赖行政力量，可能破坏城市之间的公平竞争环境，导致资源配置效率低下。从长远来看，并不利于中国城市可持续发展和新型城镇化战略的实现。未来，应以构建公平合理的城市发展格局为导向，加快推进中国城市行政管理体制改革。

一、中国城市行政管理体制改革的基本原则

改革不合理的制度能够释放经济增长潜力，能够有效促进一个经济体的快速发展。中国改革开放以来所取得的举世瞩目成就，正是改革释放红利的体现。正确的方向、科学合理的方式方法、持续的推进是改革成功的前提。对改革应持有审慎的态度，在改革之前进行充分的科学论证，确保改革方向与路径的合理性，把握正确的原则。

综合考虑新中国成立以来各类发展实践带来的经验与教训，尤其是改革开放时期的成功经验，我们认为应以兼顾公平与效率、实施渐进式改革、坚持差异化分类作为推进中国城市行政管理体制改革的三大基本原则。

（一）坚持公平与效率兼顾

从结果导向而言，城市公平具有两重内涵。一是绝对公平，即各城市之间的发展水平要相等，各城市居民的福利水平相同，从而形成一个完全公平的社会。二是相对公平，即承认城市之间的发展水平存在差距，但这种差距应保持在一个合理的范围之内。虽然学术界对城市之间差距的合理范围并没有绝对的定论，但是从居民收入差距角度来看，目前国际上比较公认的合理差距范围是由联合国开发计划署等国际组织制定的，以基尼系数处于0.3~0.39区间视为差距相对合理的范围。由于各城市在自然条件、地理区位、人口结构等方面各不相同，发展路径也存在千差万别，因此实现城市绝对公平的目标并不现实。坚持公平原则、缩小城市发展差异，实

现相对公平成为城市发展的目标。为了实现这一目标，需要政府介入城市发展，因城施政，将城市差距保持在一个相对合理的范围之内。

因此，城市行政体制改革的方向应当是弥补市场失灵，强化纠偏机制，防止政策出现扶优扶强的问题。当前，有效推进中国城市行政管理体制改革应兼顾公平与效率，确保市场机制充分发挥作用的同时，对城市的膨胀问题、萧条问题和落后问题进行积极干预，促进各类城市的健康发展，从而使城市差距控制在一个相对合理的范围之间。

（二）坚持实施渐进式改革

一般来说，经济体制改革存在渐进式改革和激进式改革两类。渐进式改革一般采取由易到难、循序渐进、逐步获得利益团体支持的策略，对经济社会短暂冲击也相对较小，有利于社会政治环境的稳定。而激进式改革一般采取一步到位、推倒重来、短期内迅速建立起一套与旧体制完全不同的新型制度的策略，对现有社会冲击较大，容易造成政治动荡与社会冲突。在推进中国城市行政管理体制改革进程中，应充分汲取改革开放的成功经验，采取渐进式改革策略，重点把握以下两方面：一是先易后难，重大城市行政体制改革举措先试验后推广，通过逐步推进的方式在全社会中形成共识，同时将城市行政体制改革失败限定在一个可控范围之内；二是制定城市行政体制改革路线时间表，严格按照时间路线图推进体制机制改革。

（三）坚持差异化分类推进

受到自然、历史、政治和规模经济的影响，城市千差万别。由于差异的存在，实行城市行政体制改革时，首先要对城市进行科学分类，将自然条件、地理区位、经济水平、人口规模、面临问题等纳入城市分类框架；其次，充分考虑到每类城市对改革的诉求，根据不同城市制定不同的改革方案，因类施策、分类改革；最后，形成中国城市行政管理体制改革的最终方案。

二、中国城市行政管理体制改革的思路与方向

随着中国经济由高速增长阶段转向高质量发展阶段，城市行政管理体制改革也要适应城市高质量发展的要求，平衡政府与市场之间的关系、构建公平合理的城市发展格局，走高质量的城镇化发展道路是中国城市行政管理体制改革的重要方面。

（一）中国城市行政管理体制改革的思路

为促进城市高质量发展，有效缩小城市间发展差距，要坚持公平与效率兼顾，实施渐进式改革和分类推进，通过实施平等城市发展权、发挥市场配置资源的决定性作用以及政府适度干预等手段，促进形成公平合理的城市发展格局。

第一，平等城市发展权。中国城市行政管理体制存在等级化特征，造成中国城市的资源配置存在行政中心偏向。与低行政等级城市相比，高行政等级城市一方面能够获取更多的中央及上级政府的政策、资金等支持；另一方面，拥有对下级城市的行政管辖权、人事任命权、业绩考核权等权力，城市之间权利不对等。这两个方面造成了城市发展权的不平等。

从效率的角度来看，等级化的城市行政管理体制造成各类城市主体在市场竞争中的地位不平等，阻碍资源优化配置，降低了城市发展的效率。从公平角度来看，由于行政地位不同，不同行政等级的城市在市场竞争中处于不同起跑线，高行政等级城市发展空间的下限显著高于低行政等级城市的下限。

因此，无论从提高要素资源配置效率的角度，还是基于公平发展的考虑，都应当改革当前等级化的城市行政管理体制，减少行政力量对城市发展的干预，以促进各类城市公平竞争为基本导向，赋予各类城市以平等的发展权。

第二，充分发挥市场竞争机制。促进各类城市在市场环境下展开充分竞争，不仅有利于提高要素的使用效率，提升宏观经济运行效率，促进经济高质量发展，而且有利于居民福祉的提高。有效发挥市场作用，一是构建完善的法律制度体系，依法治国，保障市场有效运行；二是从制度层面

约束行政干预对城市发展的影响。

第三，引导政府适度干预。长期以来高行政等级城市取得了发展优势，即使取消其行政层级方面的优势，在集聚效应机制下，单独依托市场的力量，高行政等级城市与低行政等级城市之间的发展差距也可能会越拉越大。因此，在当前城市之间发展差距较大的时期仍需要政府进行干预，但干预的方式应予以转变，引导政府由促强转为扶弱。从经济发展的规律来看，各城市发展达到绝对的均等是难以实现的，也是违背经济发展规律的。因此，在引导政府扶持落后城市发展的同时，应予以建立政策退出机制，一旦落后城市达到某一门槛条件，政府应及时退出，让位于市场机制。

（二）中国城市行政管理体制改革的方向：构建公平合理的城市发展格局

构建公平合理的城市发展格局，关键是要把握好公平与合理的内涵，既不能走绝对公平且低效的道路，也不能走发展差距过大、市场自由化的道路。公平与效率是始终面临的双重目标，往往难以兼顾。公平合理即是在公平与效率之间寻求一个最佳平衡点。如果把握不好公平的内涵，过早以追求绝对公平为目标，很有可能会影响经济运行效率，制约宏观经济增长，造成国际竞争力下降。与城市之间发展差距较大一样，中国自新中国成立之初，就面临区域发展差距较大的问题。

为缩小区域发展差距，从 1953 年至改革开放之初，中国实施了区域平衡发展战略，国家投资、优惠政策等大幅度向落后地区进行倾斜，但这些投资在落后地区并未产生良好的效果。改革开放以后，为了促进宏观经济增长、提高要素使用效率和国际竞争力，中国开始实施沿海优先发展战略，以充分利用沿海地区发展基础条件较好、区位条件优越的优势，同时加快社会主义市场经济体制建设。从结果来看，沿海优先发展战略提高了经济运行效率和宏观经济增速，国家经济实力也显著增强，但区域发展差距也随之扩大。20 世纪 90 年代以后，中国实施以"西部大开发、中部崛起、东北振兴、东部率先"为基础的区域协调发展战略，充分利用政府扶持与市场机制两种手段来促进发达地区与落后地区的协同发展。

从中国区域发展战略的实践经验可以得知，公平作为一种目标，具有阶段性且实现难度较大，如果把握不好就会影响全域发展。如果将城市看作一个单独的区域，那么城市发展差距与区域发展差距的内涵具有相似之处，根据区域协调发展战略的实践经验与教训，构建公平的城市发展格局，应以相对公平为目标，妥善处理好效率与公平之间的关系。

综上所述，在借鉴中国区域发展战略实践与经验的基础上，城市行政管理体制改革方向应注重"公平合理的城市发展格局"。"公平"是指各类城市市场主体地位平等，城市的行政等级不应当成为聚集市场资源的手段，同时上级城市不应当利用权力汲取下级城市的资源。而"合理"是指各城市之间发展的差距应该处于一个相对合理的区间，既不能因为追求绝对公平而损害经济发展效率，也不能仅以效率为导向，忽视城市之间的发展差距。

第三节　中国城市行政管理体制改革的路径探讨

过多的层级不仅会对城市的管理效率产生影响，也不利于生产要素在各层级城市之间的有效配置。从当前中国城市发展面临的主要困境和发展机遇来看，应重点通过建立平衡政府与市场之间的关系、扁平化城市行政管理体制、走高质量的新型城镇化道路等举措，来构建公平合理的城市发展格局。

一、平衡政府与市场之间的关系

改革开放以来，中国走的经济发展道路，既不是西方国家自由化的市场经济道路，也不是计划经济时期的老路，而是中国特色社会主义市场经济道路。在中国通过自身实践走出的中国特色社会主义道路中，政府与市场始终共同发挥着重要作用，并根据不同时期的不同特点，各自的角色及其作用也在不断发生演变。随着中国经济增长进入高质量发展阶段，为促进城市高质量发展，加快形成公平合理的城市发展格局，妥善处理好政府与市场之间的关系，更好地发挥二者的作用，应当主要关注以下三方面。

第一，明晰政府与市场之间的边界。在当今世界经济格局中，很难有哪个国家实施的是纯粹的市场经济或是完全的政府计划经济，通常都是政府与市场的混合。中国目前经济发展所面临的机遇与挑战，需要更好地发挥政府与市场之间的作用，避免政府干扰市场机制运行，明晰政府与市场之间的边界就是非常必要的。为明晰政府与市场之间的边界，首要条件就是加快推进法治国家建设，完善市场法律体系，从法律层面来确定和约束政府的行为以及各类市场主体的行为。

第二，充分发挥市场在资源配置中的决定性作用。在城市发展过程中，充分利用市场机制来配置各种生产要素是实现城市高效率发展首要前提。当前，户籍制度、能源价格管制、本地市场保护以及一些关键要素价格市场化制度尚未形成，对市场机制的充分发挥形成掣肘，需要进一步深化相关领域的改革。

第三，有效发挥政府在促进城市均衡发展过程中的主导作用。城市之间经济发展差距长期过大，可能会引发社会动荡、政治冲突等问题。在市场机制作用下，由于聚集经济效应的存在，发达城市与落后城市之间的发展差距不仅得不到改观，而且落后城市可能会越来越差、发达城市可能会越来越强，导致"中心—外围"城市发展格局无法自行突破。在这种情况下，就需要政府出台相应的政策来扶持落后地区发展，将城市之间发展差距保持在一个合理的范围之内，促进城市均衡发展。

二、建立扁平化城市行政管理体制

仅从管理或行政的效率出发，根据委托代理关系理论，行政等级越多，信息在各级在部门之间传递的损失越多，行政与管理的效率就越低而成本会越高。而从资源配置效率、城市规模体系等角度出发，等级化的城市行政管理体制会制约市场机制对资源配置的效率、扩大城市之间的发展差距、造成城市财权与事权错配，最终影响城市可持续发展。根据委托代理关系理论，减少行政等级可以提高管理及行政效率，但从当前行政区划特征来看，减少城市行政等级难度较大，不过可以在管理上减少层级，建立相对扁平化的城市行政管理体制。

第一，推广省直管县（市）制度。为提高城市行政与管理效率，20世纪90年代以来，一些省份就开始开展"强县扩权""扩权强县""省直管县（市）"的改革探索，并取得了一定的成效。实施省直管县（市）管理制度，一方面，可以提高县级城市的独立自主性，减少地级城市对其干预和财权的汲取。另一方面，在市场环境下，省直管县（市）制度在一定程度上保障了县级市及其代管的地级市之间的平等市场主体关系，有利于形成一个有效的竞争格局。因此，建立扁平化城市行政管理体制应以全面推广省直管县（市）为重点，彻底取消地级市代管县（市）的制度，充分提高低行政等级城市发展的自主性。

第二，匹配各类城市财权与事权。要做到城市间财权与事权的匹配，应首先从中央与地方关系着手，率先建立中央与地方事权财权匹配制度，并以此为参照，在省级以下政府间建立事权财权匹配制度，明晰各自的财权与事权范围。

三、走高质量的新型城镇化道路

以实现城市可持续发展、提高城市生活品质、发展城市群、促进城乡融合发展为重点，提升城镇化发展质量。

第一，实现城市发展可持续。为促进城市可持续发展，一方面，应转变当前发展动力，由要素驱动型向以科技创新、知识创造为主要驱动力转变，提高城市人力资本的质量和水平，提升城市生产要素使用的效率；另一方面，应将城市发展与生态文明建设相结合，依据生态环境承载量来科学确定城市发展的规模、产业结构等。

第二，提高城市生活品质。不断提高城市生活的品质不仅是城市高质量发展的内在要求，也是城市吸引人才、聚集各类要素资源的重要手段。提高城市生活品质，应从提升基本公共服务、基本公共交通、生活娱乐设施等领域供给的数量和质量，不断满足居民高品质生活的需要。

第三，发展城市群和都市圈。以城市群和都市圈为重要载体，增强大城市对中小城市发展的带动作用，提升大城市优质资源的溢出效应，提高城镇化地带的空间使用效率。此外，发展城市群和都市圈，可以促进大中小城市之间的分工与合作，缩小中小城市与大城市之间的发展差距，形成大中小城市协调发展的城市发展空间格局。

第四，促进城乡融合发展。城乡发展差距过大，不仅不符合高质量城镇化的内涵，而且有可能引发社会问题，最终会导致城市无法有效利用农村各类生产要素以及开拓农村大市场。从长远来看，城乡发展不均衡，不只是农村发展面临困境，对城市自身发展也会造成负面影响。根据当前中国城乡发展面临的体制机制障碍，应加快推进城乡融合发展，构建和谐统一的城乡关系。

附　　录

1. 宋代城市人口

表1　　　　　　崇宁元年（1102年）宋代城市人口

地区路/治所	县数（个）	户数（户）	口数（人）	地区路/治所	县数（个）	户数（户）	口数（人）
京畿路	16	261117	442940	淮南西路	32	709919	1584119
开封府	16	261117	442940	寿春府	4	126383	246381
京东东路	38	817355	1601655	江南东路	43	1012168	2009997
青州	6	95158	162837	江宁府	5	120713	200276
京东西路	40	526107	1321156	江南西路	54	1664745	3781613
应天府	6	79741	157404	隆兴府	8	261105	532446
京西南路	30	472358	996486	荆湖北路	49	580636	1215233
襄阳府	6	87307	192605	江陵府	8	85801	223284
京西北路	63	545098	1254371	荆湖南路	34	952397	2180072
河南府	16	127767	233280	潭州	12	439988	962853
河北东路	56	668757	1524314	福建路	47	1061759	—
大名府	12	155253	568976	福州	12	211552	—
河北西路	64	526704	1289086	成都府路	53	917023	2492541
真定府	9	92353	163197	成都府	9	182090	589930
河东路	79	613532	2521761	潼川府路	52	561898	1535862
太原府	10	155263	1241768	潼川府	10	109609	447565
永兴军路	78	1001498	2779227	利州路	38	295829	637050
京兆府	13	234699	537288	兴元府	4	60284	123540
秦凤路	46	449884	1119536	夔州路	27	246521	
秦州	4	48648	123022	夔州	2	11213	
两浙路	79	1975041	3767441	广南东路	43	574286	
临安府	9	203574	296615	广州	8	143261	
淮南东路	36	664257	1341973	广南西路	68	236533	
扬州	2	56485	107579	静江府	11	46343	

资料来源：根据吴松弟《中国人口史·第三卷　辽宋金元时期》第122~137页内容整理。

2. 行政区划

表 2　1977~2020 年城市行政区划变动

年份	省级单位 省	自治区	直辖市	特别行政区	合计	地级 地级市	地区	自治州	行政区	盟	其他	地级合计	市辖区	县级市	县	县级 自治县	旗	自治旗	其他	县级合计
1977	22	5	3	0	30	97	175	29	1	7	2	311	418	90	2009	66	53	3	21	2660
1978	22	5	3	0	30	103	173	29	1	7		313	408	110	2010	65	53	3	7	2656
1979	22	5	3	0	30	103	171	29	1	8		312	413	110	2001	70	53	3	10	2660
1980	22	5	3	0	30	102	170	29	1	9		311	511	118	1998	72	53	3	10	2765
1981	22	5	3	0	30	107	168	30	1	9		315	514	123	2001	69	54	3	9	2773
1982	22	5	3	0	30	109	170	30	1	9		319	527	133	1998	69	54	3	9	2793
1983	22	5	3	0	30	145	138	31	1	8		323	552	141	1942	75	51	3	9	2773
1984	22	5	3	0	30	148	135	31	1	8		323	595	149	1926	80	51	3	9	2813
1985	22	5	3	0	30	162	125	31	1	8		327	620	159	1893	93	51	3	6	2825
1986	22	5	3	0	30	166	119	31	1	8		325	629	184	1856	101	51	3	6	2830
1987	22	5	3	0	30	170	117	30	1	8		326	632	208	1817	110	51	3	5	2826
1988	23	5	3	0	31	183	113	30	0	8		334	647	248	1765	112	51	3	5	2831
1989	23	5	3	0	31	185	113	30	0	8		336	648	262	1741	119	51	3	5	2829

续表

年份	省级单位				地级							县级					
	省	自治区	直辖市	特别行政区	合计	地级市	地区	自治州	行政区	盟	其他	地级合计	市辖区	县级市	县	自治县	旗	自治旗	其他	县级合计
1990	23	5	3	0	31	185	113	30	0	8		336	651	279	1723	121	51	3	5	2833
1991	23	5	3	0	31	187	113	30	0	8		338	650	289	1714	121	51	3	5	2833
1992	23	5	3	0	31	191	110	30	0	8		339	662	323	1668	121	51	3	5	2833
1993	23	5	3	0	31	196	101	30	0	8		335	669	371	1617	120	51	3	4	2835
1994	23	5	3	0	31	206	89	30	0	8		333	697	413	1560	119	49	3	4	2845
1995	23	5	3	0	31	210	86	30	0	8		334	706	427	1542	118	49	3	4	2849
1996	23	5	3	0	31	218	79	30	0	8		335	717	445	1522	118	49	3	4	2858
1997	23	5	4	1	33	222	72	30	0	8		332	727	442	1520	117	49	3	4	2862
1998	23	5	4	1	33	227	66	30	0	8		331	737	437	1516	117	49	3	4	2863
1999	23	5	4	2	34	236	58	30	0	7		331	749	427	1510	117	49	3	3	2858
2000	23	5	4	2	34	259	37	30	0	7		333	787	400	1503	116	49	3	3	2861
2001	23	5	4	2	34	265	32	30	0	5		332	808	393	1489	116	49	3	3	2861
2002	23	5	4	2	34	275	22	30	0	5		332	830	381	1478	116	49	3	3	2860
2003	23	5	4	2	34	282	18	30	0	3		333	845	374	1470	117	49	3	3	2861
2004	23	5	4	2	34	283	17	30	0	3		333	852	374	1464	117	49	3	3	2862
2005	23	5	4	2	34	283	17	30	0	3		333	852	374	1464	117	49	3	3	2862

续表

年份	省级单位					地级						县级					
	省	自治区	直辖市	特别行政区	合计	地级市	地区	自治州	行政区	盟	其他	地级合计	市辖区	县级市	县	自治县	旗	自治旗	其他	县级合计

年份	省	自治区	直辖市	特别行政区	合计	地级市	地区	自治州	行政区	盟	其他	地级合计	市辖区	县级市	县	自治县	旗	自治旗	其他	县级合计
2006	23	5	4	2	34	283	17	30	0	3		333	856	369	1463	117	49	3	3	2860
2007	23	5	4	2	34	283	17	30	0	3		333	856	368	1463	117	49	3	3	2859
2008	23	5	4	2	34	283	17	30	0	3		333	856	368	1463	117	49	3	3	2859
2009	23	5	4	2	34	283	17	30	0	3		333	855	367	1464	117	49	3	3	2858
2010	23	5	4	2	34	283	17	30	0	3		333	853	370	1461	117	49	3	3	2856
2011	23	5	4	2	34	284	15	30	0	3		332	857	369	1456	117	49	3	2	2853
2012	23	5	4	2	34	285	15	30	0	3		333	860	368	1453	117	49	3	2	2852
2013	23	5	4	2	34	286	14	30	0	3		333	872	368	1442	117	49	3	2	2853
2014	23	5	4	2	34	288	12	30	0	3		333	897	361	1425	117	49	3	2	2854
2015	23	5	4	2	34	291	10	30	0	3		334	921	361	1397	117	49	3	2	2850
2016	23	5	4	2	34	293	8	30	0	3		334	954	360	1366	117	49	3	2	2851
2017	23	5	4	2	34	294	7	30	0	3		334	962	363	1355	117	49	3	2	2851
2018	23	5	4	2	34	293	7	30	0	3		333	970	375	1335	117	49	3	2	2851
2019	23	5	4	2	34	293	7	30	0	3		333	965	387	1323	117	49	3	2	2846
2020	23	5	4	2	34	293	7	30	0	3		333	965	387	1323	117	49	3	2	2846

资料来源：根据行政区划网相关资料（http://www.xzqh.org/html）整理。

3. 行政等级与经济发展

表 3   城市的行政等级与相关指标情况

年份	人均固定资产投资（元/人）			人均外商直接投资（美元/人）		
	直辖市	省会/副省级市	其他城市	直辖市	省会/副省级市	其他城市
2001	9944.942	9825.409	4562.053	300.297	213.582	85.578
2002	11768.980	10702.300	4987.092	345.944	253.484	74.254
2003	14018.160	13183.890	6803.439	213.014	282.064	82.551
2004	16293.030	15651.180	8146.586	257.883	277.617	83.128
2005	17654.730	17956.630	9543.785	282.979	272.353	85.821
2006	19391.630	21154.300	10866.180	321.374	298.272	96.937
2007	22540.140	24455.090	12881.480	364.279	326.066	117.389
2008	24281.190	27997.940	14773.770	455.880	368.819	136.543
2009	31368.980	32679.700	19489.960	518.285	358.987	128.939
2010	34876.670	39058.880	22775.280	559.241	416.314	148.709

年份	人均财政支出（元/人）			产业结构		
	直辖市	省会/副省级市	其他城市	直辖市	省会/副省级市	其他城市
2001	3773.912	2709.764	1184.996	0.908	0.890	1.430
2002	4689.288	3046.052	1347.725	0.895	0.899	1.375
2003	5007.041	3316.535	1444.605	1.000	0.967	1.438
2004	6475.479	3739.940	1709.296	1.060	1.016	1.562
2005	7625.227	4507.465	2034.441	0.922	0.836	1.455
2006	8585.640	5054.304	2523.409	0.921	0.846	1.495
2007	10138.030	6305.026	3168.506	0.928	0.850	1.519
2008	12153.120	7267.083	3929.751	0.978	0.825	1.567
2009	14437.890	8281.078	4884.865	0.789	0.766	1.444
2010	16686.530	10167.060	6134.583	0.913	0.787	1.534

续表

年份	人均国内生产总值（元/人）		
	直辖市	省会/副省级市	其他城市
2001	24466.060	27414.370	13289.610
2002	26273.610	29297.850	14019.390
2003	28929.020	32053.620	15258.020
2004	32296.180	35704.750	17131.490
2005	41229.240	39037.190	19704.870
2006	45690.460	43686.700	22202.260
2007	51480.490	48940.880	25259.800
2008	56412.930	52974.240	27932.100
2009	65812.940	57963.320	30717.510
2010	73415.690	65174.680	34584.100

资料来源：根据行政区划网相关资料（http://www.xzqh.org/html）整理。

4. 历史城市

表 4　　　　　　　　1915～1989 年的城市行政等级变动

城市	1915 年～1949 年 9 月			1949 年 10 月至今				别称
	作为直辖市		作为省会	作为直辖市	作为省会			
	时期	人口△（万人）	所属省份	时期	时间	目前	所属省份	
上海	1927 年 3 月	430.06		1949 年 10 月至今				
天津	1928 年 6 月～1930 年 12 月 1935 年 6 月～1949 年 9 月	170.77		1949 年 10 月～1958 年 2 月 1967 年 1 月至今				
北京	1928 年 6 月～1930 年 6 月 1930 年 12 月～1949 年 9 月	167.24		1949 年 10 月至今				
沈阳	1947 年 6 月	109.48	辽宁	1949 年 10 月～1954 年 6 月				
南京	1927 年 4 月	103.06		1949 年 10 月～1952 年 11 月				
重庆	1939 年 5 月	100.28		1949 年 10 月～1954 年 6 月 1997 年 3 月至今				
广州	1930 年 1 月～1930 年 6 月 1947 年 6 月～1949 年 9 月	96.07	广东	1949 年 10 月～1954 年 6 月				
青岛	1929 年 7 月	75.91						
大连	1945 年 6 月	72.30		1950 年 10 月～1954 年 6 月				旅大**
武汉	1927 年 4 月～1929 年 1 月 1929 年 4 月～1931 年 7 月 1947 年 6 月～1949 年 9 月	64.15	湖北	1949 年 10 月～1954 年 6 月				
哈尔滨	1946 年 6 月	63.76		1953 年 7 月～1954 年 6 月				

续表

城市	1915年~1949年9月			1949年10月至今				别称
	作为直辖市		作为省会	作为直辖市	作为省会			
	时期	人口△（万人）	所属省份	时期	时间	目前	所属省份	
西安	1948年6月	50.30	陕西	1949年10月~1954年6月				
保定			河北		1968年	石家庄	河北	清苑*
成都			四川					
承德			热河					
福州			福建					
贵阳			贵州					
桂林			广西		1950年	南宁	广西	
杭州			浙江					
合肥			安徽					
呼和浩特			绥远					归绥*
呼伦贝尔			兴安					海拉尔*
吉林			吉林		1954年	长春	吉林	
济南			山东					
佳木斯			合江					
开封			河南		1954年	郑州	河南	
昆明			云南					
兰州			甘肃					
辽源			辽北					
牡丹江			松江					
南昌			江西					
齐齐哈尔			嫩江		1954年	哈尔滨市	黑龙江	

续表

城市	1915年~1949年9月 作为直辖市 时期	1915年~1949年9月 作为直辖市 人口△（万人）	1915年~1949年9月 作为省会 所属省份	1949年10月至今 作为直辖市 时期	1949年10月至今 作为省会 时间	1949年10月至今 作为省会 目前	1949年10月至今 作为省会 所属省份	别称
太原			山西					
通化			安东					
乌鲁木齐（迪化）			新疆					
西宁			青海					
银川			宁夏					
张家口（张桓）			察哈尔					张桓*
长沙			湖南					
镇江			江苏		1949年	南京	江苏	
安庆					1952年	合肥	安徽	
鞍山				1949年10月~1954年6月				
本溪				1949年10月~1954年6月				
抚顺				1949年10月~1954年6月				
张家口					1953年	呼和浩特	内蒙古	

注：△表示1948年数据。新中国成立前的别称用*表示，新中国成立后的别称用**表示。
资料来源：根据陆汉文（2005）、傅崇兰和黄志宏（2009）内容整理。

5. 城市净人口

表5　　　　　　　　剔除行政等级优势的城市净人口　　　　　　　单位：万人

城市	实际人口	净人口	行政等级优势吸引的人口 区间下限	行政等级优势吸引的人口 区间上限
上海	2231.55	1790.90	2018.09	1589.28
北京	1882.73	1510.95	1702.63	1340.85
天津	1109.08	890.07	1002.99	789.87
广州	1107.14	888.52	1001.24	788.49
深圳	1035.84	831.30	936.76	737.71
武汉	978.54	785.31	884.94	696.90
成都	741.56	595.13	670.63	528.13
南京	716.53	575.04	647.99	510.30
西安	650.12	521.74	587.93	463.01
沈阳	625.59	502.06	565.75	445.54
杭州	624.20	500.94	564.49	444.55
哈尔滨	587.89	471.81	531.66	418.69
济南	433.60	347.98	392.12	308.80
郑州	425.39	341.39	384.70	302.96
长春	419.31	336.51	379.20	298.63
大连	408.77	328.06	369.67	291.12
青岛	371.88	298.45	336.31	264.85
昆明	354.45	284.46	320.55	252.44
厦门	353.13	283.40	319.36	251.50
宁波	349.16	280.21	315.76	248.67
南宁	343.43	275.62	310.58	244.59
太原	342.65	274.99	309.88	244.03
合肥	331.03	265.66	299.36	235.75
长沙	309.22	248.16	279.64	220.22
贵阳	303.48	243.55	274.45	216.13
乌鲁木齐	302.94	243.12	273.96	215.75
福州	292.18	234.48	264.23	208.08
石家庄	283.49	227.51	256.38	201.90
兰州	262.84	210.94	237.70	187.19
南昌	235.78	189.22	213.23	167.92
海口	204.62	164.21	185.04	145.73
呼和浩特	198.08	158.96	179.13	141.07
银川	129.02	103.54	116.68	91.88
西宁	119.83	96.17	108.37	85.34
拉萨	27.91	22.40	25.24	19.88
合计	19092.95	15322.77	17266.62	13597.76

资料来源：根据 Stata 统计输出统计结果整理。

参考文献

[1] 鲍辉, 赵长心. "市管县"推动了农村经济的全面繁荣 [J]. 经济管理, 1983 (3): 15–18.

[2] 才国伟, 黄亮雄. 政府层级改革的影响因素及其经济绩效研究 [J]. 管理世界, 2010 (8): 73–83.

[3] 才国伟, 张学志, 邓卫广. "省直管县"改革会损害地级市的利益吗?[J]. 经济研究, 2011 (7): 65–77.

[4] 蔡昉, 都阳. 转型中的中国城市发展——城市级层结构、融资能力与迁移政策 [J]. 经济研究, 2003 (6): 64–71.

[5] 曹树基. 中国人口史·第四卷明时期 [M]. 上海: 复旦大学出版社, 2000.

[6] 曹树基. 中国人口史·第五卷清时期上 [M]. 上海: 复旦大学出版社, 2005.

[7] 党史上的今天 (2月15日) [DB/OL]. 中华人民共和国中央人民政府网站, http://www.gov.cn/ztzl/17da/content_739634.htm.

[8] 邓曲恒, 古斯塔夫森. 中国的永久移民 [J]. 经济研究, 2007 (4): 137–148.

[9] 冻国栋. 中国人口史·第二卷隋唐五代时期 [M]. 上海: 复旦大学出版社, 2000.

[10] 范剑勇. 产业聚集与地区间劳动生产率差异 [J]. 经济研究, 2006 (11): 72–81.

[11] 范进, 赵定涛. 土地城镇化与人口城镇化协调性测定及其影响因素 [J]. 经济学家, 2012 (5): 61–67.

[12] 傅崇兰, 黄志宏. 中国城市发展史 [M]. 北京: 社会科学文献出版社, 2009.

［13］傅林祥，郑宝恒. 中华民国行政区划通史（中华民国卷）［M］. 上海：复旦大学出版社，2020：65.

［14］改革市县体制［DB/OL］. 中国共产党新闻网，http：//theory. people. com. cn/n/2013/0927/c40531 - 23060158. html.

［15］葛剑雄. 中国人口发展史［M］. 福州：福建人民出版社，1991.

［16］郭声波. 中国行政区划通史·唐代卷（第二版）［M］. 上海：复旦大学出版社，2017.

［17］国家发展改革委，2019 年新型城镇化建设重点任务［R］. 中华人民共和国国家和发展改革委员会网站，2019 - 04 - 08.

［18］国家发展改革委. 国家发展改革委关于培育发展现代化都市圈的指导意见［R］. 发展改革委网站，2019 - 02 - 21.

［19］国家发展改革委. 国家计委关于重庆市、武汉市、沈阳市、大连市计划单列的通知［R］. 法律法规网，1984 - 07 - 18.

［20］国家计划单列市［DB/OL］. 搜狐网，https：//www. sohu. com/a/340980076_120096244.

［21］国务院. 关于在重庆市进行经济体制综合改革试点意见的报告［R］. 北大法宝，1983 - 02 - 08.

［22］国务院. 国务院办公厅转发国家体改委、国家计委关于八个省会城市不再实行计划单列若干政策衔接问题意见的通知［R］. 中华人民共和国中央人民政府网站，1994 - 12 - 04.

［23］国务院. 国务院关于城镇化建设工作情况的报告［R］. 中国人大网，2013 - 06 - 26.

［24］国务院. 国务院关于调整城市规模划分标准的通知［R］. 中华人民共和国中央人民政府网站，2014 - 11 - 20.

［25］国务院. 国务院关于对青岛市实行计划单列的批复［R］. 中华人民共和国中央人民政府网站，1986 - 10 - 15.

［26］国务院. 国务院关于进一步推进户籍制度改革的意见［R］. 中华人民共和国中央人民政府网站，2014 - 07 - 30.

［27］国务院. 国务院关于南京市、成都市、长春市三市在国家计划中实行单列的批复［R］. 中华人民共和国中央人民政府网站，1989 - 02 - 11.

[28] 国务院. 国务院关于宁波市实行计划单列的批复 [R]. 中华人民共和国中央人民政府网站, 1987-02-24.

[29] 国务院. 国务院关于厦门市实行计划单列的批复 [R]. 中华人民共和国中央人民政府网站, 1988-10-18.

[30] 国务院. 国务院关于深圳市在国家计划中实行单列的批复 [R]. 中华人民共和国中央人民政府网站, 1988-10-03.

[31] 国务院. 国务院批转国家计委、国家体改委关于对一些城市要求在国家计划中单列户头处理意见的报告的通知 [R]. 华律网, 1985-03-27.

[32] 何一民. 中国城市史 [M]. 武汉: 武汉大学出版社, 2012.

[33] 宏观经济研究院课题组. 公共服务供给中各级政府事权、财权划分问题研究 [J]. 宏观经济研究, 2005 (5): 3-7.

[34] 侯一麟. 政府职能、事权事责与财权财力: 1978年以来我国财政体制改革中财权事权划分的理论分析 [J]. 公共行政评论, 2009 (2): 36-72.

[35] 黄新飞, 舒元, 郑华懋. 中国城市边界效应下降了吗？——基于一价定律的研究 [J]. 经济学（季刊）, 2013 (4): 1369-1386.

[36] 金煜, 陈钊, 陆铭. 中国的地区工业集聚: 经济地理、新经济地理与经济政策 [J]. 经济研究, 2006 (4): 79-89.

[37] 决胜全面建成小康社会 夺取新时代中国特色社会主义伟大胜利——在中国共产党第十九次全国代表大会上的报告 [R]. 共产党员网, 2017-10-18.

[38] 李爱民. 我国城乡融合发展的进程、问题与路径 [J]. 宏观经济管理, 2019 (2): 41-48.

[39] 李昌宪. 中国行政区划通史·明代卷（第二版）[M]. 上海: 复旦大学出版社, 2017.

[40] 李昌宪. 中国行政区划通史·宋西夏卷（第二版）[M]. 上海: 复旦大学出版社, 2017.

[41] 李强, 陈宇琳, 刘精明. 中国城镇化"推进模式"研究 [J]. 中国社会科学, 2012 (7): 82-100.

[42] 李铁. 城镇化呼唤新体制 [J]. 中国改革, 2001 (12): 30-

31.

[43] 梁方仲. 中国历代户口、田地、田赋统计 [M]. 北京：中华书局，2008.

[44] 林毅夫，蔡昉，李周. 中国的奇迹：发展战略与经济改革（增订版）[M]. 上海：上海市人民出版社，2014.

[45] 陆汉文. 现代性与生活世界的变迁：20世纪二三十年代中国城市居民日常生活的社会学研究 [M]. 北京：社会科学文献出版社，2005.

[46] 陆铭，向宽虎，陈钊. 中国的城市化和城市体系调整：基于文献的评论 [J]. 世界经济，2011 (6)：3-25.

[47] 陆游. 老学庵笔记卷8 [M]. 北京：中华书局，1979.

[48] 路江涌，陶志刚. 中国制造业区域聚集及国际比较 [J]. 经济研究，2006 (3)：103-114.

[49] 马克斯·韦伯. 儒教与道教 [M]. 南京：江苏人民出版社，2008.

[50] 马彦琳. 城乡分治与城乡合治中国大陆城市型政区发展的回顾与展望 [J]. 华中科技大学学报（社会科学版），2006 (3)：54-58.

[51] 民政部行政区划处编. 中华人民共和国行政区划手册 [M]. 北京：中国地图出版社，1986.

[52] 内政部方域司. 中国之行政督察区 [M]. 大中国图书局，1948：57-62.

[53] 年猛，王垚. 行政等级与大城市拥挤之困——冲破户籍限制的城市人口增长 [J]. 财贸经济，2016 (11)：126-145.

[54] 年猛. 农业产业集聚：文献综述及其引申 [J]. 生态经济，2018 (5)：93-98.

[55] 年猛. 人口城镇化的三重失衡及其对策 [J]. 中国发展观察，2017 (6)：39-40.

[56] [美] 乔尔·科特金. 全球城市史 [M]. 北京：社会科学文献出版社，2010.

[57] 瞿同祖. 清代地方政府 [M]. 北京：法律出版社，2003.

[58] 沈汝生. 中国都市之分布 [J]. 地理学报，1937，4 (1)：915-935.

[59] 施和金. 中国行政区划通史·隋代卷（第二版）[M]. 上海：复旦大学出版社, 2017.

[60] [美] 施坚雅. 中华帝国晚期的城市 [M]. 北京：中华书局, 2010.

[61] 世界银行. 中国：省级支出考察报告 [R]. 世界银行网站, 2002.

[62] 司马光. 资治通鉴卷181 [M]. 北京：中华书局, 1956.

[63] 孙宁. 中国中等规模城市"塌陷"之谜 [D]. 南京：南京大学, 2019.

[64] 孙文凯, 白重恩, 谢沛初. 户籍制度改革对中国农村劳动力流动的影响 [J]. 经济研究, 2011 (1)：28-41.

[65] 田穗生. 旧中国市建制设置概述 [J]. 学术研究, 1985 (1)：111-112.

[66] 汪立鑫, 王彬彬, 黄文佳. 中国城市政府户籍限制政策的一个解释模型：增长与民生的权衡 [J]. 经济研究, 2010 (11)：115-126.

[67] 王乐夫. 当代中国政治体制改革的理论与实践研究 [M]. 广州：中山大学出版社, 2002.

[68] 王黎锋. 中国共产党历史上召开的历次城市工作会议 [DB/OL]. 人民网, http://dangshi.people.com.cn/n1/2016/0801/c85037-28600430.html.

[69] 王美艳, 蔡昉. 户籍制度改革的历程与展望 [J]. 广东社会科学, 2008 (6)：19-26.

[70] 王萍. 广东省的地方自治——民国二十年代 [J]. 近代史研究所集刊, 1978 (7).

[71] 王小鲁, 夏小林. 优化城市规模, 推动经济增长 [J]. 经济研究, 1999 (9)：22-29.

[72] 王小鲁. 中国城市化路径与城市规模的经济学分析 [J]. 经济研究, 2010 (10)：20-32.

[73] 王垚, 年猛, 王春华. 产业结构、最优规模与中国城市化路径选择 [J]. 经济学（季刊）, 2017 (16)：441-462.

[74] 王垚, 年猛. 政府"偏爱"与城市发展：以中国为例 [J]. 财

贸经济，2015（5）：147－161.

［75］王垚，年猛. 政府"偏爱"与城市发展：文献综述及其引申［J］. 改革，2014（8）：141－147.

［76］王垚，王春华，洪俊杰，年猛. 自然条件、行政等级与中国城市发展［J］. 管理世界，2015（1）：41－50.

［77］王垚. 政府"偏爱"、行政等级与中国城市发展［D］. 北京：对外经济贸易大学，2015：6.

［78］魏后凯. 中国城市行政等级与规模增长［J］. 城市与环境研究，2014（1）：4－17.

［79］［美］沃尔特·惠特曼·罗斯托. 经济成长的阶段［M］. 北京：商务印书馆，1962.

［80］吴松弟. 中国人口史·第三卷 辽宋金元时期［M］. 上海：复旦大学出版社，2000.

［81］谢小平，王贤彬. 城市规模分布演进与经济增长［J］. 南方经济，2012（6）：58－73.

［82］徐堪. 中华民国统计年鉴［M］. 主计部统计局印，1948：46.

［83］许政，陈钊，陆铭. 中国城市体系的"中心—外围模式"［J］. 世界经济，2010（7）：144－160.

［84］薛凤旋. 中国城市及其文明的演变［M］. 北京：世界图书出版社，2010.

［85］杨小彦. 中国古代城市方形制度与等级空间关系初探［J］. 新美术，2007（3）：68－82.

［86］殷剑峰. 储蓄不足、全球失衡与"中心－外围"模式［J］. 经济研究，2013（6）：33－44.

［87］张光直. 关于中国初期"城市"这个概念［J］. 文物，1985（2）：61－76.

［88］张军，吴桂英，张吉鹏. 中国省际物质资本存量估算：1952—2000［J］. 经济研究，2004（10）：35－44.

［89］张可云. 区域经济政策［M］. 北京：商务印书馆，2005.

［90］张永生. 政府间事权与财权如何划分？［J］. 经济社会体制比较，2008（2）：71－76.

[91] 中共十一届三中全会以来（地）市级行政建制的变化与原因 [DB/OL]. 中华人民共和国国史网，http：//www. hprc. org. cn/gsyj/yjjg/zggsyjxh_1/gsnhlw_1/baguoshixslwj/201110/t20111013_161528_1. html.

[92] 中共中央、国务院. 关于地市州党政机关机构改革若干问题的通知 [R]. 中国改革信息库，1983 – 02 – 15.

[93] 中共中央、国务院. 关于改进计划管理体制的规定 [R]. 中国经济网，1958 – 09 – 24.

[94] 中共中央、国务院. 国家新型城镇化规划（2014—2020 年）[R]. 中华人民共和国中央人民政府网站，2014 – 03 – 16.

[95] 中共中央、国务院. 国民经济和社会发展第十二个五年规划纲要 [R]. 中华人民共和国中央人民政府网站，2011 – 03 – 16.

[96] 中共中央、国务院. 中共中央、国务院关于地方政府机构改革的意见 [R]. 法邦网，1999 – 01 – 05.

[97] 中共中央、国务院. 中华人民共和国国民经济和社会发展第十四个五年规划和2035 年远景目标纲要 [R]. 中华人民共和国中央人民政府网站，2021 – 03 – 13.

[98] 中共中央. 中共中央关于经济体制改革的决定 [R]. 共产党员网，1984 – 10 – 20.

[99] 中华人民共和国城市规划法 [R]. 湘潭市城市管理和综合执法局，1990 – 04 – 02.

[100] 中华人民共和国内务部编. 中华人民共和国行政区划简册 [M]. 北京：中国地图出版社，1960.

[101] 中华人民共和国宪法修正案 [R]. 中共黔西南州委组织部网站，1993 – 03 – 29.

[102] 中华人民共和国行政区划 [DB/OL]. 中国行政区划网站，http://www. xzqh. org/old/yange/1949. htm.

[103] 中华续行委办会调查特委会编. 中华归主：中国基督教事业统计（1901—1920）下册 [M]. 北京：中国社会科学出版社，1987：1186 – 1189.

[104] 中央机构编制委员会. 中央机构编制委员会印发《关于副省级市若干问题的意见》的通知 [R]. 中国改革信息库，1995 – 05 – 29.

[105] 中央人民政府. 中央人民政府关于撤销大区一级行政机构和合并若干省、市建制的决定 [R]. 人民日报, 1954-06-20.

[106] 中央为何设立重庆市直辖市 [DB/OL]. 中华人民共和国中央人民政府网站, http://www.gov.cn/test/2009-04/17/content_1288038.htm.

[107] 朱光磊. 当代中国政府过程（修订版）[M]. 天津：天津人民出版社, 2002.

[108] 邹一南, 李爱民. 户籍管制、城市规模与城市发展 [J]. 当代经济研究, 2013 (9): 53-60.

[109] Ades A F, Glaeser E L. Trade and Circuses: Explaining Urban Giants [J]. *Quarterly Journal of Economics*, 1995, 110 (1): 195-227.

[110] Alonso W. Five Bell Shapes in Development [C]. Papers of the Regional Science Association. Springer-Verlag, 1980, 45 (1): 5-16.

[111] Au C C, Henderson J V. Are Chinese Cities Too Small? [J]. *Review of Economic Studies*, 2006a, 73 (3): 549-576.

[112] Au C C, Henderson J V. How Migration Restrictions Limit Agglomeration and Productivity in China [J]. *Journal of Development Economics*, 2006b, 80 (2): 350-388.

[113] Audretsch D B, Feldman M P. *Knowledge Spillovers and the Geography of Innovation* [M]. Handbook of Regional and Urban Economics. Elsevier, 2004, 4: 2713-2739.

[114] Bai Y, Jia R. The Economic Consequences of Political Hierarchy: Evidence from Regime Changes in China, 1000-2000 CE [J]. *Review of Economics and Statistics*, 2021: 1-45.

[115] Bardhan P. Decentralization of Governance and Development [J]. *Journal of Economic Perspectives*, 2002, 16 (4): 185-205.

[116] Barro R J, Sala-i-Martin X, Blanchard O J, Hall R E. Convergence Across States and Regions [J]. *Brookings Papers on Economic Activity*, 1991: 107-182.

[117] Bates R H. *Markets and States in Tropical Africa* [M]. University of California Press, 2014.

[118] Beeson P E, DeJong D N, Troesken W. Population Growth in US Counties, 1840 – 1990 [J]. *Regional Science and Urban Economics*, 2001, 31 (6): 669 – 699.

[119] Behrens K, Robert-Nicoud F. *Agglomeration Theory with Heterogeneous Agents* [M]. Handbook of Regional and Urban Economics, 2015, 5: 171 – 245.

[120] Bertinelli L, Black D. Urbanization and Growth [J]. *Journal of Urban Economics*, 2004, 56 (1): 80 – 96.

[121] Bezemer D, Headey D. Agriculture, Development, and Urban Bias [J]. *World Development*, 2008, 36 (8): 1342 – 1364.

[122] Black D, Henderson J V. A Theory of Urban Growth [J]. *Journal of Political Economy*, 1999, 107 (2): 252 – 284.

[123] Black D, Henderson J V. Urban Evolution in the USA [J]. *Journal of Economic Geography*, 2003, 3 (4): 343 – 372.

[124] Bleakley H, Lin J. Portage and Path Dependence [J]. *Quarterly Journal of Economics*, 2012, 127 (2): 587 – 644.

[125] Campante F R, Do Q A. Isolated Capital Cities, Accountability, and Corruption: Evidence from US States [J]. *American Economic Review*, 2014, 104 (8): 2456 – 2481.

[126] Carlino G A. Knowledge Spillovers: Cities' Role in the New Economy [J]. *Business Review*, 2001, 4 (1): 17 – 24.

[127] Chandler T, Fox G. Three Thousand Years of Urban Growth by Tertius Chandler and Gerald Fox: With a Foreword by Lewis Mumford [M]. Academic Press, 1974.

[128] Costa D L, Kahn M E. Power Couples: Changes in the Locational Choice of the College Educated, 1940 – 1990 [J]. *Quarterly Journal of Economics*, 2000, 115 (4): 1287 – 1315.

[129] Cronon W. *Nature's Metropolis: Chicago and the Great West* [M]. WW Norton & Company, 2009.

[130] Cullen J B, Levitt S D. Crime, Urban Flight, and the Consequences for Cities [J]. *Review of Economics and Statistics*, 1999, 81 (2):

159 – 169.

[131] Davis D R, Weinstein D E. Bones, Bombs, and Break Points: The Geography of Economic Activity [J]. *American Economic Review*, 2002, 92 (5): 1269 – 1289.

[132] Davis D R, Weinstein D E. Economic Geography and Regional Production Structure: An Empirical Investigation [J]. *European Economic Review*, 1999, 43 (2): 379 – 407.

[133] Davis J C, Henderson J V. Evidence on the Political Economy of the Urbanization Process [J]. *Journal of Urban Economics*, 2003, 53 (1): 98 – 125.

[134] Davis S J, Haltiwanger J. Gross Job Creation, Gross Job Destruction, and Employment Reallocation [J]. *Quarterly Journal of Economics*, 1992, 107 (3): 819 – 863.

[135] De Long J B, Shleifer A. Princes and Merchants: European City Growth Before the Industrial Revolution [J]. *Journal of Law and Economics*, 1993, 36 (2): 671 – 702.

[136] Deller S C, Tsai T H, Marcouiller D W, et al. The Role of Amenities and Quality of Life in Rural Economic Growth [J]. *American Journal of Agricultural Economics*, 2001, 83 (2): 352 – 365.

[137] Diamond C A, Simon C J. Industrial Specialization and the Returns to Labor [J]. *Journal of Labor Economics*, 1990, 8 (2): 175 – 201.

[138] Dixit A. *Tax Policy in Open Economies* [M]. Handbook of Public Economics. Elsevier, 1985, 1: 313 – 374.

[139] Dunne T, Roberts M J, Samuelson L. The Growth and Failure of US Manufacturing Plants [J]. *Quarterly Journal of Economics*, 1989, 104 (4): 671 – 698.

[140] Duranton G, Puga D. *Micro-foundations of Urban Agglomeration Economies* [M]. Handbook of Regional and Urban Economics. Elsevier, 2004, 4: 2063 – 2117.

[141] Duranton G, Puga D. Nursery Cities: Urban Diversity, Process Innovation, and the Life Cycle of Products [J]. *American Economic Review*,

2001, 91 (5): 1454 – 1477.

[142] Duranton G, Turner M A. Urban Growth and Transportation [J]. *Review of Economic Studies*, 2012, 79 (4): 1407 – 1440.

[143] Duranton G, Venables A J. Place-based Policies for Development [R]. National Bureau of Economic Research, 2018.

[144] Ellison G, Glaeser E L. The Geographic Concentration of Industry: Does Natural Advantage Explain Agglomeration? [J]. *American Economic Review*, 1999, 89 (2): 311 – 316.

[145] El-Shakhs S. Development, Primacy, and Systems of Cities [J]. *Journal of Developing Areas*, 1972, 7 (1): 11 – 36.

[146] Fajgelbaum P D, Gaubert C. Optimal Spatial Policies, Geography, and Sorting [J]. *Quarterly Journal of Economics*, 2020, 135 (2): 959 – 1036.

[147] Fiévé N, Waley P. *Japanese Capitals in Historical Perspective: Place, Power and Memory in Kyoto, Edo and Tokyo* [M]. Routledge, 2013: 4 – 7.

[148] Florida R, Charlotta M, Stolarick K. Inside the Black Box of Regional Development: Human Capital, the Creative Class and Tolerance [J]. *Journal of Economic Geography*, 2008, 8 (5): 615 – 649.

[149] Fujita M, Krugman P R, Venables A. *The Spatial Economy: Cities, Regions, and International Trade* [M]. MIT Press, 1999.

[150] Fujita M, Mori T. The Role of Ports in the Making of Major Cities: Self-agglomeration and Hub-effect [J]. *Journal of Development Economics*, 1996, 49 (1): 93 – 120.

[151] Fujita M. *Urban Economic Theory: Land Use and City Size* [M]. Cambridge University Press, 1989.

[152] Gabaix X. Zipf's Law for Cities: An Explanation [J]. *Quarterly Journal of Economics*, 1999, 114 (3): 739 – 767.

[153] Gaviria A, Stein E H. The Evolution of Urban Concentration Around the World: A Panel Approach [R]. Working Paper, 2000.

[154] Glaeser E L, Kallal H D, Scheinkman J A, et al. Growth in Cities

[J]. *Journal of Political Economy*, 1992, 100 (6): 1126 – 1152.

[155] Glaeser E L, Saiz A, Burtless G, et al. The Rise of the Skilled City [with comments] [J]. *Brookings-Wharton Papers on Urban Affairs*, 2004: 47 – 105.

[156] Glaeser E L, Scheinkman J A, Shleifer A. Economic Growth in a Cross-section of Cities [J]. *Journal of Monetary Economics*, 1995, 36 (1): 117 – 143.

[157] Haggard S, Kaufman R R. *Development, Democracy, and Welfare States* [M]. Princeton University Press, 2020.

[158] Hansen N M. Unbalanced Growth and Regional Development [J]. *Economic Inquiry*, 1965, 4 (1): 3 – 14.

[159] Hansen N. Impacts of Small-and Intermediate-sized Cities on Population Distribution: Issues and Responses [J]. *Regional Development Dialogue*, 1990, 11 (1): 60 – 79.

[160] Hellerstein J K, McInerney M, Neumark D. Neighbors and Co-workers: The Importance of Residential Labor Market Networks [J]. *Journal of Labor Economics*, 2011, 29 (4): 659 – 695.

[161] Helsley R W, Strange W C. Matching and Agglomeration Economies in a System of Cities [J]. *Regional Science and Urban Economics*, 1990, 20 (2): 189 – 212.

[162] Henderson J V, Kuncoro A. Industrial Centralization in Indonesia [J]. *The World Bank Economic Review*, 1996, 10 (3): 513 – 540.

[163] Henderson J V, Logan J R, Choi S. Growth of China's Medium-Size Cities [with Comments] [J]. *Brookings-Wharton Papers on Urban Affairs*, 2005: 263 – 303.

[164] Henderson J V, Quigley J, Lim E. Urbanization in China: Policy Issues and Options [R]. Unpublished Manuscript, Brown University, 2009.

[165] Henderson J V, Venables A J. The Dynamics of City Formation [J]. *Review of Economic Dynamics*, 2009, 12 (2): 233 – 254.

[166] Henderson J V, Wang H G. Urbanization and City Growth: The Role of Institutions [J]. *Regional Science and Urban Economics*, 2007, 37

(3): 283-313.

[167] Henderson J V. The Sizes and Types of Cities [J]. *American Economic Review*, 1974, 64 (4): 640-656.

[168] Henderson J V. Urban Development: Theory, Fact, and Illusion [R]. Oxford University Press, 1991.

[169] Henderson V, Becker R. Political Economy of City Sizes and Formation [J]. *Journal of Urban Economics*, 2000, 48 (3): 453-484.

[170] Henderson V. The Urbanization Process and Economic Growth: The So-what Question [J]. *Journal of Economic Growth*, 2003, 8 (1): 47-71.

[171] Holmes T J. Localization of Industry and Vertical Disintegration [J]. *Review of Economics and Statistics*, 1999, 81 (2): 314-325.

[172] Hsieh C T, Klenow P J. Misallocation and Manufacturing Tfp in China and India [J]. *Quarterly Journal of Economics*, 2009, 124 (4): 1403-1448.

[173] Jacobs J. *The Economy of Cities* [M]. New York: Vintage, 2016.

[174] Jaffe A B, Trajtenberg M, Henderson R. Geographic Localization of Knowledge Spillovers as Evidenced by Patent Citations [J]. *Quarterly Journal of Economics*, 1993, 108 (3): 577-598.

[175] Jedwab R, Kerby E, Moradi A. History, Path Dependence and Development: Evidence from Colonial Railways, Settlers and Cities in Kenya [J]. *The Economic Journal*, 2017, 127 (603): 1467-1494.

[176] Jia J, Liang X, Ma G. Political Hierarchy and Regional Economic Development: Evidence from a Spatial Discontinuity in China [J]. *Journal of Public Economics*, 2021, 194: 104352.

[177] Johnson J E, Kleiner M M. Is Occupational Licensing a Barrier to Interstate Migration? [J]. *American Economic Journal: Economic Policy*, 2020, 12 (3): 347-373.

[178] Junius K. Primacy and Economic Development: Bell Shaped or Parallel Growth of Cities? [J]. *Journal of Economic Development*, 1999, 24 (1): 1-22.

[179] Kahn M E. Smog Reduction's Impact on California County Growth

[J]. *Journal of Regional Science*, 2000, 40 (3): 565 – 582.

[180] Kim S. Expansion of Markets and the Geographic Distribution of Economic Activities: The Trends in Us Regional Manufacturing Structure, 1860 – 1987 [J]. *Quarterly Journal of Economics*, 1995, 110 (4): 881 – 908.

[181] Kim S. Regions, Resources, and Economic Geography: Sources of US Regional Comparative Advantage, 1880 – 1987 [J]. *Regional Science and Urban Economics*, 1999, 29 (1): 1 – 32.

[182] Kline P, Moretti E. Local Economic Development, Agglomeration Economies, and the Big Push: 100 Years of Evidence from the Tennessee Valley Authority [J]. *Quarterly Journal of Economics*, 2014, 129 (1): 275 – 331.

[183] Kline P, Moretti E. Place Based Policies with Unemployment [J]. *American Economic Review*, 2013, 103 (3): 238 – 243.

[184] Krugman P R. Increasing Returns, Monopolistic Competition, and International Trade [J]. *Journal of International Economics*, 1979, 9 (4): 469 – 479.

[185] Krugman P, Venables A J. Integration, Specialization, and Adjustment [J]. *European Economic Review*, 1996, 40 (3 – 5): 959 – 967.

[186] Krugman P. *Geography and Trade* [M]. Cambridge: MIT press, 1992.

[187] Krugman P. History Versus Expectations [J]. *Quarterly Journal of Economics*, 1991a, 106 (2): 651 – 667.

[188] Krugman P. Increasing Returns and Economic Geography [J]. *Journal of Political Economy*, 1991b, 99 (3): 483 – 499.

[189] Lipton M. *Why Poor People Stay Poor: A Study of Urban Bias in World Development* [M]. Temple Smith; Australian National University Press, 1977.

[190] Lucas Jr R E. On the Mechanics of Economic Development [J]. *Journal of Monetary Economics*, 1988, 22 (1): 3 – 42.

[191] Ma L J C. *Commercial Development and Urban Change in Sung Chi-*

na (960 – 1279) [M]. Department of Geography, University of Michigan, 1971.

[192] Mark J. The Law of the Primate City [J]. *Geographical Review*, 1939, 29 (2): 226 – 232.

[193] Marshall A. *Principles of Economics* [M]. London: Mac-Millan, 1920.

[194] Masters W A, McMillan M S. Climate and Scale in Economic Growth [J]. *Journal of Economic Growth*, 2001, 6 (3): 167 – 186.

[195] Michaels G, Rauch F, Redding S J. Urbanization and Structural Transformation [J]. *Quarterly Journal of Economics*, 2012, 127 (2): 535 – 586.

[196] Mills E S. An Aggregative Model of Resource Allocation in a Metropolitan Area [J]. *American Economic Review*, 1967, 57 (2): 197 – 210.

[197] Montgomery M R. How Large is Too Large? Implications of the City Size Literature for Population Policy and Research [J]. *Economic Development and Cultural Change*, 1988, 36 (4): 691 – 720.

[198] Moomaw R L, Shatter A M. Urbanization and Economic Development: A Bias Toward Large Cities? [J]. *Journal of Urban Economics*, 1996, 40 (1): 13 – 37.

[199] Moretti E. *Human Capital Externalities in Cities* [M]. Handbook of Regional and Urban Economics. Elsevier, 2004, 4: 2243 – 2291.

[200] Moretti E. Workers' Education, Spillovers, and Productivity: Evidence from Plant-level Production Functions [J]. *American Economic Review*, 2004, 94 (3): 656 – 690.

[201] Mulock B K. Empowerment Zone/enterprise Communities Program: Overview of Rounds Ⅰ, Ⅱ, & Ⅲ [C]. Congressional Research Service, the Library of Congress, 2002.

[202] Mutlu S. Urban Concentration and Primacy Revisited: An Analysis and Some Policy Conclusions [J]. *Economic Development and Cultural Change*, 1989, 37 (3): 611 – 639.

[203] Nordhaus W D, Chen X. Geography: Graphics and Economics

[J]. *The B. E Journal of Economic Analysis & Policy*, 2009, 9 (2): 1 – 14.

[204] Nunn N, Puga D. Ruggedness: The Blessing of Bad Geography in Africa [J]. *Review of Economics and Statistics*, 2012, 94 (1): 20 – 36.

[205] Ohlin B. *Interregional and International Trade* [M]. Cambridge: Harvard University Press, Cambridge, 1935.

[206] Oi J C. Reform and Urban Bias in China [J]. *The Journal of Development Studies*, 1993, 29 (4): 129 – 148.

[207] Papke L E. What Do We Know About Enterprise Zones? [J]. *Tax Policy and the Economy*, 1993, 7: 37 – 72.

[208] Pierskalla J H. A Theory of Urban – Rural Bias: A Dual Dilemma of Political Survival [D]. Doctoral dissertation, Duke University, 2011.

[209] Poncet S. A Fragmented China: Measure and Determinants of Chinese Domestic Market Disintegration [J]. *Review of international Economics*, 2005, 13 (3): 409 – 430.

[210] Prebisch R. The Economic Development of Latin America and its Principal Problems [J]. *Economic Bulletin for Latin America*, 1962.

[211] Rappaport J, Sachs J D. The United States as a Coastal Nation [J]. *Journal of Economic Growth*, 2003, 8 (1): 5 – 46.

[212] Renaud B. *National Urbanization Policy in Developing Countries* [M]. Oxford University Press, 1981.

[213] Richardson H W. The Costs of Urbanization: A Four-country Comparison [J]. *Economic Development and Cultural Change*, 1987, 35 (3): 561 – 580.

[214] Romer P M. Increasing Returns and Long – run Growth [J]. *Journal of Political Economy*, 1986, 94 (5): 1002 – 1037.

[215] Rosenbloom J L. *Quantitative Economic History: The Good of Counting* [M]. London: Routledge, 2008.

[216] Rosenthal S S, Strange W C. *Evidence on the Nature and Sources of Agglomeration Economies* [M]. Handbook of Regional and Urban Economics. Elsevier, 2004, 4: 2119 – 2171.

[217] Rosenthal S S, Strange W C. The Determinants of Agglomeration

[J]. *Journal of Urban Economics*, 2001, 50 (2): 191 - 229.

[218] Schinz A, *Cities in China* [M]. Berlin: Gebrüder Borntraeger, 1989.

[219] Schleicher D. Stuck: The Law and Economics of Residential Stagnation [J]. *Yale Law Journal*, 2017, 127: 78.

[220] Schumpeter J A, Perroux F. *Théorie de l'évolution économique* [M]. Paris: Dalloz, 1935.

[221] Scott A J. World Development Report 2009: Reshaping Economic Geography [J]. *Journal of Economic Geography*, 2009, 9 (4): 583 - 586.

[222] Scott L J. *Regression Models for Categorical and Limited Dependent Variables* [M]. Sage, 1997.

[223] Spence A, Annez P C, Buckley R. Urbanization and Growth: Commission on Growth and Development [R]. The World Bank Group, 2009.

[224] Tiebout C M. A Pure Theory of Local Expenditures [J]. *Journal of Political Economy*, 1956, 64 (5): 416 - 424.

[225] Tolley G S, Graves P E, Gardner J L. *Urban Growth Policy in a Market Economy* [M]. New York: Academic Press, 1979.

[226] United Nations, Department of Economic and Social Affairs, Population Division (2012) [R]. World Urbanization Prospects: The 2011 Revision, 2011.

[227] Wang C, Wu J J. Natural Amenities, Increasing Returns and Urban Development [J]. *Journal of Economic Geography*, 2011, 11 (4): 687 - 707.

[228] Wheatley P. *The Pivot of the Four Quarters: A Preliminary Enquiry into the Origins and Character of the Ancient Chinese City* [M]. Aldine Publishing Company, 1971.

[229] Wheaton W C, Shishido H. Urban Concentration, Agglomeration Economies, and the Level of Economic Development [J]. *Economic Development and Cultural Change*, 1981, 30 (1): 17 - 30.

[230] Williamson J G. Regional Inequality and the Process of National Development: a Description of the Patterns [J]. *Economic Development and Cultur-*

al Change, 1965, 13 (4, Part 2): 1 -84.

[231] Zheng S, Kahn M E, Liu H. Towards a System of Open Cities in China: Home Prices, Fdi Flows and Air Quality in 35 Major Cities [J]. *Regional Science and Urban Economics*, 2010, 40 (1): 1 -10.

[232] Zhu L. The Hukou System of the People's Republic of China: A Critical Appraisal Under International Standards of Internal Movement and Residence [J]. *Chinese Journal of International Law*, 2003, 2 (2): 519 -565.